# Tiere häkeln in Granny Squares

40 tierisch süße Häkeldesigns

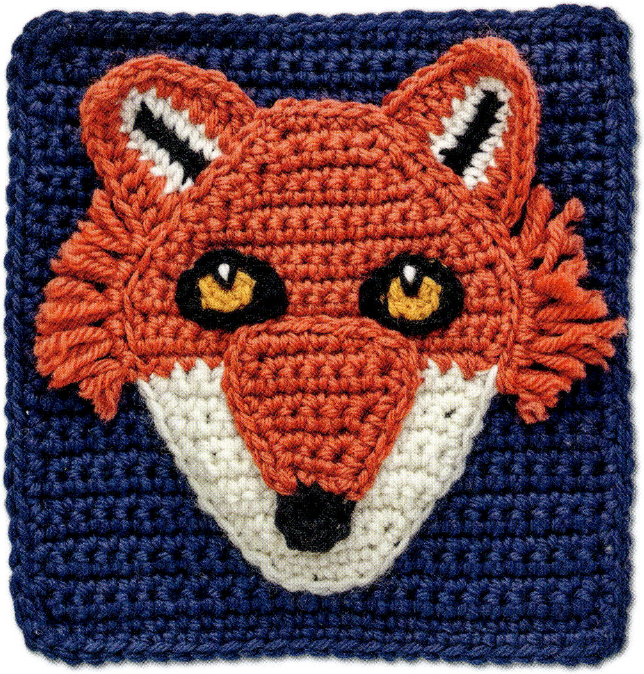

Leonie Morgan

Librero

Titel der Originalausgabe: *Animal Granny Squares*



**Lektorat:** Marie Clayton
**Fachlektorat:** Linda Brown
**Zuständige Lektorin:** Anna Galkina
**Design:** Sally Bond
**Illustration:** Kuo Kang Chen
**Fotografie:** Nicki Dowey und Phil Wilkins
**Art-Direktorin:** Gemma Wilson
**Stv. Art-Direktorin:** Martina Calvio
**Verlegerin:** Lorraine Dickey

Übersetzung aus dem Englischen:
Daniela Schmid, Wien
Redaktion und Satz der deutschen Ausgabe:
Print Company Verlagsges.m.b.H., Wien

Printed in China

ISBN: 978-94-6359-902-3



MIX
Papier | Fördert gute Waldnutzung
FSC® C016973

**WICHTIGER SICHERHEITSHINWEIS:** Bei einigen Projekten in diesem Buch kommen Sicherheits- oder aufnähbare Augen zum Einsatz. Sicherheitsaugen sollten immer nach Herstellerangaben angebracht werden. Bei Projekten, die für kleinere Kinder gedacht sind, empfiehlt es sich hingegen, auf Sicherheits- sowie aufnähbare Augen komplett zu verzichten und Details wie Augen, Nase und Mund stattdessen zu häkeln oder aufzusticken – weitere Informationen dazu finden Sie auf Seite 125.

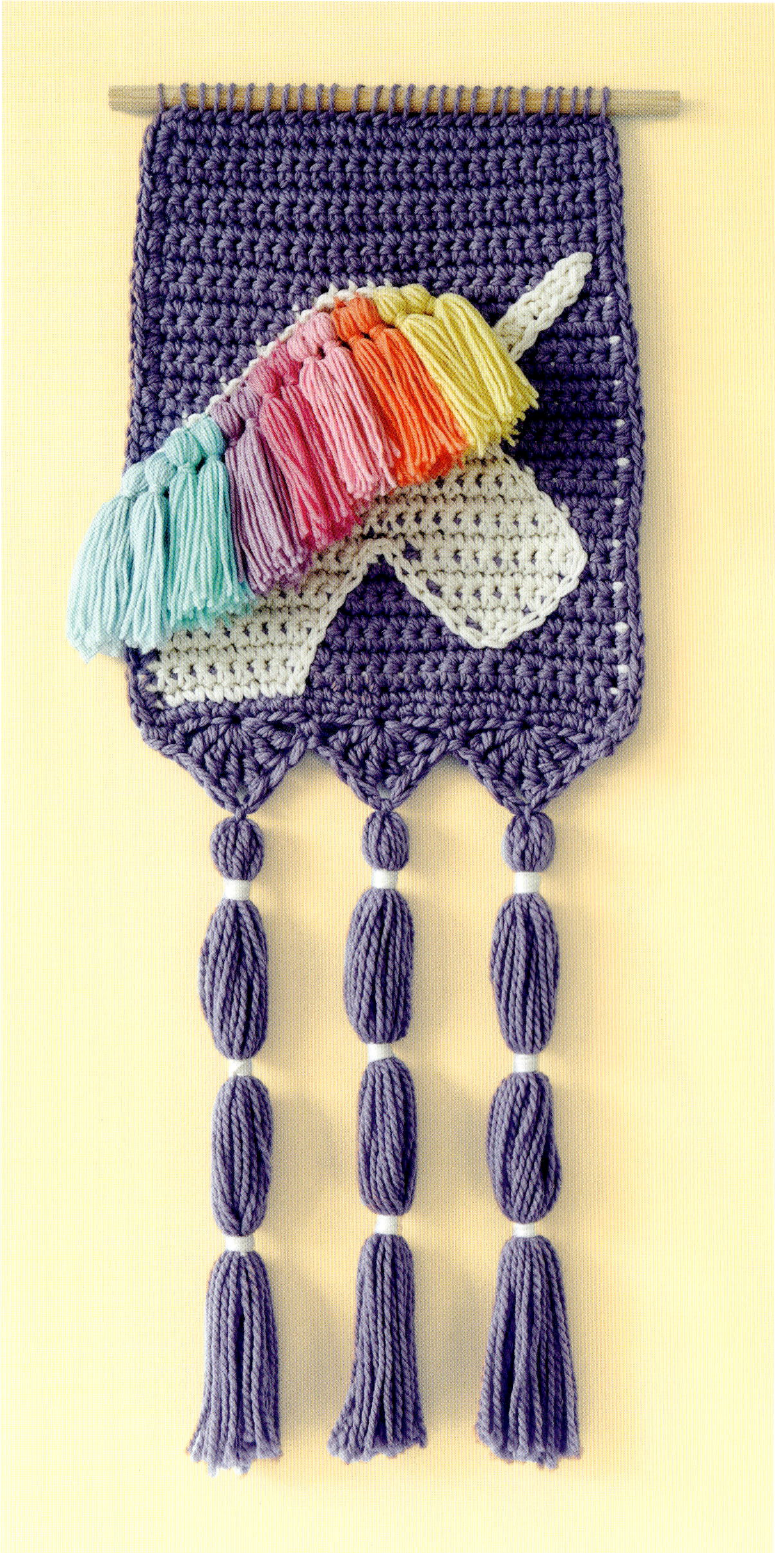

# Inhalt



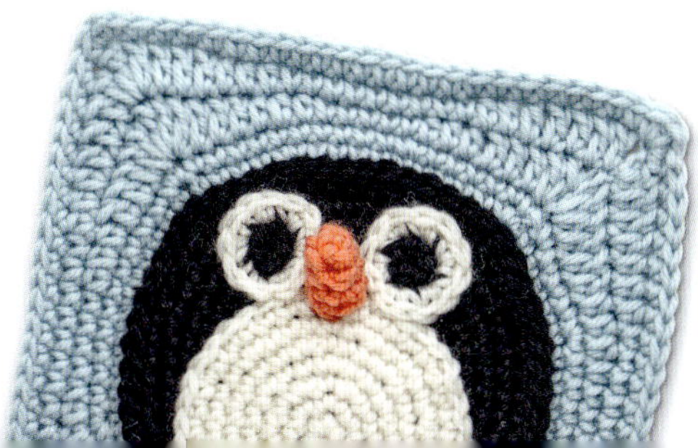

# Einleitung

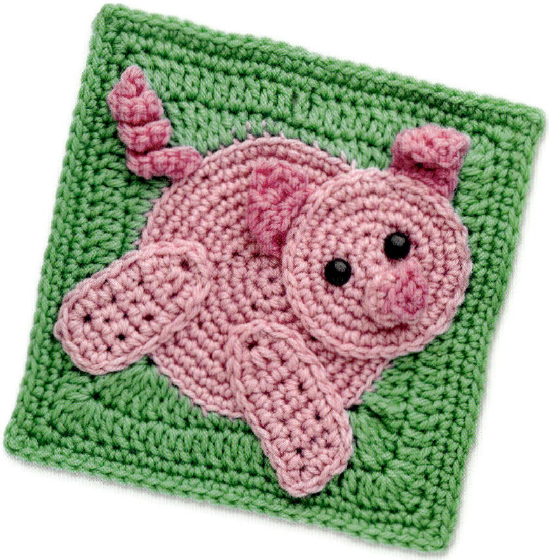

Ich liebe die Natur – und als sich mir die Gelegenheit bot, ein Buch mit Anleitungen für Tier-Granny-Squares zu kreieren, war ich nicht zu halten und machte mich sofort ans Werk. Es war gar nicht so leicht, möglichst viele Tierarten abzudecken, aber ich denke, es ist mir gelungen, eine große Bandbreite an verschiedenen tierischen Gefährten – von Säugetieren bis Insekten – in diesem Buch zu versammeln, sodass es zwischen den Seiten nur so grunzt, krabbelt und miaut. Mir war wichtig, dass es Spaß macht, die Tiere nachzuhäkeln, und dass sie einfach spektakulär aussehen – und ganz nebenbei hat es auch mir selbst viel Freude bereitet, die verschiedenen Designs zu kreieren.

In diesem Buch finden Sie 40 verschiedene Tier-Granny-Squares für Anfänger bis Profis. Bei einigen Anleitungen werden die verschiedenen (Körper-)Teile bei der Fertigstellung mit einfachen Stichen angenäht. Wenn Sie wie ich nicht wirklich ein Händchen für das Nähen haben, nehmen Sie sich dafür genug Zeit, setzen Sie sich nicht unter Druck und denken Sie daran: Es muss nicht perfekt sein!

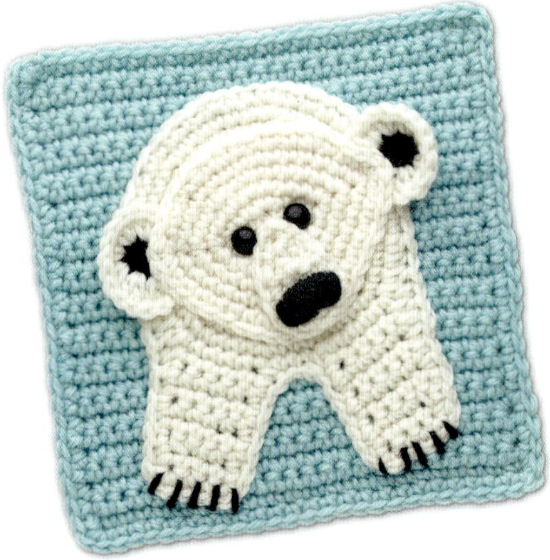

Viele der Tierdesigns in diesem Buch kann man auch ohne Hintergrund häkeln und so als Deko verwenden. Die Granny Squares wiederum lassen sich zu Decken, Taschen und Accessoires kombinieren – lassen Sie Ihrer Fantasie einfach freien Lauf! Im hinteren Teil des Buches finden Sie vier einfache Projekte, die als Anregungen dienen sollen, und dann heißt es: experimentieren und selbst kreativ werden! Ich hoffe, dieses Buch hilft Ihnen, wunderschöne, einzigartige Tierprojekte zu fertigen. Also: Hüpfen Sie wie ein Eichhörnchen mitten hinein in Ihren Garnvorrat, schnappen Sie sich dieses Buch und Ihre Häkelnadel und legen Sie los!

Viel Spaß beim Nachhäkeln!

**Leonie x**

PS: Teilen Sie Ihre Projekte mit mir in den sozialen Medien unter @woolnhook oder besuchen Sie meine Website www.leoniemorgan.com.
Ich bin gespannt darauf, Ihre Kreationen zu sehen!

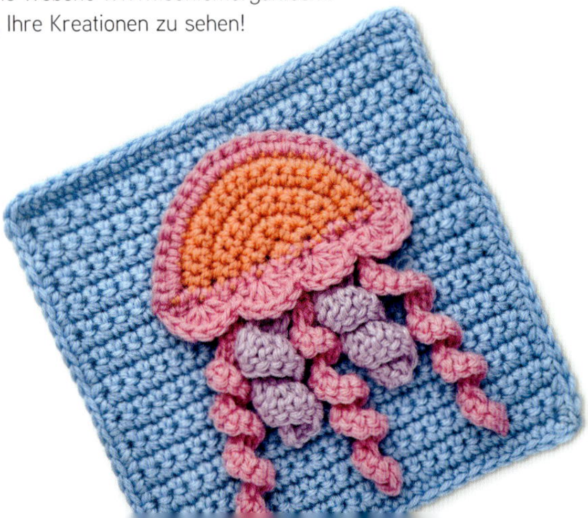

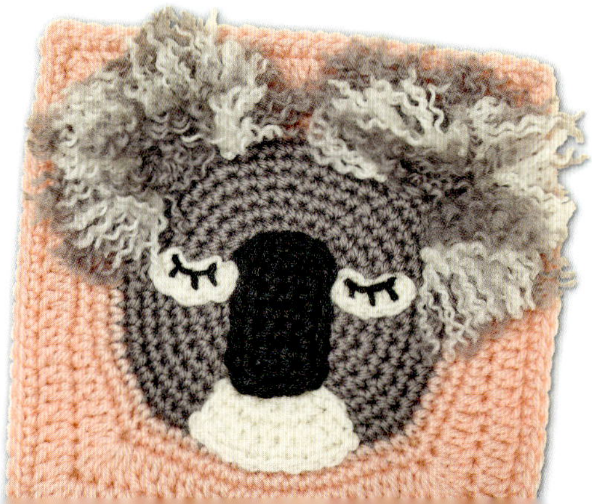

# Wie Sie dieses Buch verwenden

In diesem Buch finden Sie zahlreiche tierisch süße Granny Squares, die sich im Handumdrehen kombinieren lassen, um größere Projekte zu fertigen, von Decken bis Kissen, Taschen und Accessoires – der Fantasie sind dabei keine Grenzen gesetzt! Als Inspiration finden Sie auf den Seiten 104–111 vier einfache Projekte zum Nachkreieren, und auf den Seiten 114–126 folgt ein Überblick über grundlegende Informationen zu Materialien, Zubehör und verschiedenen Häkeltechniken.

## Tier-Granny-Squares, Seiten 8–103

Das Herzstück des Buches sind die Anleitungen für die Tier-Granny-Squares. Wie bei dem Beispiel hier unten zu sehen, sind sie alle mit einer schriftlichen Anleitung, einer Häkelschrift und detaillierten Fotos versehen, sodass das Nachhäkeln zum Kinderspiel wird.

Bei jedem Granny Square finden Sie einen Überblick über die benötigten Garnfarben und -mengen sowie Hinweise zu weiteren Materialien und Zubehör, das Sie brauchen, um das Granny Square zu fertigen.

Die Größe gibt die Abmessungen des fertigen Granny Squares an.

Jede Anleitung enthält eine detaillierte Häkelschrift in den entsprechenden Farben.

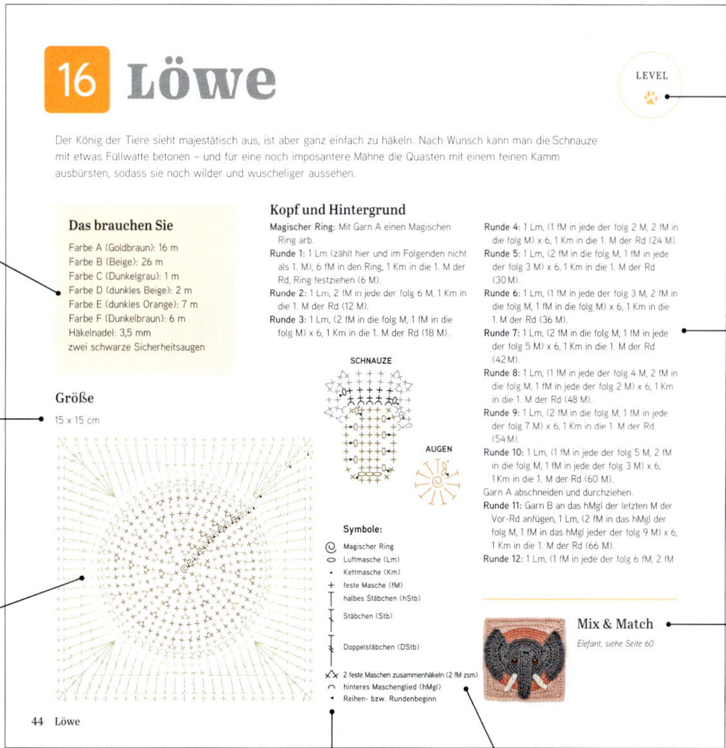

16 Löwe

LEVEL

Der König der Tiere sieht majestätisch aus, ist aber ganz einfach zu häkeln. Nach Wunsch kann man die Schnauze mit etwas Füllwatte betonen – und für eine noch imposantere Mähne die Quasten mit einem feinen Kamm ausbürsten, sodass sie noch wilder und wuscheliger aussehen.

Das brauchen Sie

Farbe A (Goldbraun): 16 m
Farbe B (Beige): 26 m
Farbe C (Dunkelgrau): 1 m
Farbe D (dunkles Beige): 2 m
Farbe E (dunkles Orange): 7 m
Farbe F (Dunkelbraun): 6 m
Häkelnadel: 3,5 mm
zwei schwarze Sicherheitsaugen

Größe

15 x 15 cm

Kopf und Hintergrund

**Magischer Ring:** Mit Garn A einen Magischen Ring arb.
**Runde 1:** 1 Lm (zählt hier und im Folgenden nicht als 1. M), 6 fM in den Ring, 1 Km in die 1. M der Rd, Ring festziehen (6 M).
**Runde 2:** 1 Lm, 2 fM in jede der folg 6 M, 1 Km in die 1. M der Rd (12 M).
**Runde 3:** 1 Lm, (2 fM in die folg M, 1 fM in die folg M) x 6, 1 Km in die 1. M der Rd (18 M).
**Runde 4:** 1 Lm, (1 fM in jede der folg 2 M, 2 fM in die folg M) x 6, 1 Km in die 1. M der Rd (24 M).
**Runde 5:** 1 Lm, (2 fM in die folg M, 1 fM in jede der folg 3 M) x 6, 1 Km in die 1. M der Rd (30 M).
**Runde 6:** 1 Lm, (1 fM in jede der folg 3 M, 2 fM in die folg M, 1 fM in die folg M) x 6, 1 Km in die 1. M der Rd (36 M).
**Runde 7:** 1 Lm, (2 fM in die folg M, 1 fM in jede der folg 5 M) x 6, 1 Km in die 1. M der Rd (42 M).
**Runde 8:** 1 Lm, (1 fM in jede der folg 4 M, 2 fM in die folg M, 1 fM in jede der folg 2 M) x 6, 1 Km in die 1. M der Rd (48 M).
**Runde 9:** 1 Lm, (2 fM in die folg M, 1 fM in jede der folg 7 M) x 6, 1 Km in die 1. M der Rd (54 M).
**Runde 10:** 1 Lm, (1 fM in jede der folg 5 M, 2 fM in die folg M, 1 fM in jede der folg 3 M) x 6, 1 Km in die 1. M der Rd (60 M).
Garn A abschneiden und durchziehen.
**Runde 11:** Garn B an das hMgl der letzten M der Vor-Rd anfügen, 1 Lm, (2 fM in das hMgl der folg M, 1 fM in das hMgl jeder der folg 9 M) x 6, 1 Km in die 1. M der Rd (66 M).
**Runde 12:** 1 Lm, (1 fM in jede der folg 6 fM, 2 fM

SCHNAUZE

AUGEN

Symbole:

Magischer Ring
Luftmasche (Lm)
Kettmasche (Km)
feste Masche (fM)
halbes Stäbchen (hStb)
Stäbchen (Stb)
Doppelstäbchen (DStb)
2 feste Maschen zusammenhäkeln (2 fM zsm)
hinteres Maschenglied (hMgl)
Reihen- bzw. Rundenbeginn

Mix & Match

*Elefant, siehe Seite 60*

44 Löwe

Die verschiedenen Level geben Hinweise zum Schwierigkeitsgrad: von einfach (eine Pfote) über mittel (zwei Pfoten) bis hin zu fortgeschritten (drei Pfoten).

Die schriftliche Anleitung führt Sie Runde für Runde und Reihe für Reihe durch jedes Design.

Zusätzlich finden Sie bei jedem Granny Square Tipps zum Kombinieren mit anderen tierischen Gefährten – also: Legen Sie los und werden Sie kreativ!

Eine Übersicht über die verwendeten Symbole finden Sie auf Seite 122.

Bei jedem Granny Square finden Sie einen Überblick über die Maschen, die sie für die jeweilige Anleitung brauchen. Auf den Seiten 116–126 finden Sie Hinweise zu Grundmaschen, Varianten und weiteren Techniken.

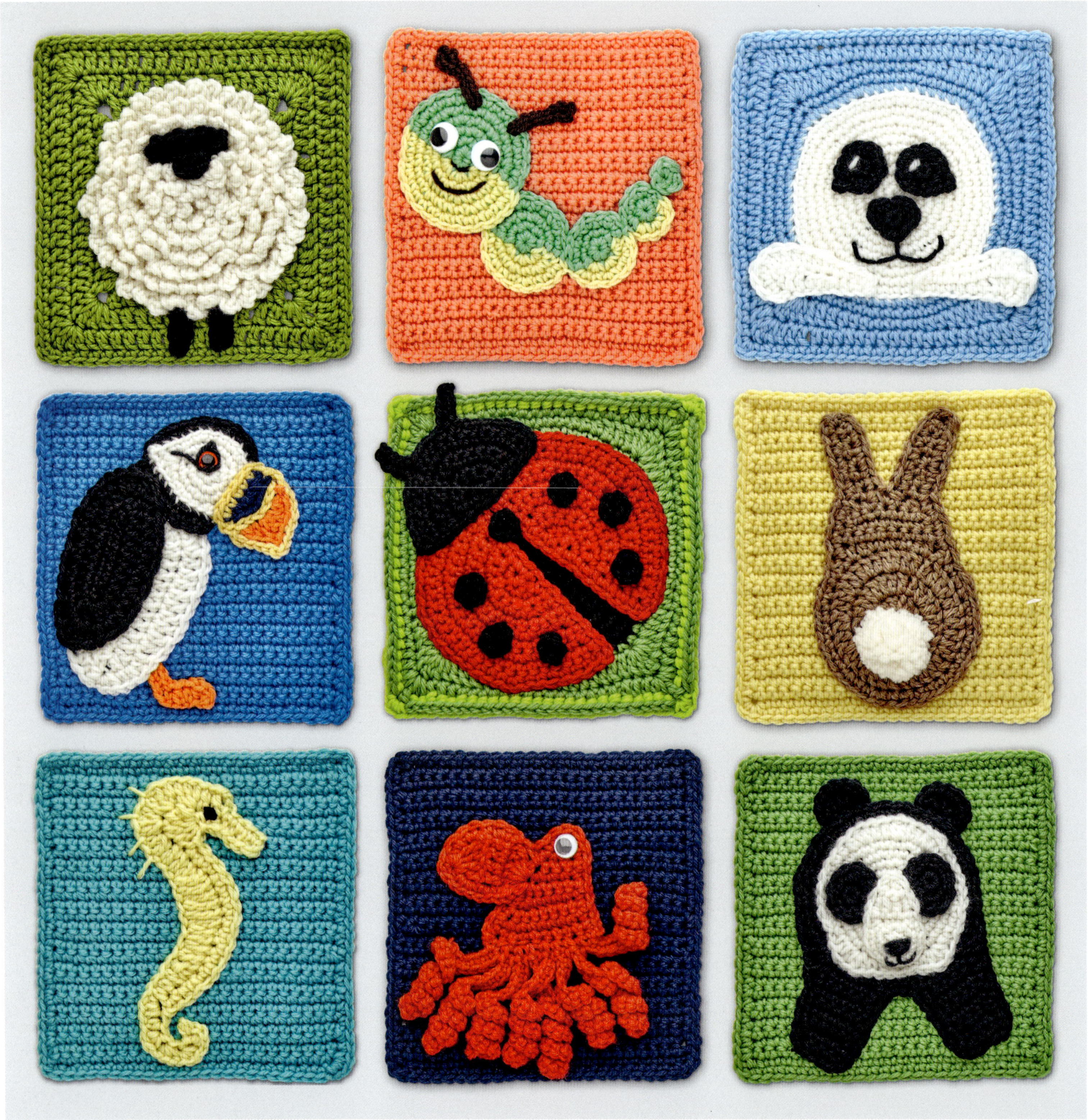

# Anleitungen: Tier-Granny-Squares

# 1 Pinguin

LEVEL

Das hier ist mein Lieblingspinguin – ich habe ihn Adélie getauft. Stickt man oben am Bauch einen gelben Fleck auf und arbeitet den Schnabel in einem kräftigen Orange, wird daraus im Handumdrehen ein majestätischer Kaiserpinguin.

## Das brauchen Sie

Farbe A (Schwarz): 16 m
Farbe B (Hellblau): 26 m
Farbe C (Weiß): 8 m
Farbe D (Koralle): 4 m
Häkelnadel: 3,5 mm

## Größe

15 x 15 cm

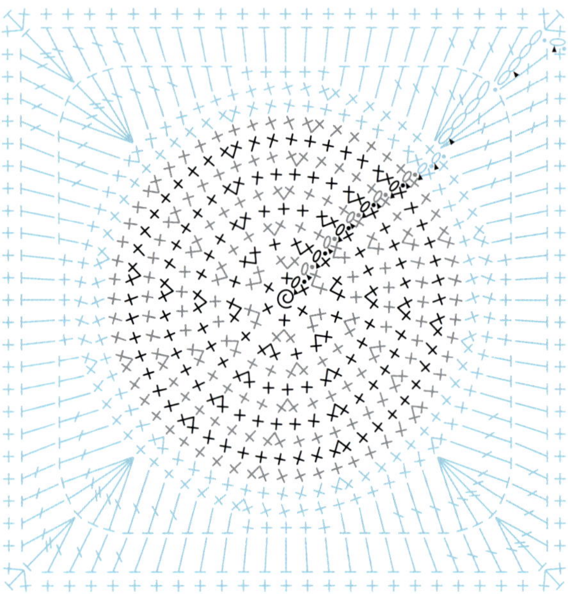

## Körper und Hintergrund

**Magischer Ring:** Mit Garn A einen Magischen Ring arb.

**Runde 1:** 1 Lm (zählt hier und im Folgenden nicht als 1. M), 6 fM in den Ring, 1 Km in die 1. M der Rd, Ring festziehen (6 M).

**Runde 2:** 1 Lm, 2 fM in jede der folg 6 M, 1 Km in die erste M der Rd (12 M).

**Runde 3:** 1 Lm, (2 fM in die folg M, 1 fM in die folg M) x 6, 1 Km in die 1. M der Rd (18 M).

**Runde 4:** 1 Lm, (1 fM in jede der folg 2 M, 2 fM in die folg M) x 6, 1 Km in die 1. M der Rd (24 M).

**Runde 5:** 1 Lm, (2 fM in die folg M, 1 fM in jede der folg 3 M) x 6, 1 Km in die 1. M der Rd (30 M).

AUGEN

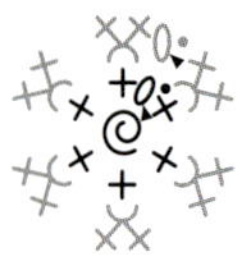

SCHNABEL

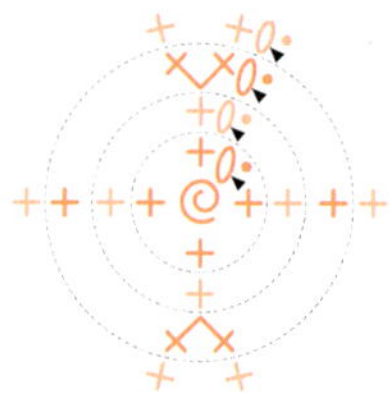

FÜSSE

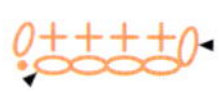

**Symbole:**

- Magischer Ring
- Luftmasche (Lm)
- Kettmasche (Km)
- feste Masche (fM)
- halbes Stäbchen (hStb)
- Stäbchen (Stb)
- Doppelstäbchen (DStb)
- hinteres Maschenglied (hMgl)
- Reihen- bzw. Rundenbeginn

**Runde 6:** 1 Lm, (1 fM in jede der folg 3 M, 2 fM in die folg M, 1 fM in die folg M) x 6, 1 Km in die 1. M der Rd (36 M).

**Runde 7:** 1 Lm, (2 fM in die folg M, 1 fM in jede der folg 5 M) x 6, 1 Km in die 1. M der Rd (42 M).

**Runde 8:** 1 Lm, (1 fM in jede der folg 4 M, 2 fM in die folg M, 1 fM in jede der folg 2 M) x 6, 1 Km in die 1. M der Rd (48 M).

**Runde 9:** 1 Lm, (2 fM in die folg M, 1 fM in jede der folg 7 M) x 6, 1 Km in die 1. M der Rd (54 M).

**Runde 10:** 1 Lm, (1 fM in jede der folg 5 M, 2 fM in die folg M, 1 fM in jede der folg 3 M) x 6, 1 Km in die 1. M der Rd (60 M).

Garn A abschneiden und durchziehen.

**Runde 11:** Garn B anfügen, 1 Lm, (2 fM in die folg M, 1 fM in jede der folg 9 M) x 6, 1 Km in die 1. M der Rd (66 M).

**Runde 12:** 1 Lm, (1 fM in jede der folg 6 fM, 2 fM in die folg M, 1 fM in jede der folg 4 M) x 6, 1 Km in die 1. M der Rd (72 M).

**Runde 13:** 4 Lm (zählen als 1 DStb), 2 Stb in die 1. M der Vor-Rd, (1 Stb in jede der folg 3 M, 1 hStb in jede der folg 3 M, 1 fM in jede der folg 5 M, 1 hStb in jede der folg 3 M, 1 Stb in jede der folg 3 M, [2 Stb, 1 DStb, 2 Stb] in die folg M) x 4, dabei bei der letzten Wdh vor der eckigen Klammer enden, 2 Stb in die 1. M der Vor-Rd, 1 Km in die obere der 4 Anf-Lm (88 M).

**Runde 14:** 4 Lm (zählen als 1 DStb), 1 Stb in die obere der 4 Anf-Lm der Vor-Rd, (1 Stb in jede der folg 3 M, 1 hStb in jede der folg 15 M, 1 Stb in jede der folg 3 M, [1 Stb, 1 DStb, 1 Stb] in die folg M) x 4, dabei bei der letzten Wdh vor der eckigen Klammer enden, 1 Stb in die obere der 4 Anf-Lm der Vor-Rd, 1 Km in die obere der 4 Anf-Lm (96 M).

**Runde 15:** 1 Lm, ([1 fM, 1 hStb, 1 fM] in das Eck-DStb, 1 fM in jede der folg M bis zum folg Eck-DStb) x 4, 1 Km in die 1. M der Rd (104 M).
Garn B abschneiden und durchziehen.

## Bauch

**Magischer Ring:** Mit Garn C einen Magischen Ring arb.
**Runde 1:** 1 Lm (zählt hier und im Folgenden nicht als 1. M), 6 fM in den Ring, 1 Km in die 1. M der Rd, Ring festziehen (6 M).
**Runde 2:** 1 Lm, 2 fM in jede der folg 6 M, 1 Km in die 1. M der Rd (12 M).
**Runde 3:** 1 Lm, (2 fM in die folg M, 1 fM in die folg M) x 6, 1 Km in die 1. M der Rd (18 M).
**Runde 4:** 1 Lm, (1 fM in jede der folg 2 M, 2 fM in die folg M) x 6, 1 Km in die 1. M der Rd (24 M).
**Runde 5:** 1 Lm, (2 fM in die folg M, 1 fM in jede der folg 3 M) x 6, 1 Km in die 1. M der Rd (30 M).
**Runde 6:** 1 Lm, (1 fM in jede der folg 3 M, 2 fM in die folg M, 1 fM in die folg M) x 6, 1 Km in die 1. M der Rd (36 M).
**Runde 7:** 1 Lm, (2 fM in die folg M, 1 fM in jede der folg 5 M) x 6, 1 Km in die 1. M der Rd (42 M).
Garn C abschneiden und durchziehen.

## Augen (x 2)

**Magischer Ring:** Mit Garn A einen Magischen Ring arb.
**Runde 1:** 1 Lm (zählt hier und im Folgenden nicht als 1. M), 6 fM in den Ring, 1 Km in die 1. M der Rd, Ring festziehen (6 M).
Garn A abschneiden und durchziehen.
**Runde 2:** Garn C an das hMgl einer beliebigen M anfügen, 1 Lm, 2 fM in das hMgl jeder der 6 M der Vor-Rd, 1 Km in die 1. M der Rd (12 M).
Garn B abschneiden und durchziehen.

## Schnabel

**Magischer Ring:** Mit Garn D einen Magischen Ring arb.
**Runde 1:** 1 Lm (zählt hier und im Folgenden nicht als 1. M), 4 fM in den Ring, 1 Km in die 1. M der Rd, Ring festziehen (4 M).
**Runde 2:** 1 Lm, 1 fM in jede der folg 4 M, 1 Km in die 1. M der Rd (4 M).
**Runde 3:** 1 Lm, (2 fM in die folg M, 1 fM in die folg M) x 2, 1 Km in die 1. M der Rd (6 M).

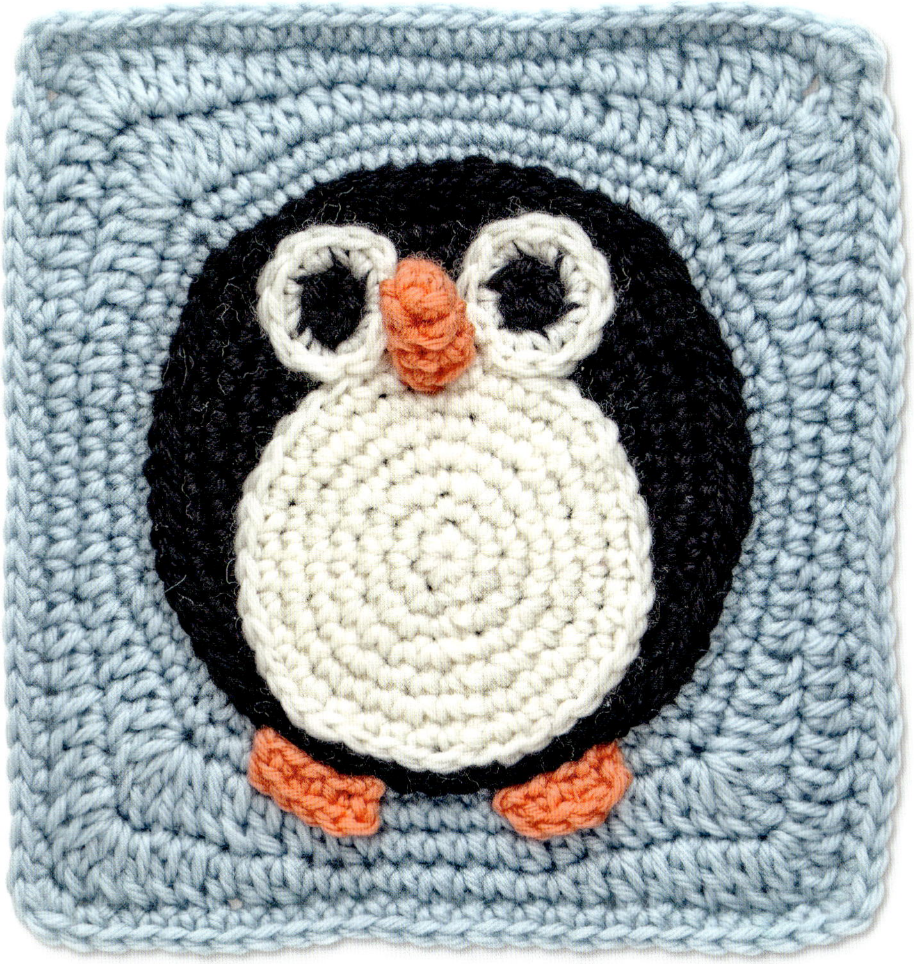

**Runde 4:** 1 Lm, 1 fM in jede der folg 6 M, 1 Km in die 1. M der Rd (6 M).
Garn D abschneiden und durchziehen.

## Füße (x 2)

**Luftmaschenkette:** Mit Garn D 5 Lm anschl.
**Reihe 1:** 1 fM in die 2. Lm ab Nd, 1 fM in jede der folg 3 Lm, 1 Lm, 1 Km in die 1. Lm der Lmk (4 M).
Garn D abschneiden und durchziehen.

## Fertigstellung

Mit Garn C den Bauch und die Augen auf den Körper nähen. Den Schnabel und die Füße mithilfe der Fadenenden festnähen. Alle Fadenenden vernähen und das fertige Granny Square spannen.

## Tipps

- Der Körper lässt sich gleichmäßig rund gestalten, indem man den Umriss mit Garn A mit Kettmaschen auf der Oberfläche in die unteren Enden der Maschen in Runde 11 nachhäkelt.
- Anstatt der gehäkelten Augen kann man auch große Wackelaugen annähen.

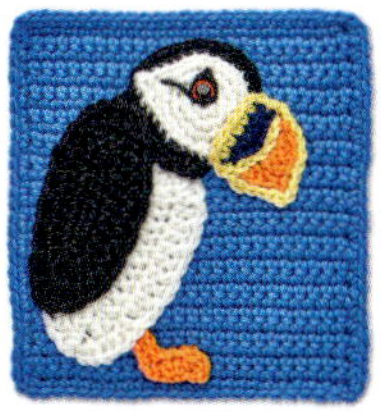

## Mix & Match

*Papageitaucher, siehe Seite 76*

# 2 Braunbär

LEVEL

Wenn man statt braunem Garn schwarzes oder rotbraunes verwendet, erhält man einen Schwarz- oder Grizzlybären. Aus drei Bären, einem Wolf (siehe Seite 53) und kleinen Schweinen (siehe Seite 17) lässt sich eine Märchen-Decke fertigen. Aber auch Hummeln (siehe Seite 56) eignen sich als Partner – sie werden mit etwas Fantasie zu Bienen, deren Honig kein Bär widerstehen kann!

## Das brauchen Sie

Farbe A (Dunkelbraun): 20 m
Farbe B (Türkis): 26 m
Farbe C (helles Türkis): 5 m
Farbe D (dunkles Beige): 6 m
Farbe E (Schwarz): kleine Menge
etwas Füllwatte
Häkelnadel: 3,5 mm
zwei Sicherheitsaugen

## Größe

15 x 15 cm

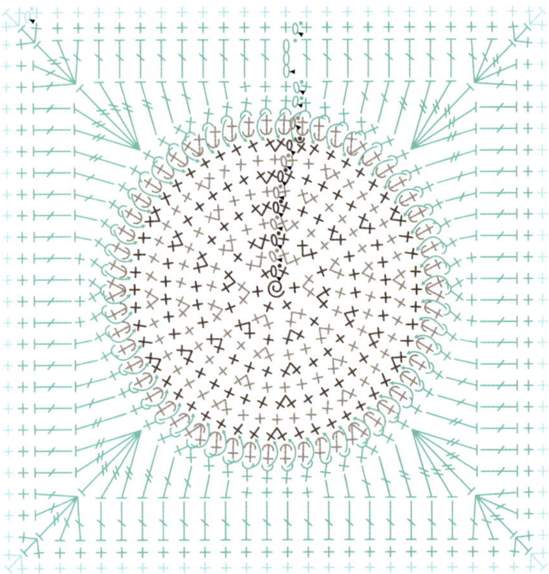

## Kopf und Hintergrund

**Magischer Ring:** Mit Garn A einen Magischen Ring arb.

**Runde 1:** 1 Lm (zählt hier und im Folgenden nicht als 1. M), 6 fM in den Ring, 1 Km in die 1. M der Rd, Ring festziehen (6 M).

**Runde 2:** 1 Lm, 2 fM in jede der folg 6 M, 1 Km in die 1. M der Rd (12 M).

OHREN

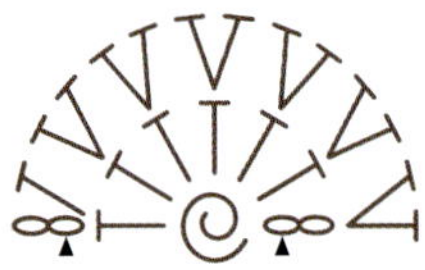

SCHNAUZE

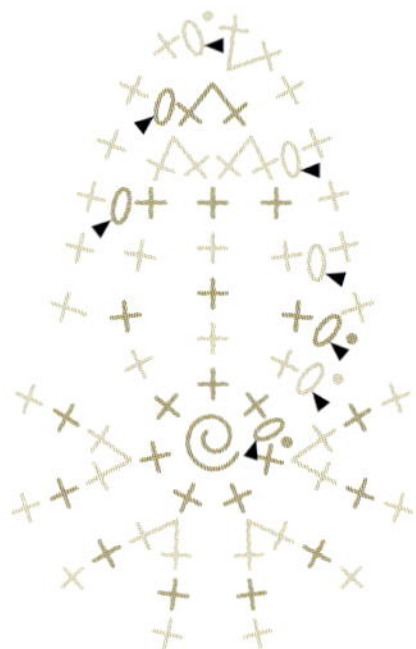

**Symbole:**

- Magischer Ring
- Luftmasche (Lm)
- Kettmasche (Km)
- feste Masche (fM)
- halbes Stäbchen (hStb)
- Stäbchen (Stb)
- Doppelstäbchen (DStb)
- 2 feste Maschen zusammenhäkeln (2 fM zsm)
- hinteres Maschenglied (hMgl)
- vorderes Maschenglied (vMgl)
- Reihen- bzw. Rundenbeginn

**Runde 3:** 1 Lm, (2 fM in die folg M, 1 fM in die folg M) x 6, 1 Km in die 1. M der Rd (18 M).

**Runde 4:** 1 Lm, (1 fM in jede der folg 2 M, 2 fM in die folg M) x 6, 1 Km in die 1. M der Rd (24 M).

**Runde 5:** 1 Lm, (2 fM in die folg M, 1 fM in jede der folg 3 M) x 6, 1 Km in die 1. M der Rd (30 M).

**Runde 6:** 1 Lm, (1 fM in jede der folg 3 M, 2 fM in die folg M, 1 fM in die folg M) x 6, 1 Km in die 1. M der Rd (36 M).

**Runde 7:** 1 Lm, (2 fM in die folg M, 1 fM in jede der folg 5 M) x 6, 1 Km in die 1. M der Rd (42 M).

**Runde 8:** 1 Lm, (1 fM in jede der folg 4 M, 2 fM in die folg M, 1 fM in jede der folg 2 M) x 6, 1 Km in die 1. M der Rd (48 M).

**Runde 9:** 1 Lm, (2 fM in die folg M, 1 fM in jede der folg 7 M) x 6, 1 Km in das vMgl der 1. M der Rd (54 M).

**Runde 10:** 1 Lm, (1 fM in das vMgl jeder der folg 5 M, 2 fM in das vMgl der folg M, 1 fM in das vMgl jeder der folg 3 M) x 6, 1 Km in beide Schlingen der 1. M der Rd (60 M).

Garn A abschneiden und durchziehen.

**Runde 11:** Garn B an das hMgl der 1. M in Rd 9 anfügen, 1 Lm, (1 fM in das hMgl jeder der folg

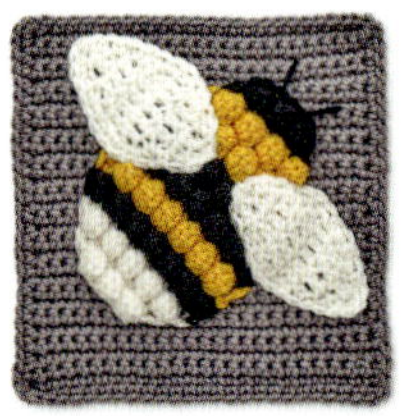

## Mix & Match

*Hummel, siehe Seite 56*

5 M, 2 fM in das hMgl der folg M, 1 fM in das hMgl jeder der folg 3 M) x 6, 1 Km in die 1. M der Rd (60 M).

**Runde 12:** 1 Lm, (1 fM in jede der folg 3 M, 1 hStb in jede der folg 2 M, 1 Stb in jede der folg 2 M, 1 DStb in die folg M, 5 DStb in die folg M, 1 DStb in die folg M, 1 Stb in jede der folg 2 M, 1 hStb in jede der folg 2 M, 1 fM in die folg M) x 4, 1 Km in die 1. M der Rd (76 M).

**Runde 13:** 3 Lm (zählen als 1 Stb), (1 Stb in jede folg M bis zum 3. der 5 Eck-DStb, [2 Stb, 1 DStb, 2 Stb] in das 3. Eck-DStb) x 4, 1 Stb in jede folg M bis zum Rd-Beginn, 1 Km in die obere der 3 Anf-Lm (92 M).

**Runde 14:** 1 Lm, (1 fM in jede folg M bis zum Eck-DStb, [1 fM, 1 hStb, 1 fM] in das Eck-DStb) x 4, 1 fM in jede M bis zum Rd-Beginn, 1 Km in die 1. M der Rd (100 M).

Garn B abschneiden und durchziehen.

**Runde 15:** Garn C an ein Eck-hStb anfügen, 1 Lm, ([1 fM, 1 hStb, 1 fM] in das Eck-hStb, 1 fM in jede folg M bis zum nächsten Eck-hStb) x 4, 1 Km in die 1. M der Rd (108 M).

Garn C abschneiden und durchziehen.

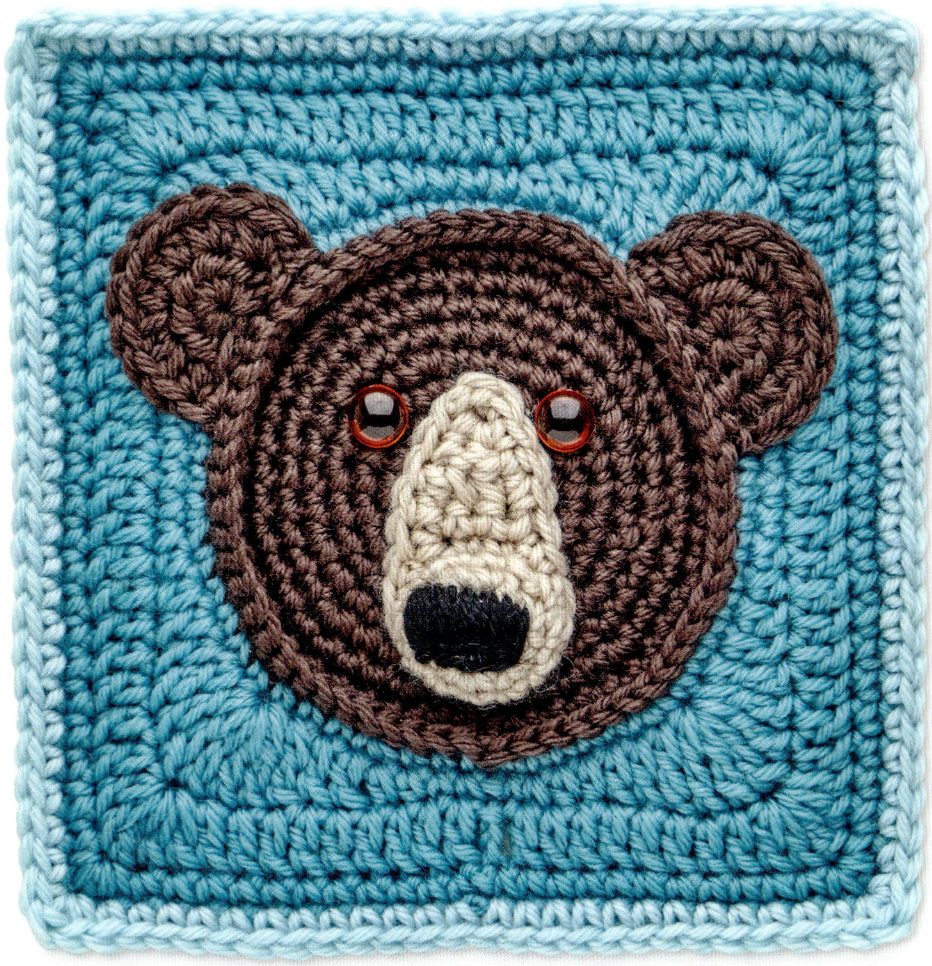

## Ohren (x 2)

**Magischer Ring:** Mit Garn A einen Magischen Ring arb.

**Reihe 1 (LS):** 2 Lm (zählen hier und im Folgenden als 1 hStb), 6 hStb in den Ring, Ring festziehen, wenden (7 M).

**Reihe 2 (RS):** 2 Lm, 1 hStb in die letzte M der Vor-R, 2 hStb in jede der folg 6 M (14 M).

Garn A abschneiden und durchziehen.

## Schnauze

**Magischer Ring:** Mit Garn D einen Magischen Ring arb.

**Runde 1:** 1 Lm (zählt hier und im Folgenden nicht als 1. M), 7 fM in den Ring, 1 Km in die 1. M der Rd, Ring festziehen (7 M).

**Runde 2:** 1 Lm, 1 fM in jede der folg 3 M, 2 fM in jede der folg 4 M, 1 Km in die 1. M der Rd (11 M).

**Runde 3:** 1 Lm, 1 fM in jede der folg 11 M, 1 Km in die 1. M der Rd (11 M).

**Reihe 4:** 1 Lm, 1 fM in jede der folg 3 M, wenden (3 M).

**Reihe 5:** 1 Lm, 1 fM in jede der folg 3 M, wenden (3 M).

**Reihe 6:** 1 Lm, 2 fM zsm in die folg 2 M, 2 fM zsm in die vorletzte und die letzte M der R, wenden (2 M).

**Reihe 7:** 1 Lm, 2 fM zsm, wenden (1 M).

EINFASSUNG

**Runde 8:** 1 Lm, 1 fM in die letzte M der Vor-R, 1 fM in jedes der folg 4 R-Enden, 1 fM in die folg M in Runde 3 (M, in die auch Reihe 4 gearbeitet wurde), 1 fM in jede der folg 8 M, 1 fM in die folg M in Runde 3 (M, in die auch Reihe 4 gearbeitet wurde), 1 fM in jedes der folg 4 R-Enden, 2 fM in die letzte M der Vor-R, 1 Km in die 1. M der Rd (21 M).

Garn D abschneiden und durchziehen.

## Fertigstellung

Mit Garn E eine große Nase auf die Schnauze sticken, dann die Schnauze mit Garn D auf den Kopf nähen, dabei die Schnauze mit etwas Füllwatte füllen. Die Ohren mit den Fadenenden oder Garn A annähen. Die letzte Runde des Kopfes nach Wunsch mit einer Reihe Kettmaschen auf der Oberfläche betonen. Die Sicherheitsaugen nach Herstellerangaben befestigen. Alle Fadenenden vernähen und das fertige Granny Square spannen.

# 3 Qualle

LEVEL

Diese hübsche Qualle ist schnell und einfach nachgehäkelt. Ich habe mich hier als Vorbild an die leuchtend bunte Feuerqualle gehalten, aber man kann sie auch in nur einer Farbe häkeln – und nach Wunsch noch weitere Tentakel hinzufügen. Die Qualle ist eines der Motive im Greifbuch „Buch des Meeres“ auf Seite 106.

## Das brauchen Sie

Farbe A (Koralle): 8 m
Farbe B (helles Pink): 7 m
Farbe C (Flieder): 4 m
Farbe D (Hellblau): 42 m
Häkelnadel: 3,5 mm

## Größe

15 x 15 cm

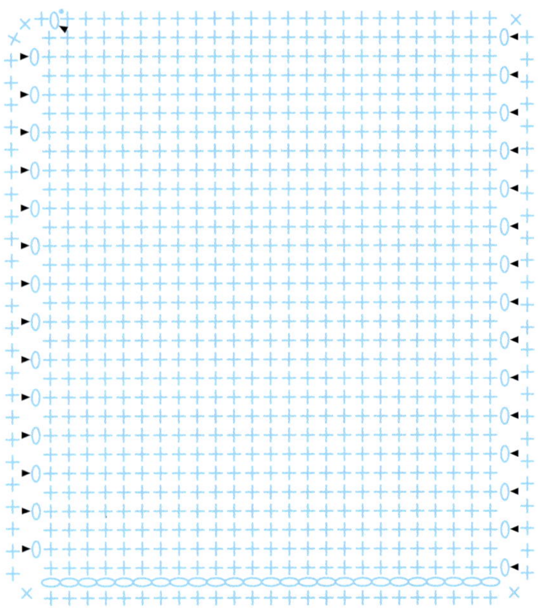

## Schirm

**Magischer Ring:** Mit Garn A einen Magischen Ring arb.

**Reihe 1:** 1 Lm (zählt hier und im Folgenden nicht als 1. M), 3 fM in den Ring, Ring festziehen, wenden (3 M).

**Reihe 2:** 1 Lm, 2 fM in jede der folg 3 M, wenden (6 M).

**Reihe 3:** 1 Lm, (1 fM in die folg M, 2 fM in die folg M) x 3, wenden (9 M).

SCHIRM

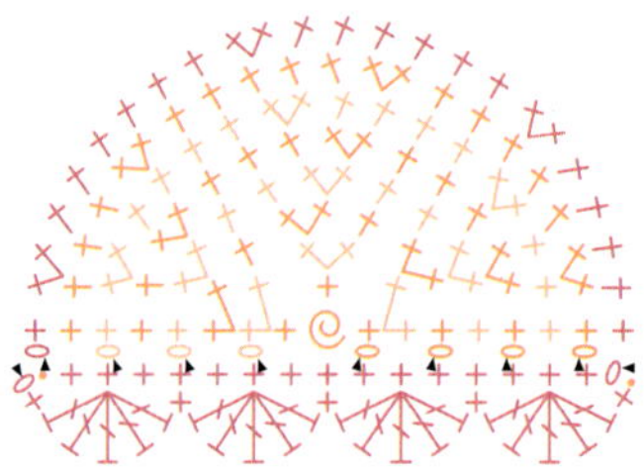

**Symbole:**

- Magischer Ring
- Luftmasche (Lm)
- Kettmasche (Km)
- feste Masche (fM)
- Stäbchen (Stb)
- Reihen- bzw. Rundenbeginn

KÜRZERE TENTAKEL

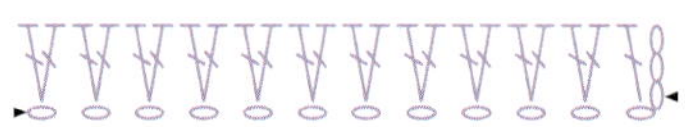

LÄNGERE TENTAKEL

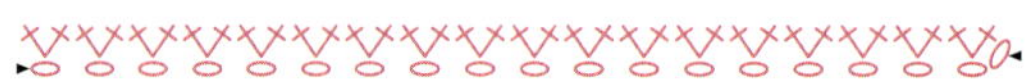

**Reihe 4:** 1 Lm, 1 fM in die letzte M der Vor-R, (2 fM in die folg M, 1 fM in jede der folg 2 M) x 2, 2 fM in die folg M, 1 fM in die letzte M, wenden (12 M).

**Reihe 5:** 1 Lm, 1 fM in die letzte M der Vor-R, (2 fM in die folg M, 1 fM in jede der folg 3 M) x 2, 2 fM in die folg M, 1 fM in jede der folg 2 M, wenden (15 M).

**Reihe 6:** 1 Lm, 1 fM in die letzte M der Vor-R, (2 fM in die folg M, 1 fM in jede der folg 4 M) x 2, 2 fM in die folg M, 1 fM in jede der folg 3 M, wenden (18 M).

**Reihe 7:** 1 Lm, 1 fM in die letzte M der Vor-R, (2 fM in die folg M, 1 fM in jede der folg 5 M) x 2, 2 fM in die folg M, 1 fM in jede der folg 4 M, wenden (21 M).

Garn A abschneiden und durchziehen.

**Reihe 8:** Garn B anfügen, 1 Lm, 1 fM in die letzte M der Vor-R, (2 fM in die folg M, 1 fM in jede der folg 6 fM) x 2, 2 fM in die folg M, 1 fM in jede der folg 5 M (24 M).

**Reihe 9:** 1 Lm, 1 fM in jedes der folg 7 R-Enden, 1 fM in den Ring, 1 fM in jedes der folg 7 R-Enden, 1 Lm, 1 Km in die folg M, wenden (15 M).

**Reihe 10:** 1 Lm, 1 fM in die Lm, (1 M überg, 5 Stb in die folg M, 1 M überg, 1 fM in die folg M) x 4, 1 Km in die folg M der Vor-R (25 M).

Garn B abschneiden und durchziehen.

## Kürzere Tentakel (x 2)

**Luftmaschenkette:** Mit Garn C 15 Lm anschl.

**Reihe 1:** 1 Stb in die 4. Lm ab Nd, 2 Stb in jede der folg 11 Lm (24 M).

Garn C abschneiden und durchziehen.

## Längere Tentakel (x 3)

**Luftmaschenkette:** Mit Garn B 19 Lm anschl.

**Reihe 1:** 2 fM in die 2. Lm ab Nd und in jede der folg 17 M (36 M).

Garn B abschneiden und durchziehen.

## Hintergrund

**Luftmaschenkette:** Mit Garn D 26 Lm anschl

**Reihe 1:** 1 fM in die 2. Lm ab Nd und in jede der folg 24 M, wenden (25 M).

**Reihe 2:** 1 Lm (zählt nicht als 1. M), 1 fM in jede folg M bis R-Ende, wenden (25 M).

**Reihen 3–29:** Wie Reihe 2 arb, dabei nach Reihe 29 nicht wenden (25 M).

EINFASSUNG

**Runde 30:** 1 Lm, 3 fM in die letzte M der Vor-R, 23 fM gleichmäßig verteilt in die R-Enden arb, 3 fM in die 1. Lm der Lmk, 1 fM in jede der folg 23 Lm, 3 fM in die vorletzte Lm der Lmk, 23 fM gleichmäßig verteilt in die R-Enden arb, 3 fM in die folg M an der Ecke, 1 fM in jede der folg 23 M, 1 Km in die 1. M der Rd (104 M).

Garn D abschneiden und durchziehen.

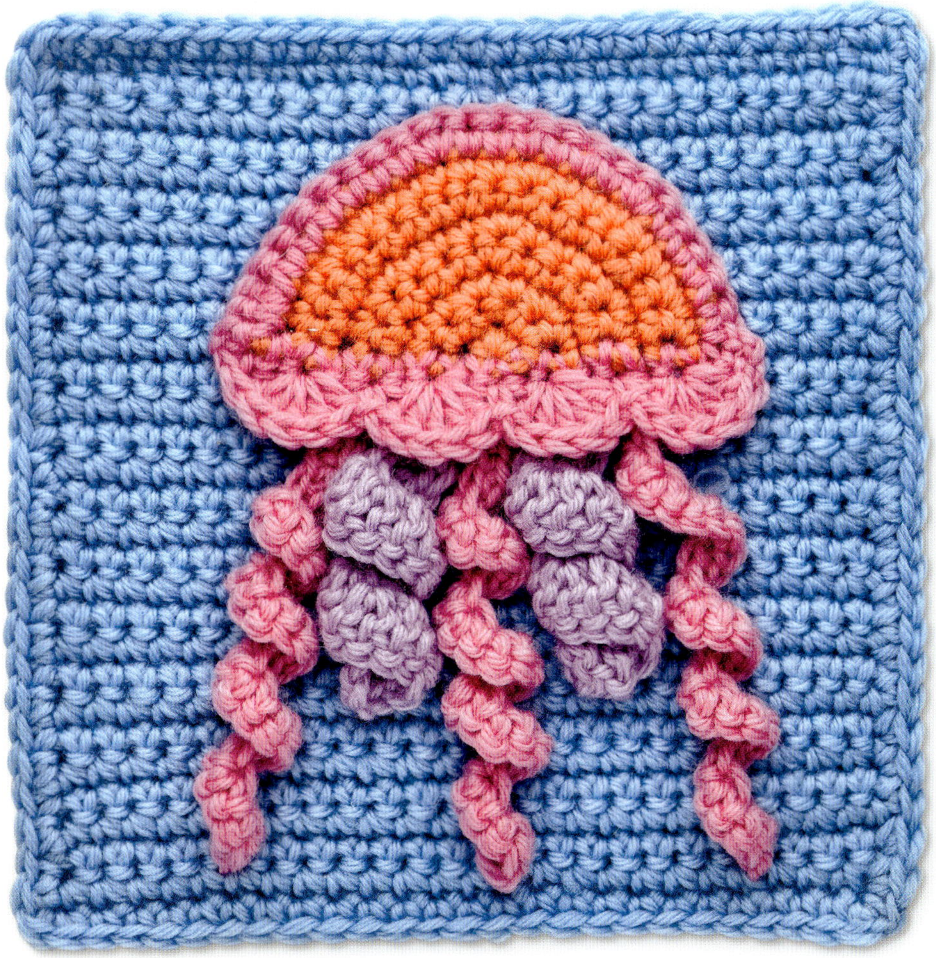

## Fertigstellung

Den Schirm entlang der oberen Kante mit Garn B auf den Hintergrund nähen, die Halbkreise unten nicht annähen. Die Tentakel mithilfe der Garnenden unterhalb der Halbkreise an den Schirm nähen und mit jeweils einem Stich unten auf dem Hintergrund befestigen. Anschließend kann man nach Wunsch die Halbkreise mit Garn B auf den Hintergrund nähen. Alle Fadenenden vernähen und das fertige Granny Square spannen.

## Tipps

- Für einen tollen 3D-Effekt den Schirm der Qualle mit etwas Füllwatte füllen.
- Man kann die Qualle auch einfarbig häkeln und zwei Wackelaugen auf den Schirm nähen.

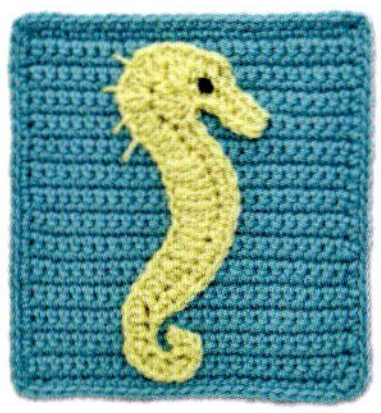

## Mix & Match

*Seepferdchen, siehe Seite 46*

# 4 Marienkäfer

LEVEL

Der Siebenpunkt-Marienkäfer ist ein beliebter Gartenbesucher. Man kann die Flügel auch in einer anderen Farbe arbeiten und die Anzahl der Punkte nach Wunsch variieren. Die Raupe (siehe Seite 62) ist ein passender krabbelnder Gefährte.

## Das brauchen Sie

Farbe A (Schwarz): 28 m
Farbe B (knalliges Grün): 20 m
Farbe C (Hellgrün): 8 m
Farbe D (Rot): 20 m
Häkelnadel: 3,5 mm

## Größe

15 x 15 cm

## Körper und Hintergrund

**Magischer Ring:** Mit Garn A einen Magischen Ring arb.

**Runde 1:** 1 Lm (zählt hier und im Folgenden nicht als 1. M), 6 fM in den Ring, 1 Km in die 1. M der Rd, Ring festziehen (6 M).

**Runde 2:** 1 Lm, 2 fM in jede der folg 6 M, 1 Km in die 1. M der Rd (12 M).

**Runde 3:** 1 Lm, (2 fM in die folg M, 1 fM in die folg M) x 6, 1 Km in die 1. M der Rd (18 M).

**Runde 4:** 1 Lm, (1 fM in jede der folg 2 M, 2 fM in die folg M) x 6, 1 Km in die 1. M der Rd (24 M).

**Runde 5:** 1 Lm, (2 fM in die folg M, 1 fM in jede der folg 3 M) x 6, 1 Km in die 1. M der Rd (30 M).

**Runde 6:** 1 Lm, (1 fM in jede der folg 3 M, 2 fM in die folg M, 1 fM in die folg M) x 6, 1 Km in die 1. M der Rd (36 M).

**Runde 7:** 1 Lm, (2 fM in die folg M, 1 fM in jede der folg 5 M) x 6, 1 Km in die 1. M der Rd (42 M).

**Runde 8:** 1 Lm, (1 fM in jede der folg 4 M, 2 fM in die folg M, 1 fM in jede der folg 2 M) x 6, 1 Km in die 1. M der Rd (48 M).

**Runde 9:** 1 Lm, (2 fM in die folg M, 1 fM in jede der folg 7 M) x 6, 1 Km in die 1. M der Rd (54 M).

**Runde 10:** 1 Lm, (1 fM in jede der folg 5 M, 2 fM in die folg M, 1 fM in jede der folg 3 M) x 6, 1Km in die 1. M der Rd (60 M).

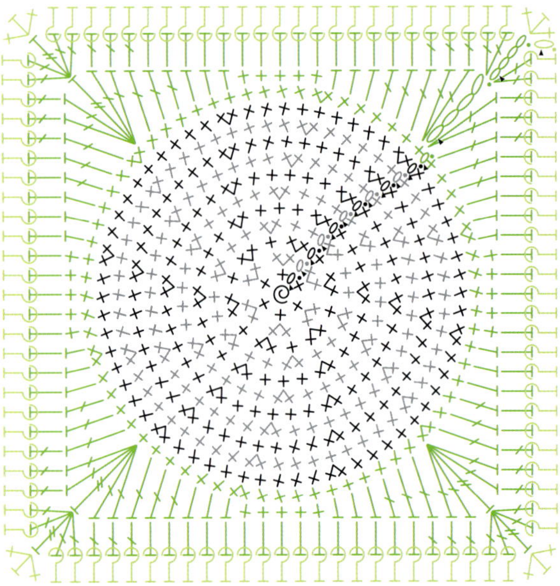

PUNKTE

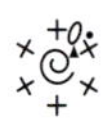

FÜHLER

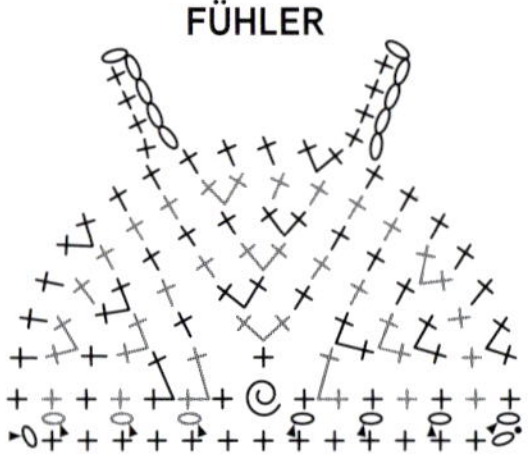

FLÜGEL

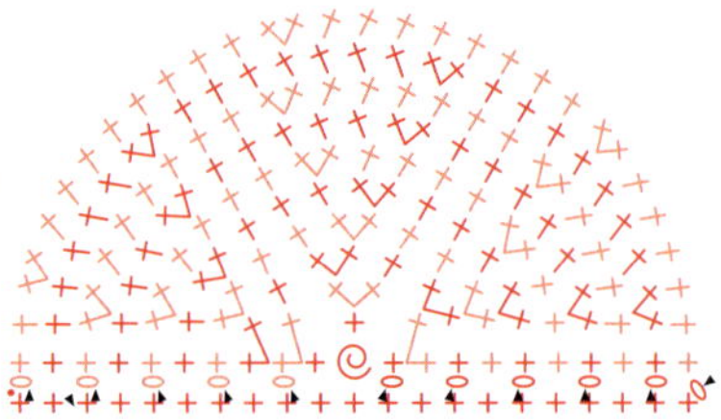

**Symbole:**

- Magischer Ring
- Luftmasche (Lm)
- Kettmasche (Km)
- feste Masche (fM)
- halbes Stäbchen (hStb)
- Stäbchen (Stb)
- Doppelstäbchen (DStb)
- halbes Reliefstäbchen hinten (hRStbh)
- Reihen- bzw. Rundenbeginn

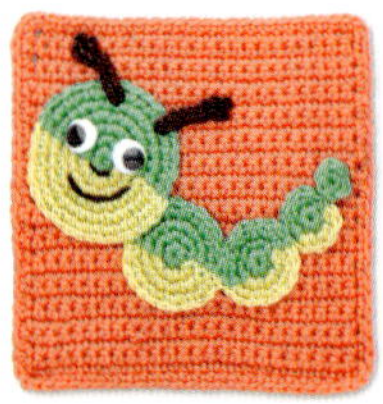

## Mix & Match

*Raupe, siehe Seite 62*

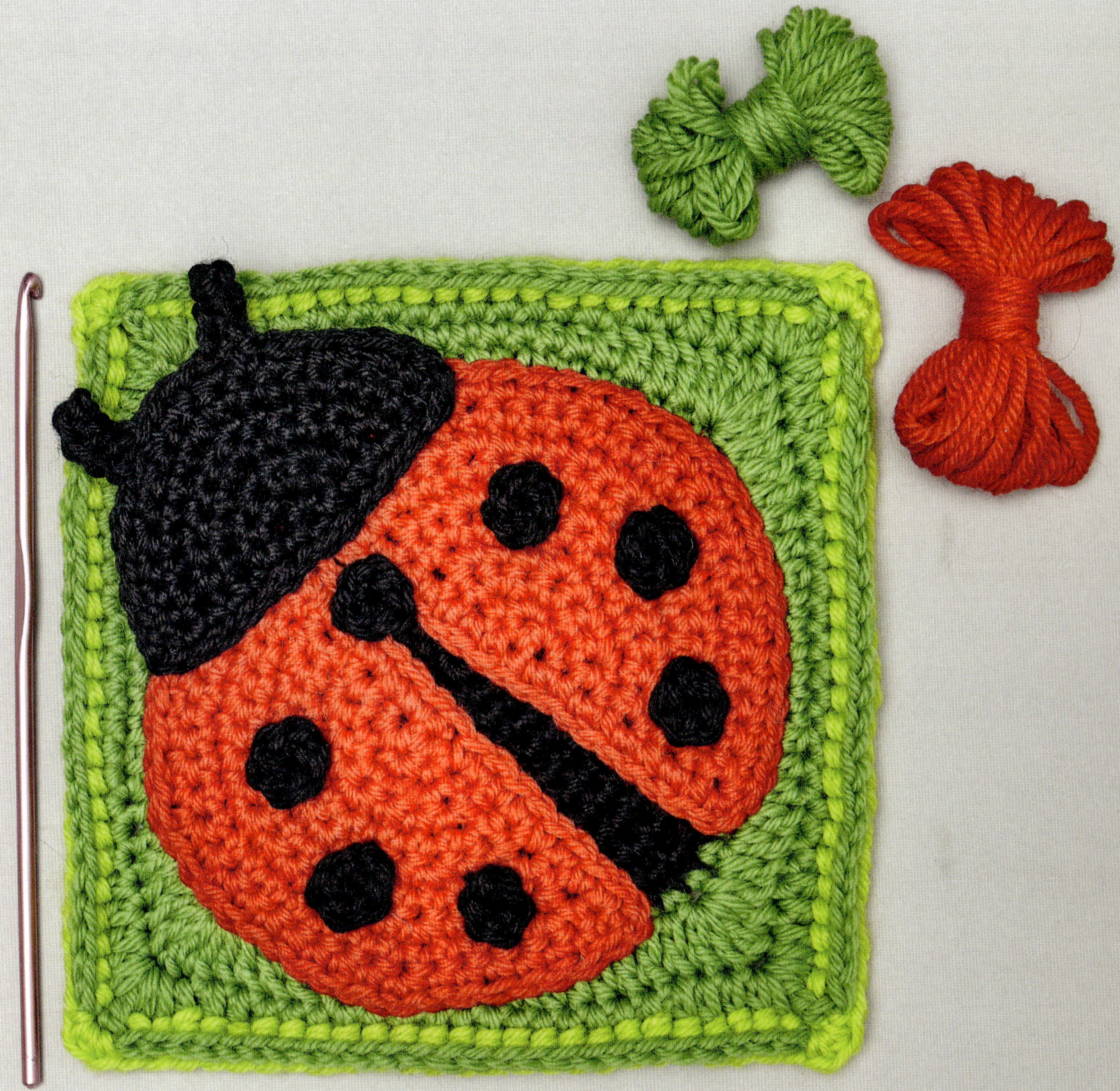

## Tipps

- Für einen tollen 3D-Effekt kann man die Flügel mit etwas Füllwatte füllen.
- Dieser hübsche Marienkäfer würde mit aufnähbaren Wackelaugen gleich noch ein bisschen süßer aussehen.

**Runde 11:** 1 Lm, (1 fM in jede der folg 5 M, 2 fM in die folg M, 1 fM in jede der folg 3 M) x 6, 1 Km in die 1. M der Rd (66 M).

Garn A abschneiden und durchziehen.

**Runde 12:** Garn B anfügen, 1 Lm, (1 fM in jede der folg 6 fM, 2 fM in die folg M, 1 fM in jede der folg 4 M) x 6, 1 Km in die 1. M der Rd (72 M).

**Runde 13:** 4 Lm (zählen als 1 DStb), 2 Stb in die 1. M der Vor-Rd, (1 Stb in jede der folg 3 M, 1 hStb in jede der folg 3 M, 1 fM in jede der folg 5 M, 1 hStb in jede der folg 3 M, 1 Stb in jede der folg 3 M, [2 Stb, 1 DStb, 2 Stb] in die folg M) x 4, dabei bei der letzten Wdh vor der eckigen Klammer enden, 2 Stb in die 1. M der Vor-Rd, 1 Km in die obere der 4 Anf-Lm (88 M).

**Runde 14:** 4 Lm (zählen als 1 DStb), 2 Stb in die 1. M der Vor-Rd, (1 Stb in jede der folg 3 M, 1 hStb in jede der folg 15 M, 1 Stb in jede der folg 3 M, [2 Stb, 1 DStb, 2 Stb] in die folg M) x 4 , dabei bei der letzten Wdh vor der eckigen Klammer enden, 2 Stb in die 1. M der Vor-Rd, 1 Km in die obere der 4 Anf-Lm (104 M).

Garn B abschneiden und durchziehen.

EINFASSUNG

**Runde 15:** Garn C an das letzte Eck-DStb anfügen, 1 Lm, ([1 fM, 1 hStb, 1 fM] in das Eck-DStb, 1 hRStbh um jede der folg M bis zum nächsten Eck-DStb) x 4, 1 Km in die 1. M der Rd (112 M).

Garn C abschneiden und durchziehen.

## Flügel (x 2)

**Magischer Ring:** Mit Garn D einen Magischen Ring arb.

**Reihe 1:** 1 Lm (zählt hier und im Folgenden nicht als 1. M), 3 fM in den Ring, Ring festziehen, wenden (3 M).

**Reihe 2:** 1 Lm, 2 fM in jede der folg 3 M, wenden (6 M).

**Reihe 3:** 1 Lm, (1 fM in die folg M, 2 fM in die folg M) x 3, wenden (9 M).

**Reihe 4:** 1 Lm, 1 fM in die letzte M der Vor-R, (2 fM in die folg M, 1 fM in jede der folg 2 M) x 2, 2 fM in die folg M, 1 fM in die letzte M, wenden (12 M).

**Reihe 5:** 1 Lm, 1 fM in die letzte M der Vor-R, (2 fM in die folg M, 1 fM in jede der folg 3 M) x 2, 2 fM in die folg M, 1 fM in jede der folg 2 M, wenden (15 M).

**Reihe 6:** 1 Lm, 1 fM in die letzte M der Vor-R, (2 fM in die folg M, 1 fM in jede der folg 4 M) x 2, 2 fM in die folg M, 1 fM in jede der folg 3 M, wenden (18 M).

**Reihe 7:** 1 Lm, 1 fM in die letzte M der Vor-R, (2 fM in die folg M, 1 fM in jede der folg 5 M) x 2, 2 fM in die folg M, 1 fM in jede der folg 4 M, wenden (21 M).

**Reihe 8:** 1 Lm, 1 fM in die letzte M der Vor-R, (2 fM in die folg M, 1 fM in jede der folg 6 M) x 2, 2 fM in die folg M, 1 fM in jede der folg 5 M, wenden (24 M).

**Reihe 9:** 1 Lm, 1 fM in die letzte M der Vor-R, (2 fM in die folg M, 1 fM in jede der folg 7 M) x 2, 2 fM in die folg M, 1 fM in jede der folg 6 fM, wenden (27 M).

EINFASSUNG

**Runde 10:** 1 Lm, 1 fM in jede der folg 2 M, (2 fM in die folg M, 1 fM in jede der folg 8 M) x 2, 2 fM in die folg M, 1 fM in jede der folg 6 M, 1 Lm, die Arbeit um 90 Grad wenden, 1 fM in jedes der folg 10 R-Enden, 1 fM in den Ring, 1 fM in jedes der folg 10 R-Enden, 1 Km in die 1. M der Rd (51 M).

Garn D abschneiden und durchziehen.

## Punkte (x 7)

**Magischer Ring:** Mit Garn A einen Magischen Ring arb.

**Runde 1:** 1 Lm, 6 fM in den Ring, 1 Km in die 1. M der Rd, Ring festziehen.

Garn A abschneiden und durchziehen.

## Kopf und Fühler

**Magischer Ring:** Mit Garn A einen Magischen Ring arb.

**Reihe 1:** 1 Lm (zählt hier und im Folgenden nicht als 1. M), 3 fM in den Ring, Ring festziehen, wenden (3 M).

**Reihe 2:** 1 Lm, 2 fM in jede der folg 3 M, wenden (6 M).

**Reihe 3:** 1 Lm, (1 fM in die folg M, 2 fM in die folg M) x 3, wenden (9 M).

**Reihe 4:** 1 Lm, 1 fM in die letzte M der Vor-R, (2 fM in die folg M, 1 fM in jede der folg 2 M) x 2, 2 fM in die folg M, 1 fM in die letzte M, wenden (12 M).

**Reihe 5:** 1 Lm, 1 fM in die letzte M der Vor-R, (2 fM in die folg M, 1 fM in jede der folg 3 M) x 2, 2 fM in die folg M, 1 fM in jede der folg 2 M, wenden (15 M).

**Reihe 6:** 1 Lm, 1 fM in die letzte M der Vor-R, (2 fM in die folg M, 1 fM in jede der folg 4 M) x 2, 2 fM in die folg M, 1 fM in jede der folg 3 M, wenden (18 M).

EINFASSUNG

**Runde 7:** 1 Lm, 1 fM in die letzte M der Vor-R, 2 fM in die folg M, 1 fM in jede der folg 5 M, 5 Lm, 1 fM in die 2. Lm ab Nd und in jede der folg 3 Lm, 2 fM in die folg M, 1 fM in jede der folg 3 M, 5 Lm, 1 fM in die 2. Lm ab Nd und in jede der folg 3 Lm, 1 fM in jede der folg 2 M, 2 fM in die folg M, 1 fM in jede der folg 4 M, 1 Lm, die Arbeit um 90 Grad wenden, 1 fM in jedes der folg 6 R-Enden, 1 fM in den Magischen Ring, 1 fM in jedes der folg 6 R-Enden, 1 Lm, 1 Km in die 1. M der Rd (42 M).

Garn A abschneiden und durchziehen.

## Fertigstellung

Die Flügel mit Garn D auf den Körper und den Kopf mit Garn A auf den Hintergrund nähen, dabei sollten die Teile so positioniert werden, dass der Kopf in eine Ecke zeigt und sich die Flügel unten leicht öffnen. Mit den Fadenenden oder Garn A die Punkte gleichmäßig verteilt auf die Flügel nähen. Alle Fadenenden vernähen und das fertige Granny Square spannen.

# 5 Schwein

LEVEL

Dieses süße Schweinchen ist perfekt als Deko für das Kinderzimmer: Ohne Hintergrund wird aus mehreren „fliegenden“ Schweinen eine lustige Girlande – und in Kombination mit Kühen (siehe Seite 82) und Schafen (siehe Seite 22) erhält man im Handumdrehen einen ganzen Bauernhof.

## Das brauchen Sie

Farbe A (Rosa): 25 m
Farbe B (Grün): 30 m
Farbe C (helles Pink): 6 m
Häkelnadel: 3,5 mm
zwei schwarze Sicherheitsaugen

## Größe

15 x 15 cm

## Körper und Hintergrund

**Magischer Ring:** Mit Garn A einen Magischen Ring arb.

**Runde 1:** 1 Lm (zählt hier und im Folgenden nicht als 1. M), 6 fM in den Ring, 1 Km in die 1. M der Rd, Ring festziehen (6 M).

**Runde 2:** 1 Lm, 2 fM in jede der folg 6 M, 1 Km in die 1. M der Rd (12 M).

**Runde 3:** 1 Lm, (2 fM in die folg M, 1 fM in die folg M) x 6, 1 Km in die 1. M der Rd (18 M).

**Runde 4:** 1 Lm, (1 fM in jede der folg 2 M, 2 fM in die folg M) x 6, 1 Km in die 1. M der Rd (24 M).

**Runde 5:** 1 Lm, (2 fM in die folg M, 1 fM in jede der folg 3 M) x 6, 1 Km in die 1. M der Rd (30 M).

**Runde 6:** 1 Lm, (1 fM in jede der folg 3 M, 2 fM in die folg M, 1 fM in die folg M) x 6, 1 Km in die 1. M der Rd (36 M).

**Runde 7:** 1 Lm, (2 fM in die folg M, 1 fM in jede der folg 5 M) x 6, 1 Km in die 1. M der Rd (42 M).

**Runde 8:** 1 Lm, (1 fM in jede der folg 4 M, 2 fM in die folg M, 1 fM in jede der folg 2 M) x 6, 1 Km in die 1. M der Rd (48 M).

**Runde 9:** 1 Lm, (2 fM in die folg M, 1 fM in jede der folg 7 M) x 6, 1 Km in die 1. M der Rd (54 M).

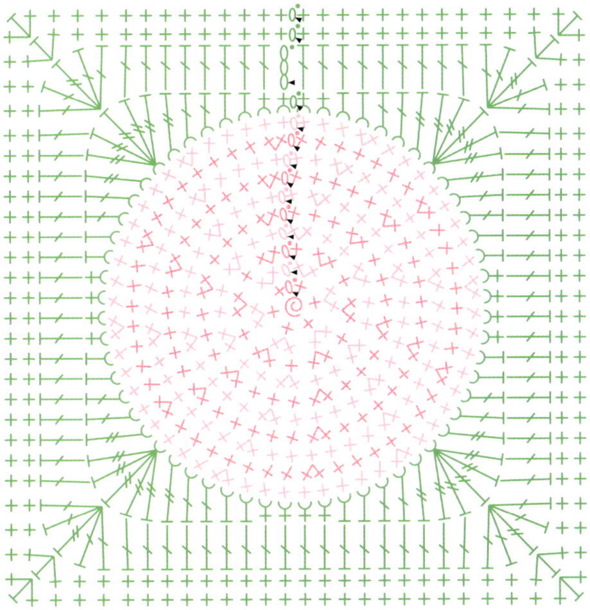

SCHNAUZE

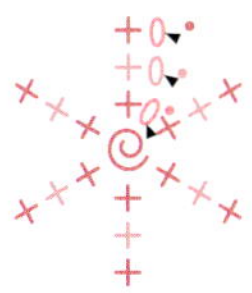

OHREN

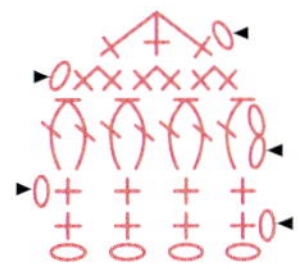

KOPF

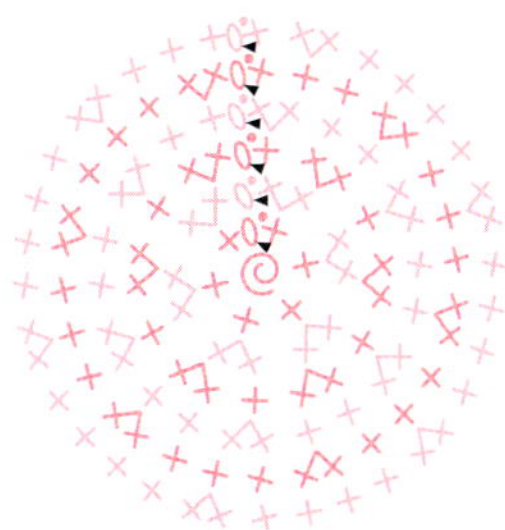

BEINE

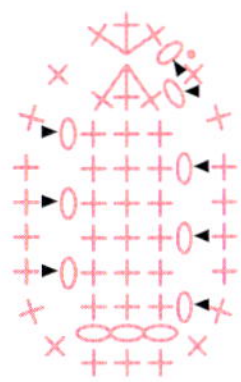

RINGELSCHWÄNZCHEN

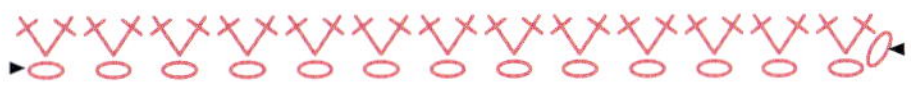

**Symbole:**

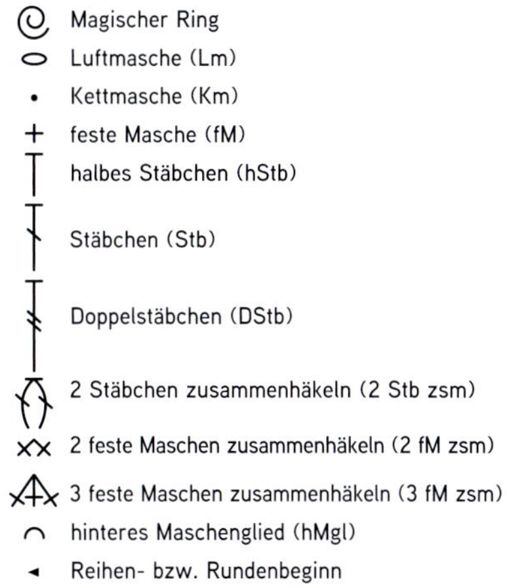

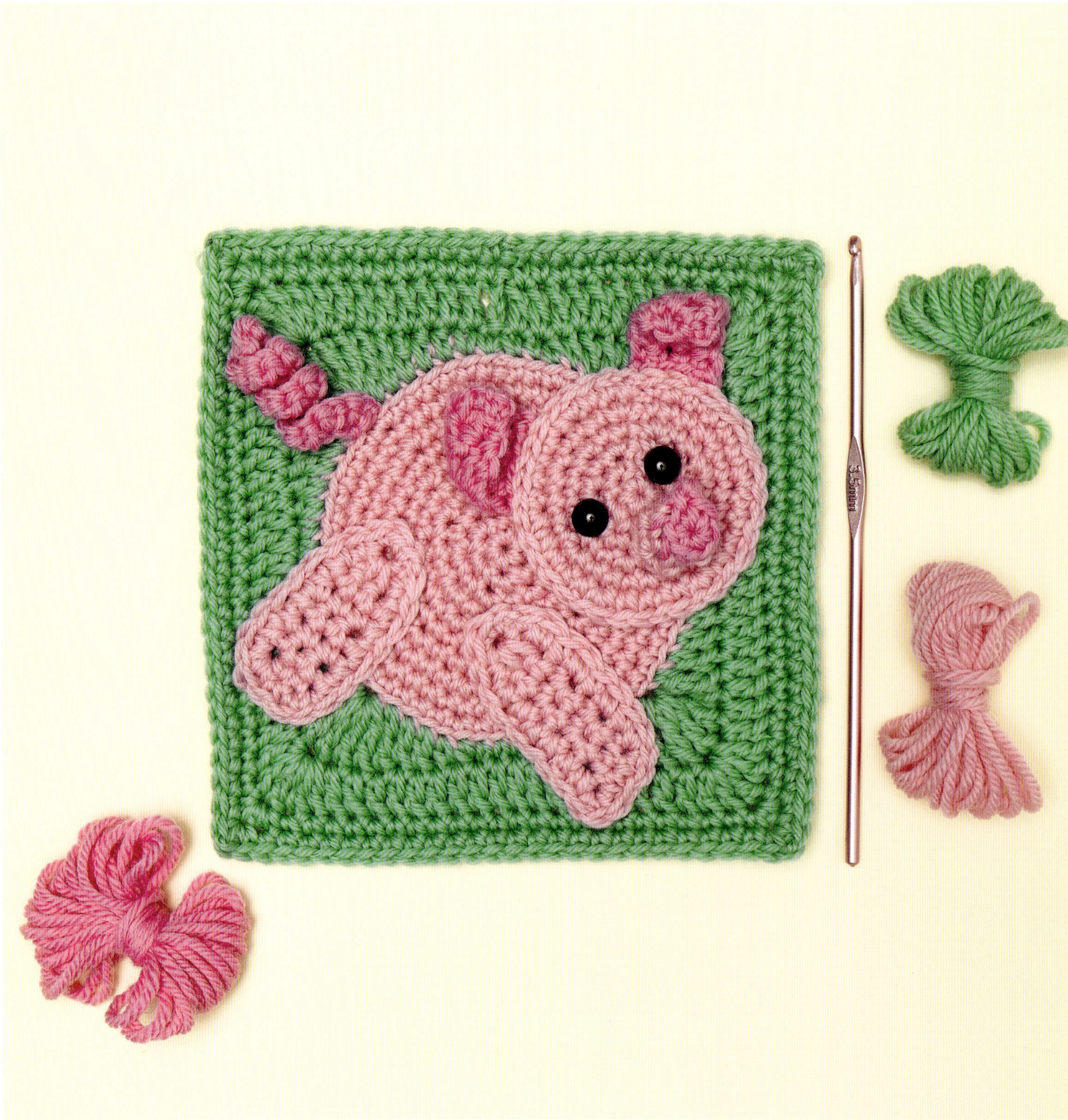

**Runde 10:** 1 Lm, (1 fM in jede der folg 5 M, 2 fM in die folg M, 1 fM in jede der folg 3 M) x 6, 1 Km in die 1. M der Rd (60 M).

Garn A abschneiden und durchziehen.

**Runde 11:** Garn B an das hMgl der 1. M der Vor-Rd anfügen, 1 Lm, (1 fM in das hMgl jeder der folg 2 M, 1 hStb in das hMgl jeder der folg 2 M, 1 Stb in das hMgl jeder der folg 2 M, 1 DStb in das hMgl der folg M, 5 DStb in das hMgl der folg M, 1 DStb in das hMgl der folg M, 1 Stb in das hMgl jeder der folg 2 M, 1 hStb in das hMgl jeder der folg 2 M, 1 fM in das hMgl jeder der folg 2 M) x 4, 1 Km in die 1. M der Rd (76 M).

**Runde 12:** 3 Lm (zählen als 1 Stb), (1 Stb in jede M bis zum 3. der 5 Eck-DStb, [2 Stb, 1 DStb, 2 Stb] in das Eck-DStb) x 4, 1 Stb in jede folg M bis zum Rd-Beginn, 1 Km in die obere der 3 Anf-Lm (92 M).

**Runde 13:** 1 Lm, (1 fM in jede folg M bis zum Eck-DStb, [1 fM, 1 hStb, 1 fM] in das Eck-DStb) x 4, 1 fM in jede M bis zum Rd-Beginn, 1 Km in die 1. M der Rd (100 M).

**Runde 14:** 1 Lm, (1 fM in jede folg M bis zum Eck-hStb, [1 fM, 1 hStb, 1 fM] in das Eck-hStb) x 4, 1 fM in jede M bis zum Rd-Beginn, 1 Km in die 1. M der Rd (108 M).

Garn B abschneiden und durchziehen.

## Kopf

**Magischer Ring:** Mit Garn A einen Magischen Ring arb.

**Runde 1:** 1 Lm (zählt hier und im Folgenden nicht als 1. M), 6 fM in den Ring, 1 Km in die 1. M der Rd, Ring festziehen (6 M).

**Runde 2:** 1 Lm, 2 fM in jede der folg 6 M, 1 Km in die 1. M der Rd (12 M).

**Runde 3:** 1 Lm, (2 fM in die folg M, 1 fM in die folg M) x 6, 1 Km in die 1. M der Rd (18 M).

**Runde 4:** 1 Lm, (1 fM in jede der folg 2 M, 2 fM in die folg M) x 6, 1 Km in die 1. M der Rd (24 M).

**Runde 5:** 1 Lm, (2 fM in die folg M, 1 fM in jede der folg 3 M) x 6, 1 Km in die 1. M der Rd (30 M).

**Runde 6:** 1 Lm, (1 fM in jede der folg 3 M, 2 fM in die folg M, 1 fM in die folg M) x 6, 1 Km in die 1. M der Rd (36 M).

Garn A abschneiden und durchziehen.

## Beine (x 2)

**Luftmaschenkette:** Mit Garn A 4 Lm anschl.

**Reihe 1:** 1 fM in die 2. Lm ab Nd und in jede der folg 2 Lm, wenden (3 M).

**Reihe 2:** 1 Lm (zählt hier und im Folgenden nicht als 1. M), 1 fM in jede der folg 3 M, wenden.

**Reihen 3–6:** Wie Reihe 2 arb.

**Reihe 7:** 1 Lm, 3 fM zsm, wenden (1 M).

EINFASSUNG

**Runde 8:** 1 Lm, 3 fM in die 3 zsm gehäkelten fM, 1 fM in jedes der folg 6 R-Enden, 3 fM in das folg R-Ende / die folg Lm, 1 fM in die folg Lm, 3 fM in die folg Lm / das folg R-Ende, 1 fM in jedes der folg 6 R-Enden, 1 Km in die 1. M der Rd (22 M).

Garn A abschneiden und durchziehen.

## Ohren (x 2)

**Luftmaschenkette:** Mit Garn C 5 Lm anschl.

**Reihe 1:** 1 fM in die 2. Lm ab Nd und in jede der folg 3 Lm, wenden (4 M).

**Reihe 2:** 1 Lm (zählt hier und im Folgenden nicht als 1. M), 1 fM in jede der folg 4 M, wenden (4 M).

**Reihe 3:** [2 Lm, 1 Stb] in die letzte M der Vor-R, (2 Stb zsm in die folg M) x 3, wenden (4 x 2 Stb zsm).

**Reihe 4:** 1 Lm, 2 fM zsm in die 1. und die 2. M, 2 fM zsm in die 2. und die 3 M, 2 fM zsm in die 3. und die 4. M, wenden (3 M).

**Reihe 5:** 1 Lm, 3 fM zsm (1 M).

Garn C abschneiden und durchziehen.

## Schnauze

**Magischer Ring:** Mit Garn C einen Magischen Ring arb.

**Runde 1:** 1 Lm (zählt hier und im Folgenden nicht als 1. M), 6 fM in den Ring, 1 Km in die 1. M der Rd, Ring festziehen (6 M).

Garn C abschneiden und durchziehen.

**Runde 2:** Garn A anfügen, 1 Lm, 1 fM in jede der folg 6 fM, 1 Km in die 1. M der Rd (6 M).

**Runde 3:** Wie Runde 2 arb (6 M).

Garn A abschneiden und durchziehen.

## Ringelschwänzchen

**Luftmaschenkette:** Mit Garn C 14 Lm anschl.

**Reihe 1:** 2 fM in die 2. Lm ab Nd, 2 fM in jede der folg 13 M (28 M).

Garn C abschneiden und durchziehen.

## Fertigstellung

Mit den Fadenenden oder Garn C die Ohren an den Kopf und das Schwänzchen an den Körper nähen. Mit Garn A den Kopf und die Beine an den Körper nähen. Die Sicherheitsaugen nach Herstellerangaben befestigen. Alle Fadenenden vernähen und das fertige Granny Square spannen.

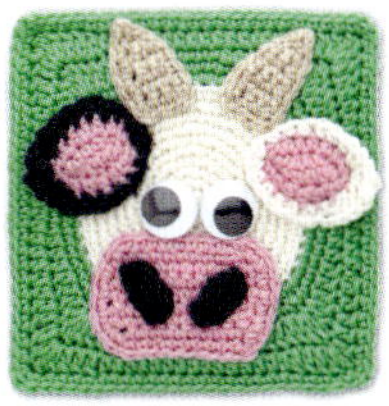

### Mix & Match

*Kuh, siehe Seite 82*

# 6 Hase

LEVEL

Dieses kleine Häschen ist einfach anzufertigen und eignet sich toll als Kinderzimmer- sowie Osterdeko. Anstatt eines flauschigen Bommelschwänzchens kann man auch Augen, ein Stupsnäschen und einen Mund aufsticken. Perfekt dazu passt ein weiteres Granny Square mit einer dreidimensionalen, flauschigen Struktur – etwa das Schaf auf Seite 22.

### Das brauchen Sie

Farbe A (Braun): 14 m
Farbe B (Hellgelb): 44 m
Farbe C (Beige): 15 m
Häkelnadel: 3,5 mm

## Größe

15 x 15 cm

## Körper

**Magischer Ring:** Mit Garn A einen Magischen Ring arb.

**Runde 1:** 3 Lm (zählen hier und im Folgenden als 1 Stb), 11 Stb in den Ring, Ring festziehen, 1 Km in die obere der 3 Anf-Lm (12 M).

**Runde 2:** 3 Lm, 1 Stb in die obere der 3 Anf-Lm der Vor-Rd, 2 Stb in jede der folg 11 M, 1 Km in die obere der 3 Anf-Lm (24 M).

**Runde 3:** 3 Lm, 1 Stb in die obere der 3 Anf-Lm der Vor-Rd, (1 Stb in die folg M, 2 Stb in die folg M) x 11, 1 Stb in die folg M, 1 Km in die obere der 3 Anf-Lm (36 M).

Ab jetzt in Reihen weiterhäkeln.

**Reihe 4:** 3 Lm, 1 Stb in die obere der 3 Anf-Lm der Vor-Rd, 1 hStb in die folg M, 1 fM in jede der folg 4 M, 1 hStb in die folg M, 2 Stb in die folg M, wenden (10 M).

**Reihe 5:** 1 Lm (zählt hier und im Folgenden nicht als 1. M), 1 fM in jede der folg 10 M, wenden (10 M).

**Reihe 6:** 1 Lm, 1 fM in jede der folg 10 M, wenden (10 M).

**Reihe 7:** 1 Lm, 2 fM zsm in die 1. 2 M, 1 fM in jede der folg 6 M, 2 fM zsm in die letzten 2 M, wenden (8 M).

**Reihe 8:** 1 Lm, 1 fM in jede der folg 8 M, wenden (8 M).

LINKES OHR

**Reihe 1 (RS):** 1 Lm, 1 fM in jede der folg 3 M, wenden (3 M).

**Reihen 2–7:** Wie Reihe 1 arb.

**Reihe 8:** 1 Lm, 3 fM zsm in die folg 3 M (1 M).

Garn A abschneiden und durchziehen.

RECHTES OHR

Mit der RS nach oben das Garn an die 3. M rechts neben dem linken Ohr anfügen.

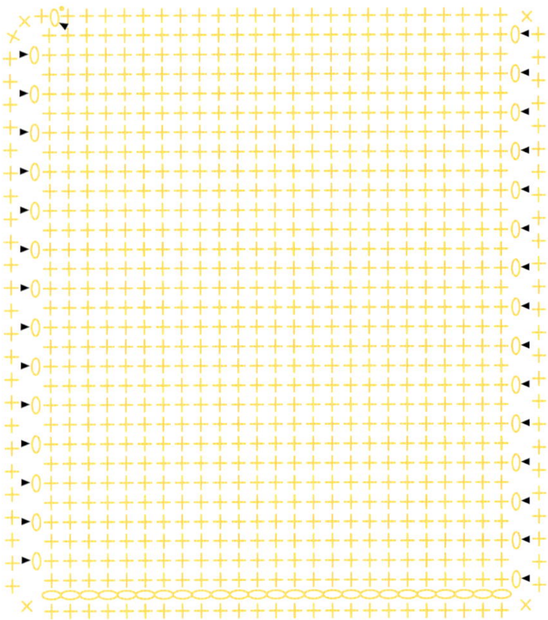

KÖRPER

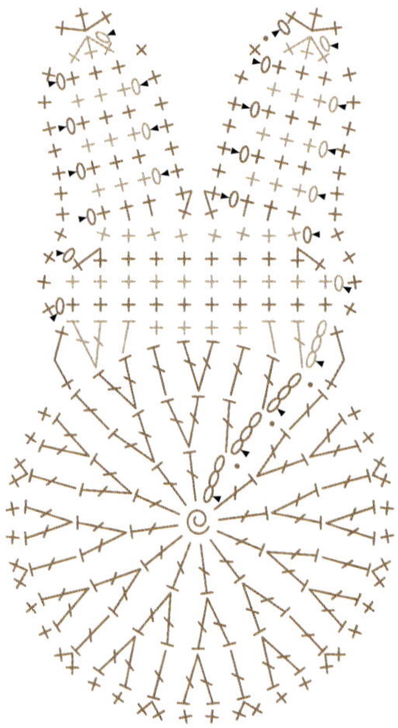

**Symbole:**

- Magischer Ring
- Luftmasche (Lm)
- Kettmasche (Km)
- feste Masche (fM)
- halbes Stäbchen (hStb)
- Stäbchen (Stb)
- 2 feste Maschen zusammenhäkeln (2 fM zsm)
- 3 feste Maschen zusammenhäkeln (3 fM zsm)
- Reihen- bzw. Reihenbeginn

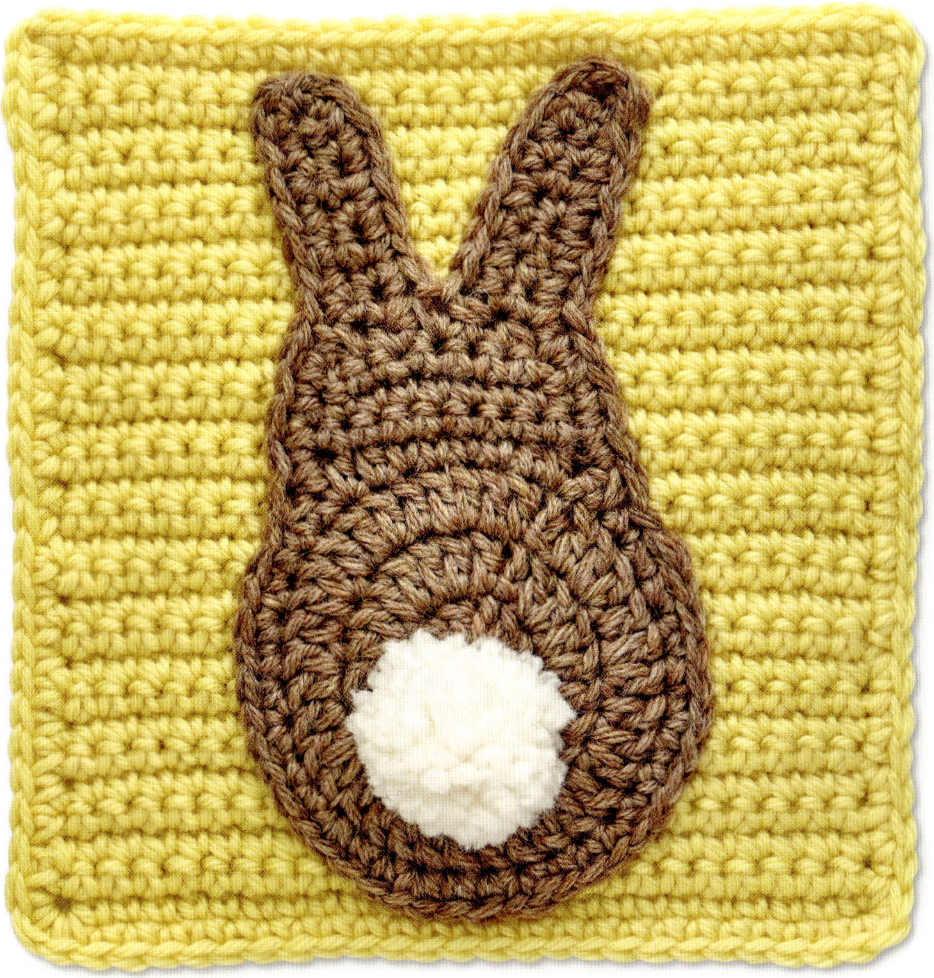

Wie das linke Ohr arb, dabei das Garn nach Reihe 8 nicht abschneiden, sondern wenden.

EINFASSUNG

**Runde 1:** 1 Lm, 3 fM in die 3 zsm gehäkelten fM, 1 fM in jedes der folg 11 R-Enden des rechten Ohrs, 2 fM zsm in die folg 2 R-Enden (1 x am Kopf, 1 x am Körper), (1 fM in jede der folg 2 fM des Körpers, 2 fM in die folg M) x 8, 1 fM in jede der folg 2 M, 2 fM zsm in die folg M und das folg R-Ende, 1 fM in jedes der folg 11 R-Enden, 3 fM in die 3 zsm gehäkelten fM, 1 fM in jedes der folg 6 R-Enden, 2 fM zsm in das folg R-Ende und die folg M des Kopfes, 2 fM zsm in die folg M des Kopfes und das folg R-Ende des rechten Ohrs, 1 fM in jedes der folg 6 R-Enden, 1 Km in die 1. M der Rd (79 M).

Garn A abschneiden und durchziehen.

## Hintergrund

**Luftmaschenkette:** Mit Garn B 26 Lm anschl.

**Reihe 1:** 1 fM in die 2. Lm ab Nd und in jede der folg 24 Lm, wenden (25 M).

**Reihe 2:** 1 Lm (zählt nicht als 1. M), 1 fM in jede folg M bis R-Ende, wenden (25 M).

**Reihen 3–29:** Wie Reihe 2 arb, dabei nach Reihe 29 nicht wenden (25 M).

EINFASSUNG

**Runde 30:** 1 Lm, 3 fM in die letzte M der Vor-R, 23 fM gleichmäßig verteilt in die R-Enden arb, 3 fM in die 1. Lm der Lmk, 1 fM in jede der folg 23 Lm, 3 fM in die vorletzte Lm der Lmk, 23 fM gleichmäßig verteilt in die R-Enden arb, 3 fM in die folg M an der Ecke, 1 fM in jede der folg 23 M, 1 Km in die 1. M der Rd (104 M).

Garn B abschneiden und durchziehen.

## Bommelschwänzchen

Garn C etwa 50 Mal um die Zinken einer Gabel wickeln – als würde man Spaghetti auf die Gabel aufdrehen. Das Garn abschneiden, ein Garnende auf eine Sticknadel auffädeln und von vorn nach hinten entlang den Zinken der Gabel mittig einstechen, über das Knäuel nach vorn bringen und mit dem zweiten losen Garnende verknoten. Das Knäuel von der Gabel schieben und den Knoten festziehen. Mit einer scharfen Schere alle Schlaufen durchschneiden und die Fäden gegebenenfalls kürzen, bis ein buschiger Bommel entsteht.

## Fertigstellung

Den Hasenkörper mit Garn A auf den Hintergrund und das Schwänzchen mithilfe der Fadenenden auf den Körper nähen. Alle Fadenenden vernähen und das fertige Granny Square spannen.

## Tipps

- Anstatt des Bommelschwänzchens kann man dem Hasen auch ein Stupsnäschen, einen Mund und Augen aufsticken.

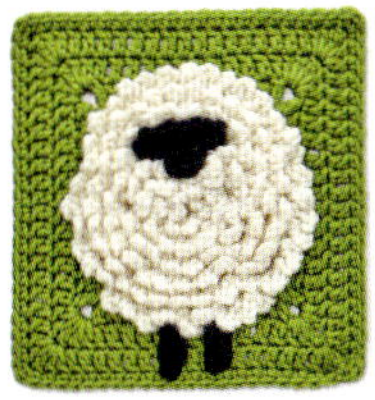

## Mix & Match

*Schaf, siehe Seite 22*

# 7 Schaf

LEVEL

Bei diesem kugelrunden, kuscheligen Schäfchen bilden Luftmaschen das flauschige Fell. Mehrere in verschiedenen Farben gehäkelte Schaf-Granny-Squares eignen sich toll für eine Babydecke – oder man kombiniert das Schaf mit anderen Bauernhoftieren.

## Das brauchen Sie

Farbe A (Beige): 30 m
Farbe B (Moosgrün): 24 m
Farbe C (Schwarz): 4 m
Häkelnadel: 3,5 mm

## Körper und Hintergrund

**Magischer Ring:** Mit Garn A einen Magischen Ring arb.

**Runde 1:** 1 Lm (zählt hier und im Folgenden nicht als 1. M), 6 fM in den Ring, 1 Km in das hMgl der 1. M der Rd, Ring festziehen (6 M).

**Runde 2:** (5 Lm, 1 Km in das vMgl der folg M) x 6, dabei bei der letzten Wdh keine Km arb, 1 Km in das hMgl der 1. M der Rd (6 5-Lm-ZR).

**Runde 3:** In dieser Runde nur in die hMgl der M von Runde 1 arb, 2 Lm (zählen hier und im Folgenden als 1 hStb), 1 hStb in das hMgl der 1. M von Runde 1, 2 hStb in das hMgl jeder der folg 5 M von Runde 1, 1 Km in das vMgl der oberen der 2 Anf-Lm (12 M).

**Runde 4:** (5 Lm, 1 Km in das vMgl der folg M) x 12, dabei bei der letzten Wdh keine Km arb, 1 Km in das hMgl der folg M (12 5-Lm-ZR).

**Runde 5:** In dieser Runde nur in die hMgl der M von Runde 3 arb, 2 Lm, (2 hStb in das hMgl der folg M, 1 hStb in das hMgl der folg M) x 5, 2 hStb in das hMgl der folg M, 1 Km in das vMgl der oberen der 2 Anf-Lm (18 M).

**Runde 6:** (5 Lm, 1 Km in das vMgl der folg M) x 18, dabei bei der letzten Wdh keine Km arb, 1 Km in das hMgl der folg M (18 5-Lm-ZR).

**Runde 7:** In dieser Runde nur in die hMgl der M von Runde 5 arb, 2 Lm, 1 hStb in das hMgl der 1. M von Runde 5, (1 hStb in das hMgl jeder der folg 2 M, 2 hStb in das hMgl der folg M) x 6,

## Größe

15 x 15cm
(6 x 6in)

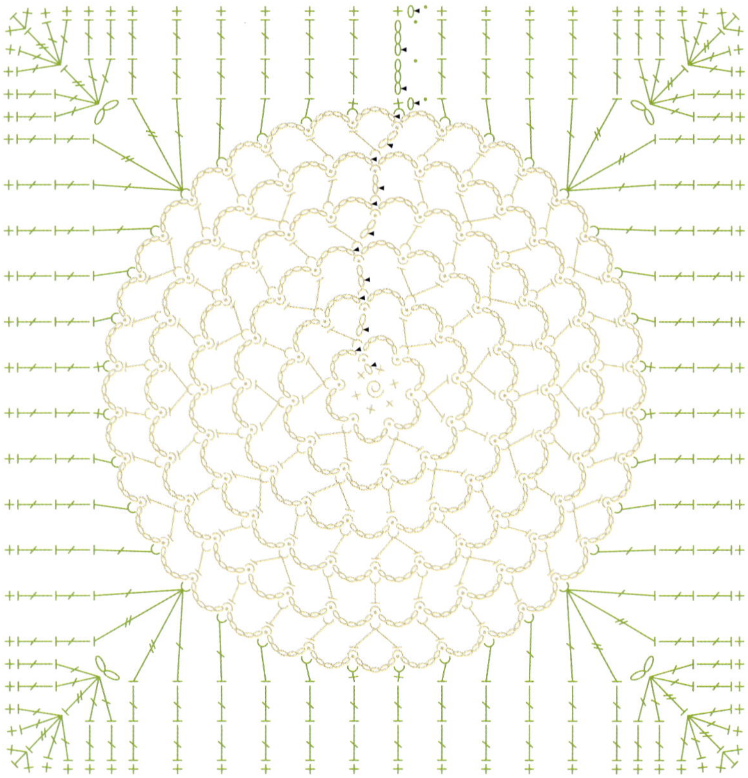

KOPF

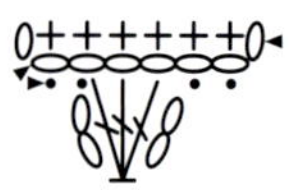

BEINE

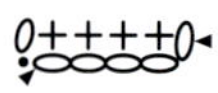

**Symbole:**

- Magischer Ring
- Luftmasche (Lm)
- Kettmasche (Km)
- feste Masche (fM)
- halbes Stäbchen (hStb)
- Stäbchen (Stb)
- Doppelstäbchen (DStb)
- 3 Stäbchen zusammenhäkeln (3 Stb zsm)
- vorderes Maschenglied (vMgl)
- hinteres Maschenglied (hMgl)
- Reihen- bzw. Rundenbeginn

dabei bei der letzten Wdh vor dem letzten hStb enden, 1 Km in das vMgl der oberen der 2 Anf-Lm (24 M).

**Runde 8:** (5 Lm, 1 Km in das vMgl der folg M) x 24, dabei bei der letzten Wdh keine Km arb, 1 Km in das hMgl der folg M (24 5-Lm-ZR).

**Runde 9:** In dieser Runde nur in die hMgl der M von Runde 7 arb, 2 Lm, (1 hStb in das hMgl der folg M, 2 hStb in das hMgl der folg M, 1 hStb in das hMgl jede der folg 2 M) x 6, dabei bei der letzten Wdh vor dem letzten hStb enden, 1 Km in das vMgl der oberen der 2 Anf-Lm (30 M).

**Runde 10:** (5 Lm, 1 Km in das vMgl der folg) x 30, dabei bei der letzten Wdh keine Km arb, 1 Km in das hMgl der folg M (30 5-Lm-ZR).

**Runde 11:** In dieser Runde nur in die hMgl der M von Runde 9 arb, 2 Lm, 1 hStb in das hMgl der 1. M von Runde 9, (1 hStb in das hMgl jeder der folg 4 M, 2 hStb in das hMgl der folg M) x 6, dabei bei der letzten Wdh vor den letzten 2 hStb enden, 1 Km in das vMgl der oberen der 2 Anf-Lm (36 M).

**Runde 12:** (5 Lm, 1 Km in das vMGl der folg M) x 36, dabei bei der letzten Wdh keine Km arb, 1 Km in das hMgl der folg M (36 5-Lm-ZR).

Garn A abschneiden und durchziehen.

**Runde 13:** Garn B an das hMgl der letzten M der Vor-Rd anfügen, 1 Lm, (1 fM in das hMgl jeder der folg 2 M, 1 hStb in das hMgl jeder der folg 2 M, 1 Stb in das hMgl der folg M, [1 Stb, 1 DStb, 2 Lm, 1 DStb, 1 Stb] in das hMgl der folg M, 1 Stb in das hMgl der folg M, 1 hStb in das hMgl jeder der folg 2 M) x 4, 1 Km in die 1. M der Rd (48 M).

**Runde 14:** 3 Lm (zählen hier und im Folgenden als 1 Stb), (1 Stb in jede der folg M bis zum 2-Lm-Eck-ZR, [2 Stb, 1 DStb, 2 Stb] in den 2-Lm-Eck-ZR) x 4, 1 Stb in jede folg M bis zum Rd-Beginn, 1 Km in die obere der 3 Anf-Lm (68 M).

**Runde 15:** 3 Lm, (1 Stb in jede der folg M bis zum Eck-DStb, [2 Stb, 1 DStb, 2 Stb] in das Eck-DStb) x 4, 1 Stb in jede folg M bis zum Rd-Beginn, 1 Km in die obere der 3 Anf-Lm (84 M).

**Runde 16:** 1 Lm, (1 fM in jede folg M bis zum Eck-DStb, [1 fM, 1 hStb, 1 fM] in das Eck-DStb) x 4, 1 fM in jede M bis zum Rd-Beginn, 1 Km in die 1. M der Rd (92 M).

Garn B abschneiden und durchziehen.

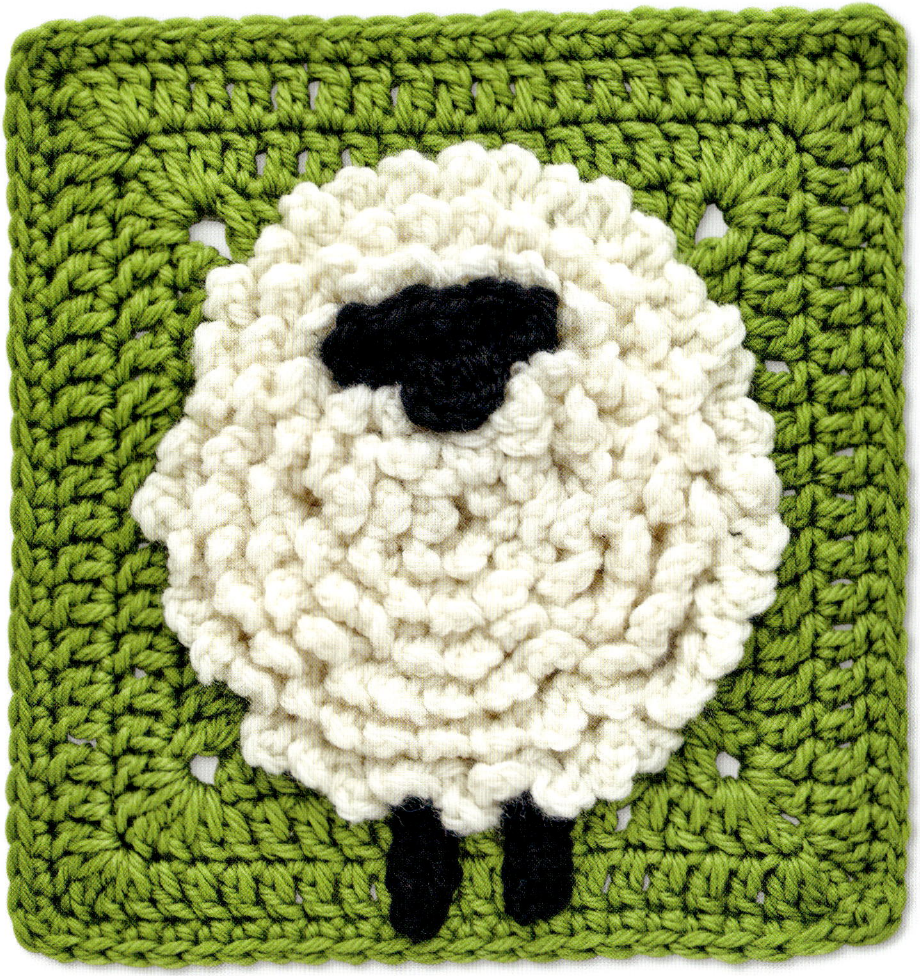

## Kopf

**Luftmaschenkette:** Mit Garn C 7 Lm anschl

**Reihe 1:** 1 fM in die 2. Lm ab Nd und in jede der folg 5 Lm, 1 Lm, wenden und nun entlang der gegenüberliegenden Seite der Lmk arb, 1 Km in jede der folg 2 Lm, 2 Lm, 3 Stb zsm in die zweite und die folg 2 Lm, 2 Lm, 1 Km in jede der folg 2 M (7 M – 6 fM, 1 x 3 Stb zsm).

Garn C abschneiden und durchziehen.

## Beine (x 2)

**Luftmaschenkette:** Mit Garn C 5 Lm anschl.

**Reihe 1:** 1 fM in die 2. Lm ab Nd und in jede der folg 3 Lm, 1 Lm, 1 Km in die 1. Lm (4 M).

Garn C abschneiden und durchziehen.

## Fertigstellung

Den Kopf mit Garn C auf den Körper nähen. Die Beine mithilfe der Fadenenden auf den Hintergrund nähen. Alle Fadenenden vernähen und das fertige Granny Square spannen.

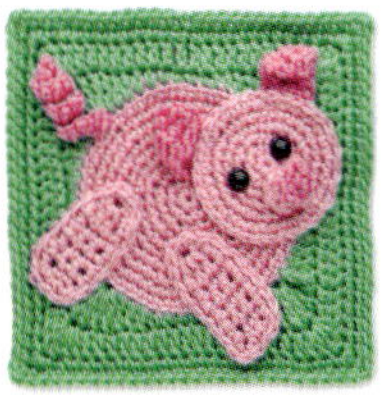

## Mix & Match

*Schwein, siehe Seite 17*

# 8 Spinne

LEVEL

Beim Kreieren dieses Designs habe ich sofort Gänsehaut bekommen! Dieses Granny Square ist perfekt für Halloween-Projekte, etwa in Kombination mit der Fledermaus auf Seite 32. Ich habe meiner Spinne Wackelaugen aufgenäht, so sieht sie etwas weniger gruselig aus. Realistischer wird sie mit acht kleinen schwarzen Perlen als Augen – uaaaah!

## Das brauchen Sie

Farbe A (Schwarz): 6 m
Farbe B (Goldgelb): 26 m
Farbe C (Weiß): kleine Menge
Häkelnadel: 3,5 mm
zwei aufnähbare Wackelaugen

## Größe

15 x 15 cm

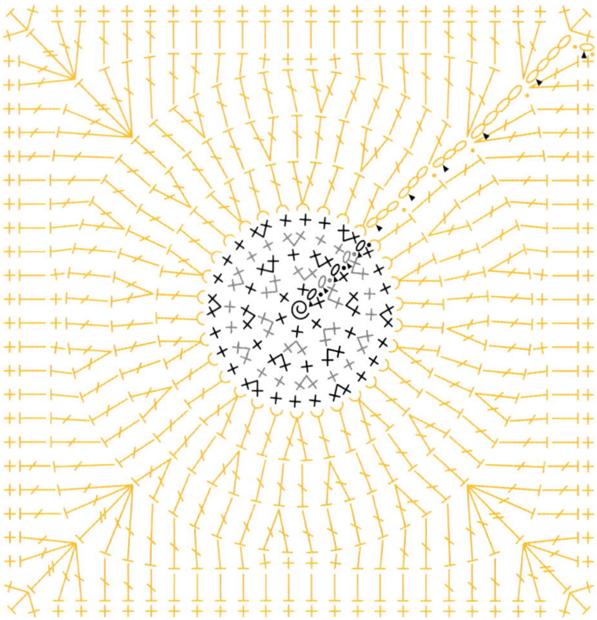

**Symbole:**

- Magischer Ring
- Luftmasche (Lm)
- Kettmasche (Km)
- feste Masche (fM)
- halbes Stäbchen (hStb)
- Stäbchen (Stb)
- Doppelstäbchen (DStb)
- hinteres Maschenglied (hMgl)
- Reihen- bzw. Rundenbeginn

## Körper und Hintergrund

**Magischer Ring:** Mit Garn A einen Magischen Ring arb.

**Runde 1:** 1 Lm (zählt hier und im Folgenden nicht als 1. M), 6 fM in den Ring, 1 Km in die 1. M der Rd, Ring festziehen (6 M).

**Runde 2:** 1 Lm, 2 fM in jede der folg 6 M, 1 Km in die 1. M der Rd (12 M).

**Runde 3:** 1 Lm, (2 fM in die folg M, 1 fM in die folg M) x 6, 1 Km in die 1. M der Rd (18 M).

**Runde 4:** 1 Lm, (1 fM in jede der folg 2 M, 2 fM in die folg M) x 6, 1 Km in die 1. M der Rd (24 M).

**Runde 5:** 1 Lm, (2 fM in die folg M, 1 fM in jede der folg 3 M) x 6, 1 Km in die 1. M der Rd (30 M).

Garn A abschneiden und durchziehen.

**Runde 6:** Garn B an das hMgl der 1. M der Vor-Rd anfügen, 3 Lm (zählen hier und im Folgenden als 1 Stb), 1 Stb in das hMgl der 1. M der Vor-Rd, (1 Stb in das hMgl jeder der folg 2 M, 2 Stb in das hMgl der folg M) x 9, 1 Stb in das hMgl jeder der folg 2 M, 1 Km in die obere der 3 Anf-Lm (40 M).

**Runde 7:** 3 Lm, 1 Stb in die folg M, (2 Stb in die folg M, 1 Stb in jede der folg 3 M) x 10, dabei in der letzten Wdh vor den letzten 2 Stb enden, 1 Km in die obere der 3 Anf-Lm (50 M).

**Runde 8:** 3 Lm, 1 Stb in die obere der 3 Anf-Lm der Vor-Rd, (1 Stb in jede der folg 4 M, 2 Stb in die folg M) x 10, dabei in der letzten Wdh vor den letzten 2 Stb enden, 1 Km in die obere der 3 Anf-Lm (60 M).

**Runde 9:** 4 Lm (zählen hier und im Folgenden als 1 DStb), 2 Stb in die obere der 3 Anf-Lm der Vor-Rd, (1 Stb in jede der folg 3 M, 1 hStb in jede der folg 2 M, 1 fM in jede der folg 4 M, 1 hStb in jede der folg 2 M, 1 Stb in jede der folg 3 M, [2 Stb, 1 DStb, 2 Stb] in die folg M) x 4, dabei bei der letzten Wdh vor der eckigen Klammer enden, 2 Stb in die 1. M der Vor-Rd, 1 Km in die obere der 4 Anf-Lm (76 M).

**Runde 10:** 4 Lm, 2 Stb in die obere der 4 Anf-Lm der Vor-Rd, (1 Stb in jede der folg 3 M, 1 hStb in jede der folg 12 M, 1 Stb in jede der folg 3 M, [2 Stb, 1 DStb, 2 Stb] in die folg M) x 4, dabei bei der letzten Wdh vor der eckigen Klammer enden, 2 Stb in die 1. M der Vor-Rd, 1 Km in die obere der 4 Anf-Lm (92 M).

**Runde 11:** 1 Lm, ([1 fM, 1 hStb, 1 fM] in das Eck-DStb, 1 fM in jede der folg M bis zum Eck-DStb) x 4, 1 Km in die 1. M der Rd (100 M).

Garn B abschneiden und durchziehen.

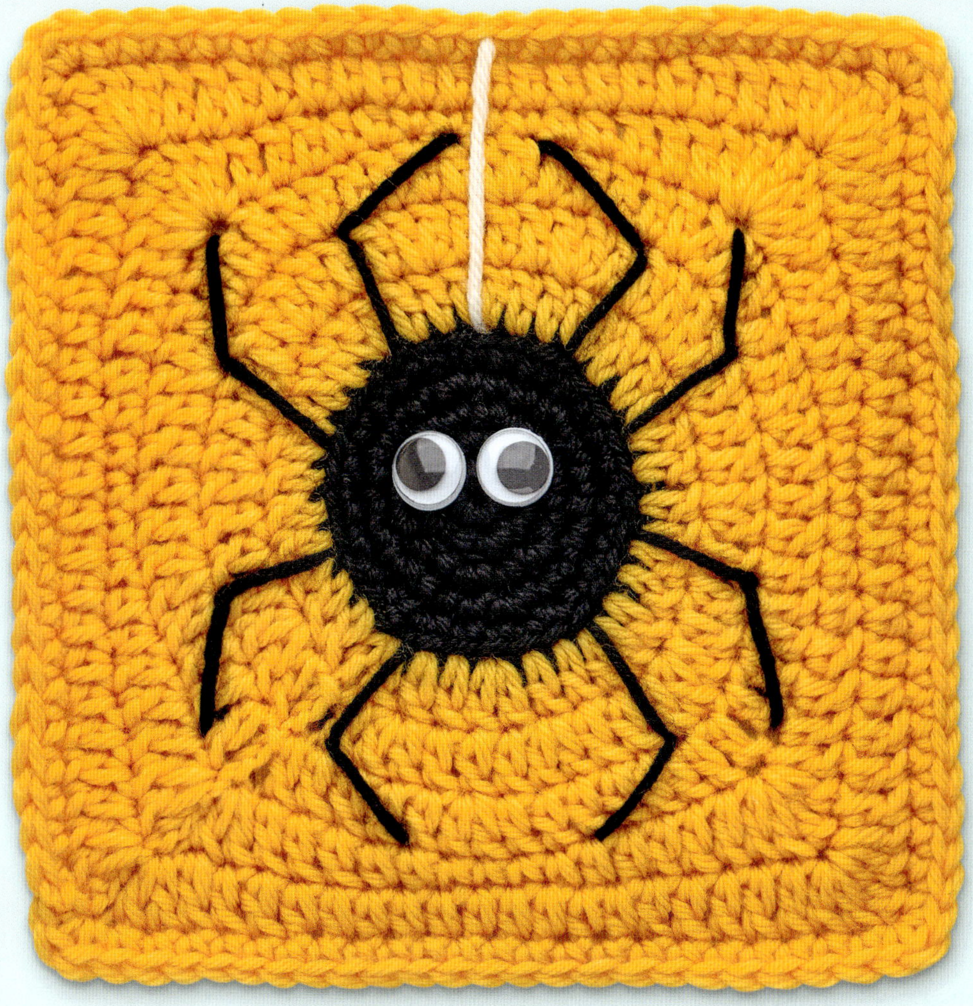

## Fertigstellung

Die Wackelaugen auf den Körper nähen. Mit Garn B vom Körper aus acht lange Beine auf den Hintergrund sticken. Mit Garn C von der oberen Kante des Hintergrunds bis zur Spinne eine Linie sticken – schon baumelt sie an einem Faden.

## Tipps

- Mithilfe von kleinen schwarzen Perlen erhält man realistischere – und deutlich gruseligere! – Augen. Die meisten Spinnenarten haben acht Augen.

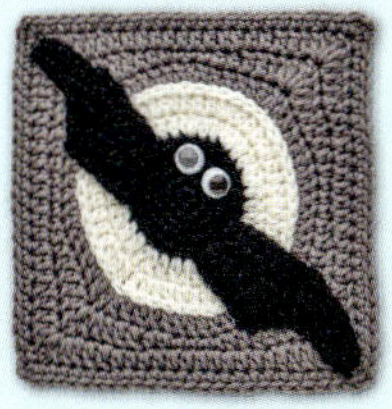

## Mix & Match

*Fledermaus, siehe Seite 32*

# 9 Eisbär

LEVEL

Für einen noch flauschigeren Eisbären kann man mit dem weißen Garn und einem dünnen weißen Mohairgarn gleichzeitig häkeln. Der Eisbär passt perfekt zur Babyrobbe (siehe Seite 98) und zum Pinguin (siehe Seite 8) – und alle drei zusammen eignen sich toll für ein winterliches Projekt.

## Das brauchen Sie

Farbe A (Weiß): 32 m
Farbe B (Schwarz): 2 m
Farbe C (Türkis): 44 m
Häkelnadel: 3,5 mm
zwei schwarze Sicherheitsaugen

## Größe

15 x 15 cm

## Körper

**Magischer Ring:** Mit Garn A einen Magischen Ring arb.

**Runde 1:** 1 Lm (zählt hier und im Folgenden nicht als 1. M), 6 fM in den Ring, 1 Km in die 1. M der Rd, Ring festziehen (6 M).

**Runde 2:** 1 Lm, 2 fM in jede der folg 6 M, 1 Km in die 1. M der Rd (12 M).

**Runde 3:** 1 Lm, (2 fM in die folg M, 1 fM in die folg M) x 6, 1 Km in die 1. M der Rd (18 M).

**Runde 4:** 1 Lm, (1 fM in jede der folg 2 M, 2 fM in die folg M) x 6, 1 Km in die 1. M der Rd (24 M).

**Runde 5:** 1 Lm, (2 fM in die folg M, 1 fM in jede der folg 3 M) x 6, 1 Km in die 1. M der Rd (30 M).

**Runde 6:** 1 Lm, (1 fM in jede der folg 3 M, 2 fM in die folg M, 1 fM in die folg M) x 6, 1 Km in die 1. M der Rd (36 M).

**Runde 7:** 1 Lm, (2 fM in die folg M, 1 fM in jede der folg 5 M) x 6, 1 Km in die 1. M der Rd (42 M).

**Runde 8:** 1 Lm, (1 fM in jede der folg 4 M, 2 fM in die folg M, 1 fM in jede der folg 2 M) x 6, 1 Km in die 1. M der Rd (48 M).

LINKES BEIN

Ab jetzt in Reihen weiterhäkeln.

**Reihe 9:** 1 Lm, 1 fM in jede der folg 5 M, wenden (5 M).

**Reihen 10–14:** Wie Reihe 9 arb.

**Reihe 15:** 1 Lm, 2 fM zsm in die folg 2 M, 1 fM in jede der folg 3 M, wenden (4 M).

**Reihe 16:** 1 Lm, 1 fM in jede der folg 4 M. Garn A abschneiden und durchziehen.

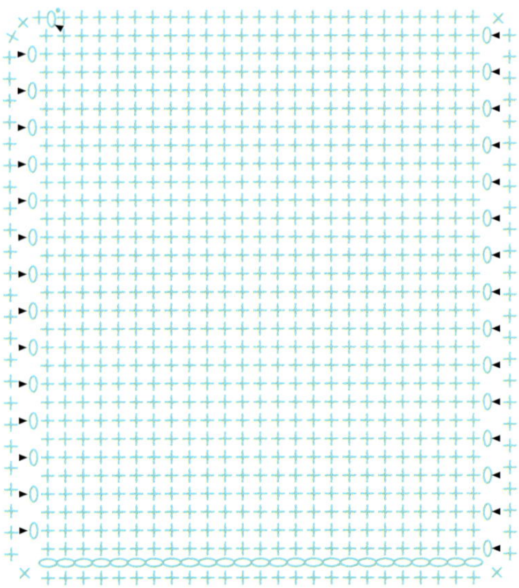

KÖRPER

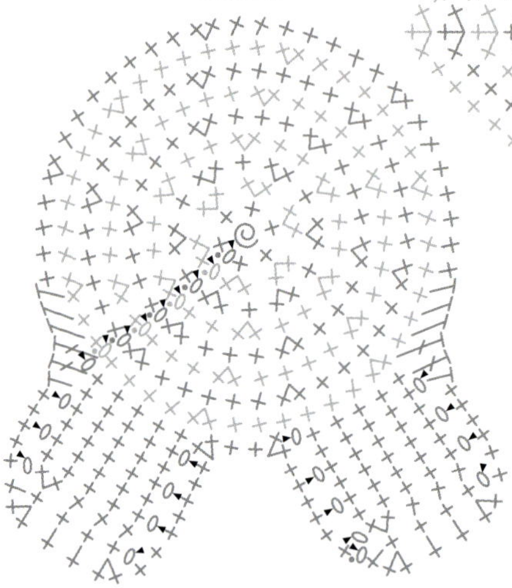

KOPF

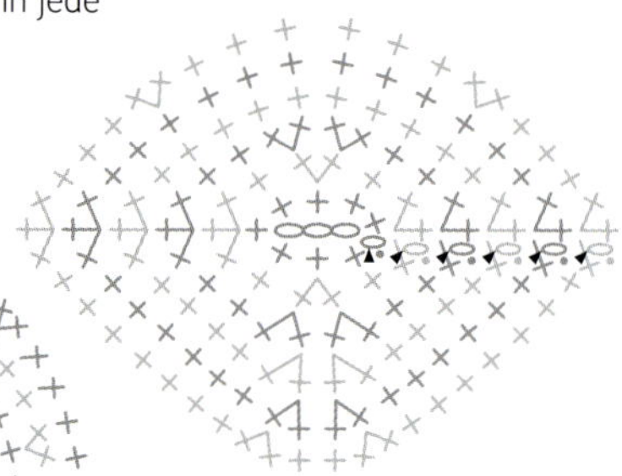

OHREN

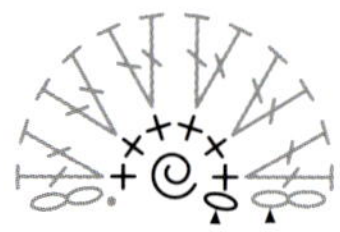

SCHNAUZE

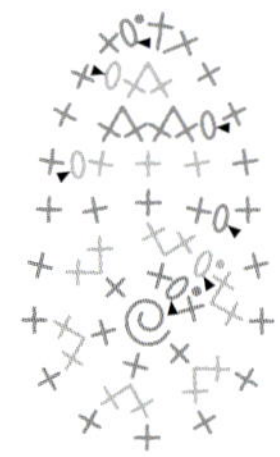

**Symbole:**

- Magischer Ring
- Luftmasche (Lm)
- Kettmasche (Km)
- feste Masche (fM)
- halbes Stäbchen (hStb)
- Stäbchen (Stb)
- 2 feste Maschen zusammenhäkeln (2 fM zsm)
- Reihen- bzw. Rundenbeginn

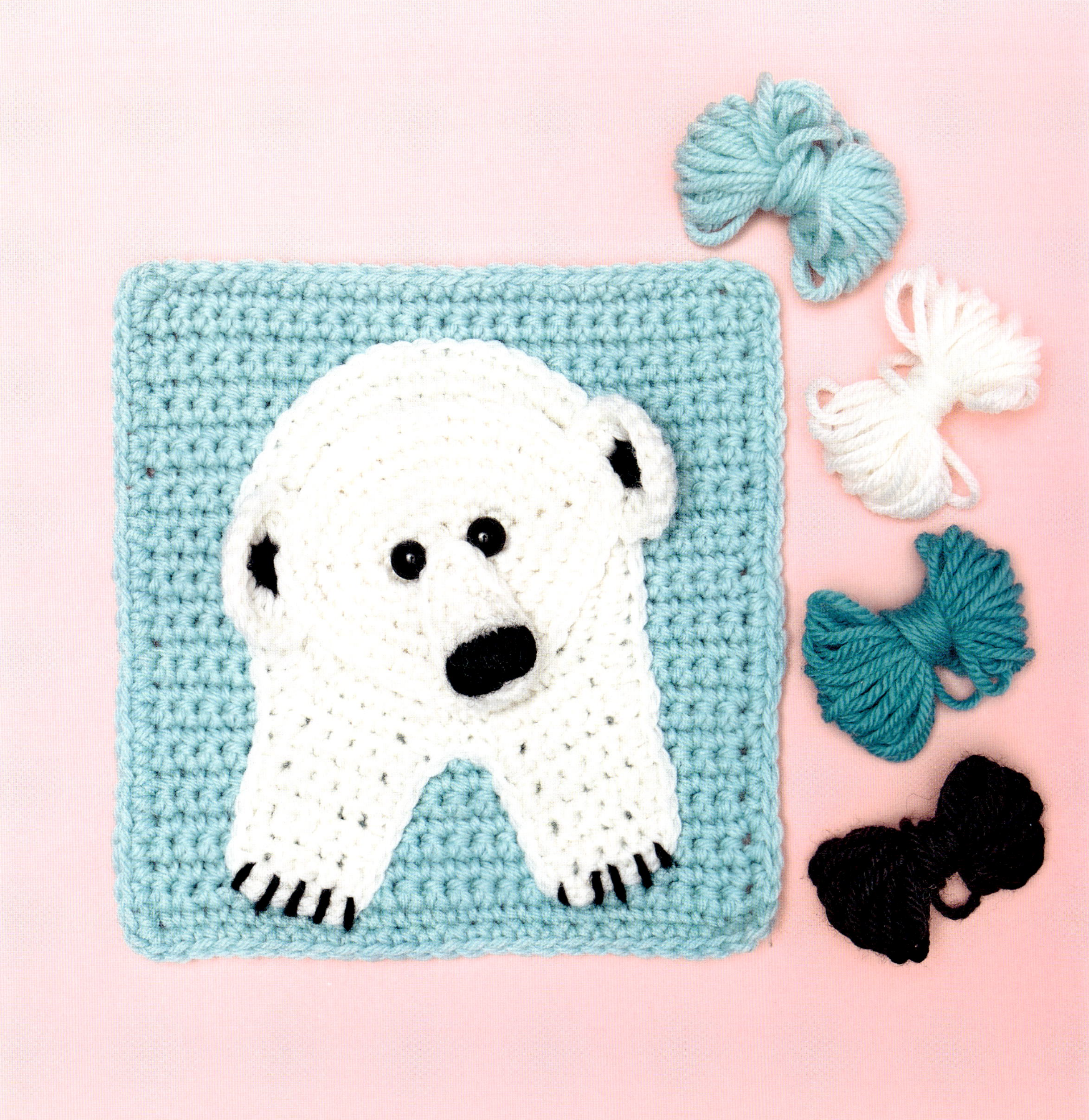

RECHTES BEIN

**Reihe 17:** Garn A an die 5. M rechts neben dem linken Bein in Runde 8 anfügen, 1 Lm, 1 fM in jede der folg 5 M von Runde 8, wenden (5 M).

**Reihe 18:** 1 Lm, 1 fM in jede der folg 5 M, wenden.

**Reihen 19–22:** Wie Reihe 18 arb.

**Reihe 23:** 1 Lm, 2 fM zsm in die folg 2 M, 1 fM in jede der folg 3 M, wenden (4 M).

**Reihe 24:** 1 Lm, 1 fM in jede der folg 4 M, wenden.

EINFASSUNG

Die Einfassung um den gesamten Körper arb.

**Runde 25:** 1 Lm, 3 fM in die letzte M der Vor-R, 1 fM in jede der folg 2 M, 3 fM in die folg M, 1 fM in jedes der folg 5 R-Enden, 1 hStb in das folg R-Ende, 1 Stb in das folg R-Ende, 1 Stb in die folg M von Runde 8, 1 hStb in jede der folg 3 M, (1 fM in jede der folg 7 M, 2 fM in die folg M) x 3, 1 fM in jede der folg 4 M, 1 hStb in jede der folg 3 M, 1 Stb in die folg M, 1 Stb in das folg R-Ende, 1 hStb in das folg R-Ende, 1 fM in jedes der folg 5 R-Enden, 3 fM in die folg M / das folg R-Ende, 1 fM in jede der folg 2 M, 3 fM in die folg M, 1 fM in jedes der folg 6 R-Enden, 2 fM zsm in das folg R-Ende und die folg M von Runde 8, 1 fM in jede der folg 2 M von Runde 8, 2 fM zsm in die folg M und das folg R-Ende, 1 fM in jedes der folg 6 R-Enden, 1 Km in die 1. M der Rd (85 M).

Garn A abschneiden und durchziehen.

## Kopf

**Luftmaschenkette:** Mit Garn A 3 Lm anschl.

**Runde 1:** 1 Lm (zählt hier und im Folgenden nicht als 1. M), 2 fM in die 2. Lm ab Nd, 1 fM in die folg Lm, 3 fM in die folg Lm, wenden und nun entlang der gegenüberliegenden Seite der Lmk arb, 1 fM in die folg Lm, 1 fM in die letzte Lm der Lmk, 1 Km in die 1. M der Rd (8 M).

**Runde 2:** 1 Lm, 2 fM in die 1. M der Vor-Rd, 1 fM in die folg M, 2 fM in die folg M, 1 fM in die folg M, 3 fM in die folg M, 1 fM in die folg M, 2 fM in die folg M, 1 fM in die folg M, 1 fM in die 1. M der Vor-Rd, 1 Km in die 1. M der Rd (14 M).

**Runde 3:** 1 Lm, 2 fM in die 1. M der Vor-Rd, 1 fM in jede der folg 2 M, 2 fM in jede der folg 2 M, 1 fM in jede der folg 2 M, 3 fM in die folg M, 1 fM in jede der folg 2 M, 2 fM in jede der folg 2 M, 1 fM in jede der folg 2 M, 1 fM in die 1. M der Vor-Rd, 1 Km in die 1. M der Rd (22 M).

**Runde 4:** 1 Lm, 2 fM in die 1. M der Vor-Rd, 1 fM in jede der folg 10 M, 3 fM in die folg M, 1 fM in jede der folg 4 M, 2 fM in jede der folg 2 M, 1 fM in jede der folg 4 M, 1 fM in die 1. M der Vor-Rd, 1 Km in die 1. M der Rd (28 M).

**Runde 5:** 1 Lm, 2 fM in die 1. M der Vor-Rd, 1 fM in jede der folg 12 M, 3 fM in die folg M, 1 fM in jede der folg 6 fM, 2 fM in jede der folg 2 M, 1 fM in jede der folg 6 fM, 1 fM in die 1. M der Vor-Rd, 1 Km in die 1. M der Rd (34 M).

**Runde 6:** 1 Lm, 2 fM in die 1. M der Vor-Rd, 1 fM in jede der folg 3 M, 2 fM in die folg M, 1 fM in jede der folg 6 fM, 2 fM in die folg M, 1 fM in jede der folg 3 M, 3 fM in die folg M, 1 fM in jede der folg 7 M, 2 fM in die folg M, 1 fM in jede der folg 2 M, 2 fM in die folg M, 1 fM in jede der folg 7 M, 1 fM in die 1. M der Vor-Rd, 1 Km in die 1. M der Rd (42 M).

Garn A abschneiden und durchziehen.

## Ohren (x 2)

**Magischer Ring:** Mit Garn B einen Magischen Ring arb.

**Reihe 1:** 1 Lm, 6 fM in den Ring, Ring festziehen (6 M).

Garn B abschneiden und durchziehen.

**Reihe 2:** Mit der RS nach oben Garn A an die 1. M der Vor-R anfügen, 2 Lm, 2 Stb in die 1. M der Vor-Rd, 2 Stb in jede der folg 4 M, [2 Stb, 2 Lm, 1 Km] in die folg M (12 M).

Garn A abschneiden und durchziehen.

## Schnauze

**Magischer Ring:** Mit Garn A einen Magischen Ring arb.

**Runde 1:** 1 Lm (zählt hier und im Folgenden nicht als 1. M), 6 fM in den Ring, 1 Km in die 1. M der Rd, Ring festziehen (6 M).

**Runde 2:** 1 Lm, 2 fM in jede der folg 6 M, 1 Km in die 1. M der Rd (12 M).

Ab jetzt in Reihen weiterhäkeln.

**Reihe 3:** 1 Lm, 1 fM in jede der folg 3 M, wenden (3 M).

**Reihe 4:** 1 Lm, 1 fM in jede der folg 3 M, wenden (3 M).

**Reihe 5:** 1 Lm, 2 fM zsm in die folg 2 M, 2 fM zsm in die vorletzte M und die letzte M der Vor-R, wenden (2 M).

**Reihe 6:** 1 Lm, 2 fM zsm, wenden (1 M).

**Runde 7:** 1 Lm, 1 fM in die letzte M der Vor-R, 1 fM in jedes der folg 3 R-Enden, 1 fM in die folg M in Reihe 3 (M, in die auch Reihe 4 gearbeitet wurde), 1 fM in jede der folg 9 M, 1 fM in die folg M in Reihe 3 (M, in die auch Reihe 4 gearbeitet wurde), 1 fM in jedes der folg 3 R-Enden, 2 fM in die letzte M der Vor-R, 1 Km in die 1. M der Rd (21 M).

Garn A abschneiden und durchziehen.

## Hintergrund

**Luftmaschenkette:** Mit Garn C 26 Lm anschl.

**Reihe 1:** 1 fM in die 2. Lm ab Nd und in jede der folg 24 Lm, wenden (25 M).

**Reihe 2:** 1 Lm (zählt nicht als 1. M), 1 fM in jede folg M bis R-Ende, wenden (25 M).

**Reihen 3–29:** Wie Reihe 2 arb, dabei nach Reihe 29 nicht wenden (25 M).

EINFASSUNG

**Runde 30:** 1 Lm, 3 fM in die letzte M der Vor-R, 23 fM gleichmäßig verteilt in die R-Enden arb, 3 fM in die 1. Lm der Lmk, 1 fM in jede der folg 23 Lm, 3 fM in die vorletzte Lm der Lmk, 23 fM gleichmäßig verteilt in die R-Enden arb, 3 fM in die folg M an der Ecke, 1 fM in jede der folg 23 M, 1 Km in die 1. M der Rd (104 M).

Garn C abschneiden und durchziehen.

## Fertigstellung

Mit Garn B eine Nase auf die Schnauze sticken. Die Schnauze mit Garn A auf den Kopf nähen. Die Ohren mit den Fadenenden oder Garn A an den Kopf nähen. Mit Garn A den Kopf auf den Körper nähen. Die Sicherheitsaugen nach Herstellerangaben befestigen. Mit Garn B Klauen aufsticken. Alle Fadenenden vernähen und das fertige Granny Square spannen.

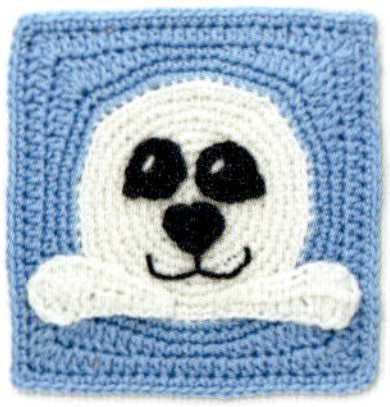

### Mix & Match

*Babyrobbe, siehe Seite 98*

# 10 Fuchs

LEVEL

Füchse sind spannende Tiere und unglaublich schlau. Bei diesem Fuchs kann man die Fransen seitlich am Kopf auch aus einem etwas flauschigeren Garn arbeiten – dadurch wirkt er noch frecher. Und mit einer Palette verschiedener rotbrauner bis dunkelgelber Garne lässt sich eine fröhliche Fuchsfamilie erschaffen.

## Das brauchen Sie

Farbe A (Beige): 6 m
Farbe B (Dunkelrot): 13 m
Farbe C (Schwarz): 2 m
Farbe D (dunkles Orange): 2 m
Farbe E (Dunkelblau): 42 m
Häkelnadel: 3,5 mm

## Größe

15 x 15 cm

## Kopf

**Luftmaschenkette:** Mit Garn A 6 Lm anschl.

**Reihe 1:** 1 fM in die 2. Lm ab Nd, 1 fM in jede der folg 4 Lm, wenden (5 M).

**Reihe 2:** 1 Lm (zählt hier und im Folgenden nicht als 1. M), 2 fM in die letzte M der Vor-R, 1 fM in jede der folg 3 M, 2 fM in die letzte M, wenden (7 M).

**Reihe 3:** 1 Lm, 2 fM in die letzte M der Vor-R, 1 fM in jede der folg 5 M, 2 fM in die letzte M, wenden (9 M).

**Reihe 4:** 1 Lm, 2 fM in die letzte M der Vor-R, 1 fM in jede der folg 7 M, 2 fM in die letzte M, wenden (11 M).

**Reihe 5:** 1 Lm, 2 fM in die letzte M der Vor-R, 1 fM in jede der folg 9 M, 2 fM in die letzte M, wenden (13 M).

**Reihe 6:** 1 Lm, 1 fM in jede der folg 13 M, wenden.

**Reigen 7 und 8:** Wie Reihe 6 arb.

**Reihe 9:** 1 Lm, 2 fM in die letzte M der Vor-R, 1 fM in jede der folg 11 M, 2 fM in die letzte M, wenden (15 M).

**Reihe 10:** 1 Lm, 1 fM in jede der folg 15 M, wenden. Garn A abschneiden und durchziehen.

**Reihe 11:** Garn B anfügen, 1 Lm, 2 fM in die letzte M der Vor-R, 1 fM in jede der folg 13 M, 2 fM in die letzte M, wenden (17 M).

**Reihe 12:** 1 Lm, 2 fM in die letzte M der Vor-R, 1 fM in jede der folg 15 M, 2 fM in die letzte M, wenden (19 M).

**Reihen 13 und 14:** 1 Lm, 1 fM in jede der folg 19 M, wenden.

**Reihe 15:** 1 Lm, 2 fM zsm in die 1. 2 M, 1 fM in jede der folg 15 M, 2 fM zsm in die letzten 2 M, wenden (17 M).

**Reihe 16:** 1 Lm, 1 fM in jede der folg 17 M, wenden.

**Reihe 17:** 1 Lm, 2 fM zsm in die 1. 2 M, 1 fM in jede der folg 13 M, 2 fM zsm in die letzten 2 M, wenden (15 M).

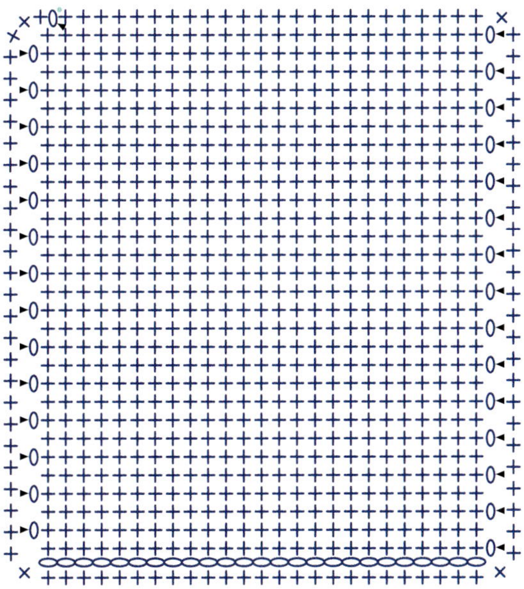

LINKES AUGE

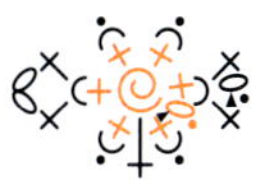

RECHTES AUGE

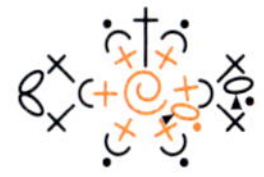

KOPF

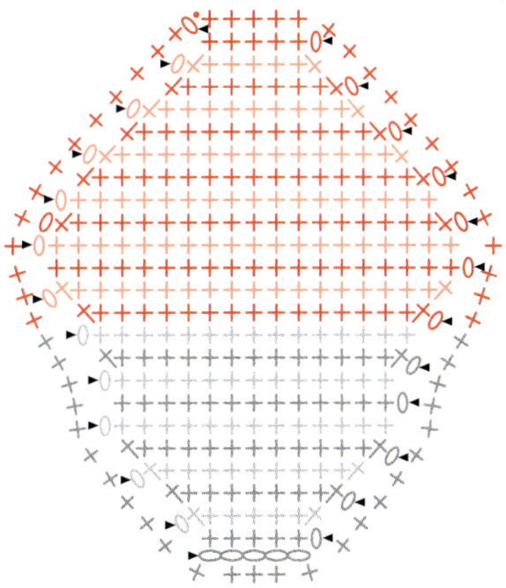

OHREN

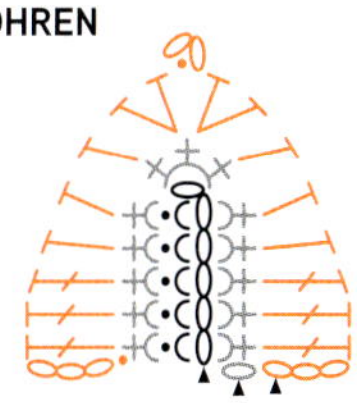

NASE

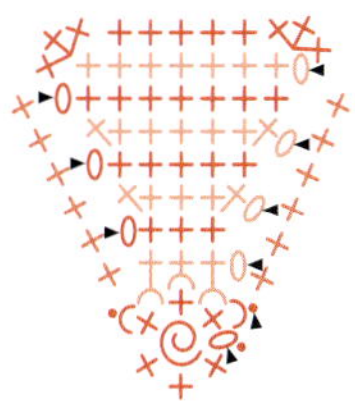

**Symbole:**

- Magischer Ring
- Luftmasche (Lm)
- Kettmasche (Km)
- feste Masche (fM)
- halbes Stäbchen (hStb)
- Stäbchen (Stb)
- 2 feste Maschen zusammenhäkeln (2 fM zsm)
- hinteres Maschenglied (hMgl)
- Reihen- bzw. Rundenbeginn

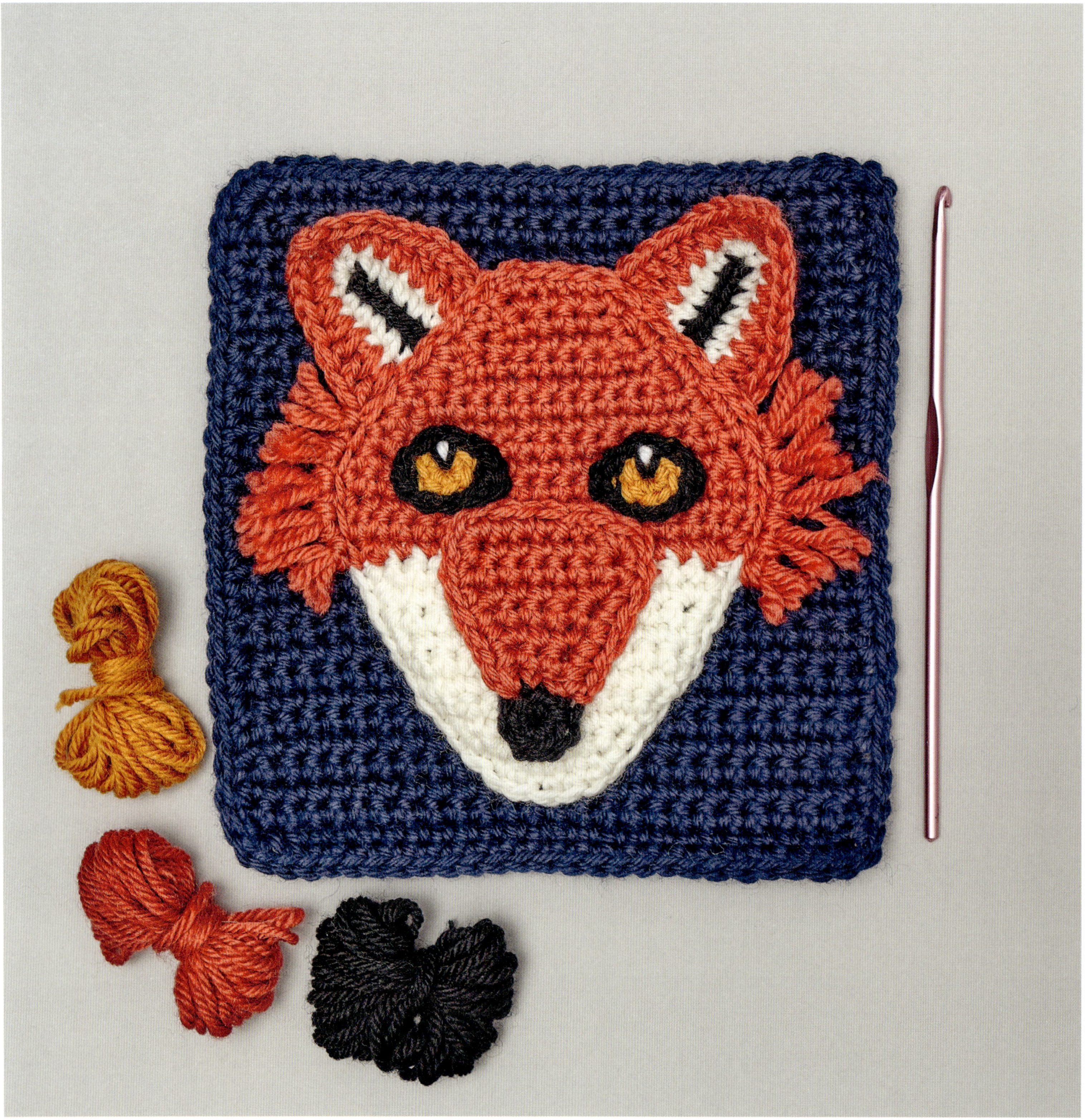

**Reihe 18:** 1 Lm, 2 fM zsm in die 1. 2 M, 1 fM in jede der folg 11 M, 2 fM zsm in die letzten 2 M, wenden (13 M).
**Reihe 19:** 1 Lm, 2 fM zsm in die 1. 2 M, 1 fM in jede der folg 9 M, 2 fM zsm in die letzten 2 M, wenden (11 M).
**Reihe 20:** 1 Lm, 2 fM zsm in die 1. 2 M, 1 fM in jede der folg 7 M, 2 fM in die letzten 2 M, wenden (9 M).
**Reihe 21:** 1 Lm, 2 fM zsm in die 1. 2 M, 1 fM in jede der folg 5 M, 2 fM zsm in die letzten 2 M, wenden (7 M).
**Reihe 22:** 1 Lm, 2 fM zsm in die 1. 2 M, 1 fM in jede der folg 3 M, 2 fM zsm in die letzten 2 M, wenden (5 M).
**Reihe 23:** 1 Lm, 1 fM in jede der folg 5 M.
**Runde 24:** 1 Lm, 1 fM in jedes der folg 13 R-Enden, dabei bei der letzten fM auf Garn A wechseln, 1 fM in jedes der folg 9 R-Enden, 2 fM in das folg R-Ende / die Lmk, 1 fM in jede der folg 3 Lm der Lmk, 2 fM in die folg Lm der Lmk / das folg R-Ende, 1 fM in jedes der folg 9 R-Enden, dabei bei der letzten fM auf Garn B wechseln, 1 fM in jedes der folg 12 R-Enden, 2 fM in das folg R-Ende / die folg M, 1 fM in jede der folg 3 M, 1 fM in dasselbe R-Ende wie die 1. M der Rd, 1 Km in die 1. M der Rd (56 M).
Garn B abschneiden und durchziehen.

## Nase

**Magischer Ring:** Mit Garn C einen Magischen Ring arb.
**Runde 1:** 1 Lm (zählt hier und im Folgenden nicht als 1. M), 6 fM in den Ring, 1 Km in die 1. M der Rd, Ring festziehen (6 M).
Garn C abschneiden und durchziehen.
**Reihe 2:** Garn B an das hMgl der 1. M der Vor-Rd anfügen, 1 Lm, 1 fM in das hMgl jeder der folg 3 M, wenden (3 M).
**Reihe 3:** 1 Lm, 1 fM in jede der folg 3 M, wenden.
**Reihe 4:** 1 Lm, 2 fM in die letzte M der Vor-R, 1 fM in die folg M, 2 fM in die letzte M, wenden (5 M).
**Reihe 5:** 1 Lm, 1 fM in jede der folg 5 M, wenden.
**Reihe 6:** 1 Lm, 2 fM in die letzte M der Vor-R, 1 fM in jede der folg 3 M, 2 fM in die letzte M, wenden (7 M).
**Reihen 7 und 8:** 1 Lm, 1 fM in jede der folg 7 M.
Garn B abschneiden und durchziehen.
**Reihe 9:** Garn B mit 1 Km in das hMgl der 1. M von Runde 1 anfügen, 1 fM in jedes der folg 6 R-Enden, 3 fM in die folg M, 1 fM in jede der folg 5 M, 3 fM in die folg M, 1 fM in jedes der folg 6 R-Enden, 1 Km in das hMgl der 3. M von Runde 1 (23 M).
Garn B abschneiden und durchziehen.

## Ohren (x 2)

**Luftmaschenkette:** Mit Garn C 6 Lm anschl.
**Reihe 1:** 1 Km in das hMgl der 2. M ab Nd und in jede der folg 4 Lm.
Garn C abschneiden und durchziehen.
**Reihe 2:** Garn A in das hMgl der 1. Lm der Lmk auf der rechten Seite anfügen, 1 Lm, 1 fM in das hMgl jeder der folg 5 M, 3 fM in das hMgl der folg Lm, 1 fM in das hMgl jeder der folg 5 M (13 M).
Garn A abschneiden und durchziehen.
**Reihe 3:** Garn B an die 1. M von Reihe 2 anfügen, 3 Lm (zählen als 1 Stb), 1 Stb in die 1. M von Reihe 2, 1 Stb in jede der folg 2 M, 1 hStb in jede der folg 3 M, [2 hStb, 2 Lm, 1 Km in die 2. Lm ab Nd, 2 hStb] in die folg M, 1 hStb in jede der folg 3 M, 1 Stb in jede der folg 2 M, [1 Stb, 3 Lm, 1 Km] in die letzte M (18 M).
Garn B abschneiden und durchziehen.

## Linkes Auge

**Magischer Ring:** Mit Garn D einen Magischen Ring arb.
**Runde 1:** 1 Lm (zählt nicht als 1. M), 6 fM in den Ring, 1 Km in die 1. M der Rd, Ring festziehen (6 M).
Garn D abschneiden und durchziehen.
**Runde 2:** Garn C an das hMgl der 1. M der Vor-Rd anfügen, 1 Lm, 1 fM in das hMgl der 1. M der Vor-Rd, 1 Km in das hMgl jeder der folg 2 M, [1 fM in das hMgl, 2 Lm, 1 fM in das hMGl] in die folg M, 1 Km in das hMgl der folg M, 1 fM in den Ring, 1 Km in das hMgl der folg M, 1 fM in das hMgl der 1. M der Vor-Rd, 1 Km in die 1. M der Rd.
Garn C abschneiden und durchziehen.

## Rechtes Auge

**Magischer Ring:** Mit Garn D einen Magischen Ring arb.
**Runde 1:** 1 Lm (zählt nicht als 1. M), 6 fM in den Ring, 1 Km in die 1. M der Rd, Ring festziehen (6 M).
Garn D abschneiden und durchziehen.
**Runde 2:** Garn C an das hMgl der 1. M der Vor-Rd anfügen, 1 Lm, 1 fM in das hMgl der 1. M der Vor-Rd, 1 Km in das hMgl der folg M, 1 fM in den Ring, 1 Km in das hMgl der folg M, [1 fM in das hMgl, 2 Lm, 1 fM in das hMGl] in die folg M, 1 Km in das hMgl jeder der folg 2 M, 1 fM in das hMgl der 1. M der Vor-Rd, 1 Km in die 1. M der Rd.
Garn C abschneiden und durchziehen.

## Hintergrund

**Luftmaschenkette:** Mit Garn D 26 Lm anschl.
**Reihe 1:** 1 fM in die 2. Lm ab Nd und in jede der folg 24 Lm, wenden (25 M).
**Reihe 2:** 1 Lm (zählt hier und im Folgenden nicht als 1. M), 1 fM in jede folg M bis R-Ende, wenden (25 M).
**Reihen 3–29:** Wie Reihe 2 arb, dabei nach Reihe 29 nicht wenden (25 M).

EINFASSUNG
**Runde 30:** 1 Lm, 3 fM in die letzte M der Vor-R, 23 fM gleichmäßig verteilt in die R-Enden arb, 3 fM in die 1. Lm der Lmk, 1 fM in jede der folg 23 Lm, 3 fM in die vorletzte Lm der Lmk, 23 fM gleichmäßig verteilt in die R-Enden arb, 3 fM in die folg M an der Ecke, 1 fM in jede der folg 23 M, 1 Km in die 1. M der Rd (104 M).
Garn D abschneiden und durchziehen.

## Fertigstellung

20 etwa 9 cm lange Fäden von Garn B abschneiden. Je zwei Fäden der Hälfte nach falten, die Schlaufe durch jeweils ein hinteres Maschenglied einer der fünf Maschen seitlich mittig am Kopf ziehen, die Fadenenden durch die Schlaufen fädeln, festziehen und nach Wunsch kürzen. Mit Garn B die Ohren und die Nase annähen. Mit Garn A oben mittig auf die Pupillen weiße Reflexionen sticken und die Augen mit Garn C annähen. Schließlich mit Garn A und Garn B den Kopf auf den Hintergrund nähen. Alle Fadenenden vernähen und das fertige Granny Square spannen.

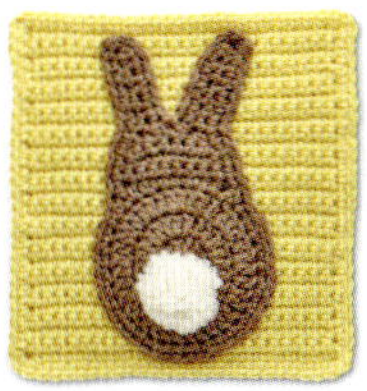

### Mix & Match

*Hase, siehe Seite 20*

# 11 Fledermaus

LEVEL

Dieses Granny Square ist perfekt für wunderbar gruselige Halloween-Projekte. Man kann den Hintergrund auch nur in einer Farbe häkeln, falls man mehrere Fledermäuse arbeitet und nur einen Mond braucht – und ohne Hintergrund wird aus einzelnen Fledermäusen (siehe separate Häkelschrift für den Körper unten) eine tolle Gruselgirlande!

## Das brauchen Sie

Farbe A (Schwarz): 12 m
Farbe B (Weiß): 6 m
Farbe C (Grau): 20 m
Häkelnadel: 3,5 mm
zwei aufnähbare Wackelaugen

## Größe

15 x 15 cm

## Körper und Hintergrund

**Magischer Ring:** Mit Garn A einen Magischen Ring arb.

**Runde 1:** 1 Lm (zählt hier und im Folgenden nicht als 1. M), 6 fM in den Ring, 1 Km in die 1. M der Rd, Ring festziehen (6 M).

**Runde 2:** 1 Lm, 2 fM in jede der folg 6 M, 1 Km in die 1. M der Rd (12 M).

**Runde 3:** 1 Lm, (2 fM in die folg M, 1 fM in die folg M) x 6, 1 Km in die 1. M der Rd (18 M).

**Runde 4:** 1 Lm, (1 fM in jede der folg 2 M, 2 fM in die folg M) x 6, 1 Km in die 1. M der Rd (24 M).

**Runde 5:** 1 Lm, (2 fM in die folg M, 1 fM in jede der folg 3 M) x 6, 1 Km in die 1. M der Rd (30 M).

Garn A abschneiden und durchziehen.

**Runde 6:** Garn B an das hMgl der 1. M der Vor-Rd anfügen, 3 Lm (zählen hier und im Folgenden als 1 Stb), 1 Stb in das hMgl der 1. M der Vor-Rd, (1 Stb in das hMgl jeder der folg 2 M, 2 Stb in das hMgl der folg M) x 9, 1 Stb in das hMgl jeder der folg 2 M, 1 Km in die obere der 3 Anf-Lm (40 M).

**Runde 7:** 3 Lm, 1 Stb in die folg M, (2 Stb in die folg M, 1 Stb in jede der folg 3 M) x 10, dabei bei der letzten Wdh vor den letzten 2 Stb enden, 1 Km in die obere der 3 Anf-Lm (50 M).

Garn B abschneiden und durchziehen.

**Runde 8:** Garn C an das horMgl der oberen der 3 Anf-Lm der Vor-Rd anfügen, 3 Lm, 1 Stb in das horMgl der oberen der 3 Anf-Lm der Vor-Rd, (1 Stb in das horMgl jeder der folg 4 M, 2 Stb in das horMgl der folg M) x 10, dabei bei der letzten Wdh vor den letzten 2 Stb enden, 1 Km in die obere der 3 Anf-Lm (60 M).

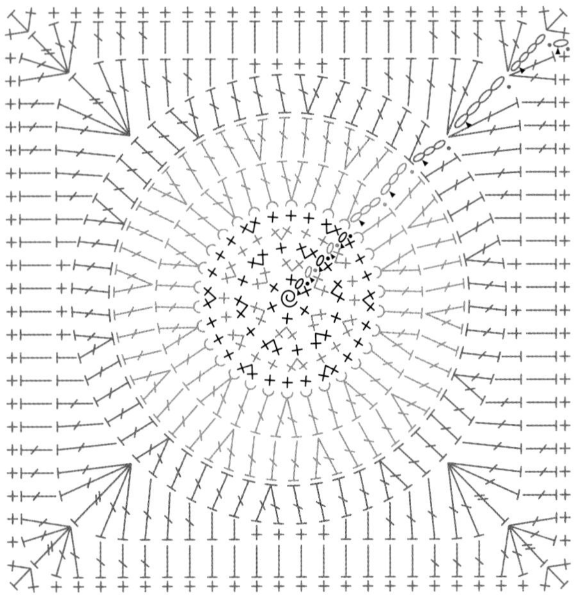

KÖRPER

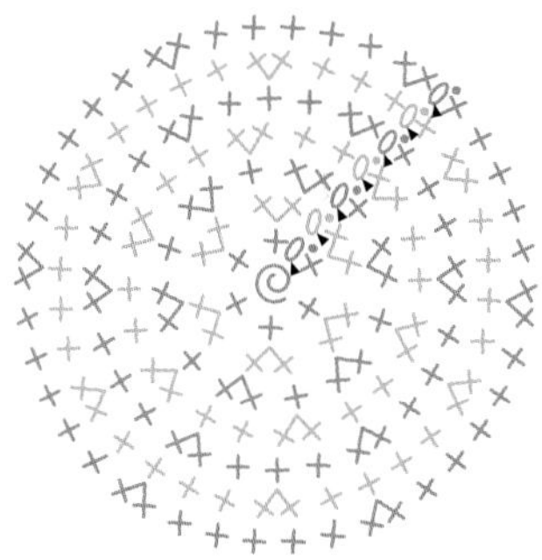

FLÜGEL

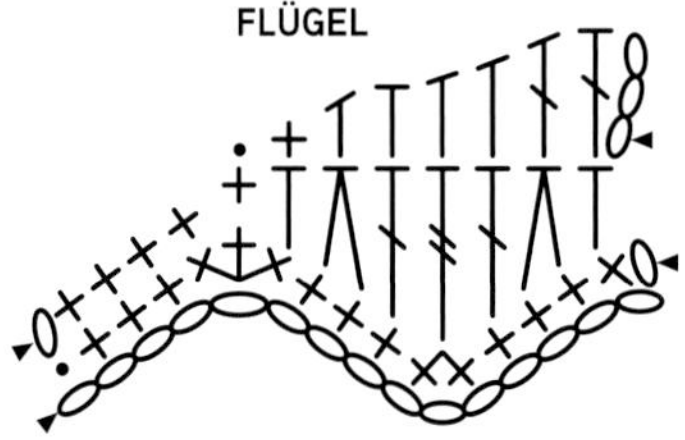

**Symbole:**

- Magischer Ring
- Luftmasche (Lm)
- Kettmasche (Km)
- feste Masche (fM)
- halbes Stäbchen (hStb)
- Stäbchen (Stb)
- Doppelstäbchen (DStb)
- 2 feste Maschen zusammenhäkeln (2 fM zsm)
- 2 halbe Stäbchen zusammenhäkeln (2 hStb zsm)
- hinteres Maschenglied (hMgl)
- horizontales Maschenglied (horMgl)
- Reihen- bzw. Rundenbeginn

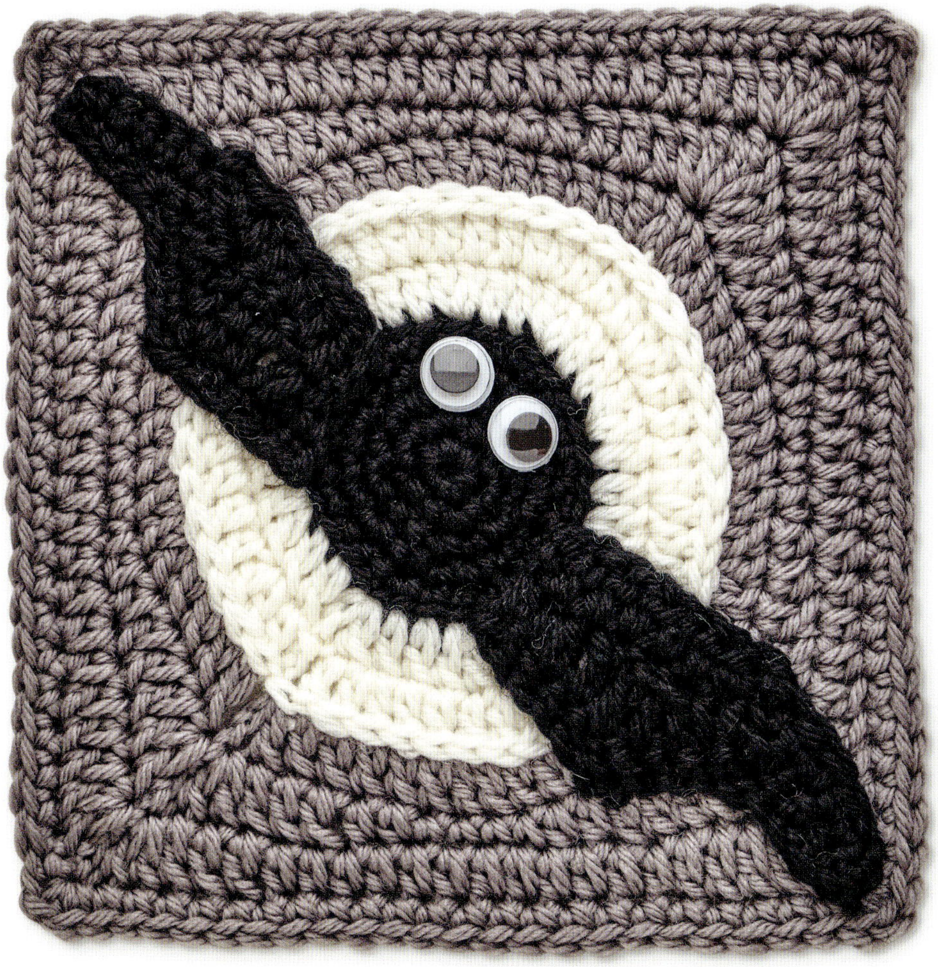

**Runde 9:** 4 Lm (zählen hier und im Folgenden als 1 DStb), 2 Stb in die obere der 3 Anf-Lm der Vor-Rd, (1 Stb in jede der folg 3 M, 1 hStb in jede der folg 2 M, 1 fM in jede der folg 4 M, 1 hStb in jede der folg 2 M, 1 Stb in jede der folg 3 M, [2 Stb, 1 DStb, 2 Stb] in die folg M) x 4 , dabei bei der letzten Wdh vor der eckigen Klammer enden, 2 Stb in die obere der 3 Anf-Lm der Vor-Rd, 1 Km in die obere der 4 Anf-Lm (76 M).

**Runde 10:** 4 Lm, 2 Stb in die obere der 4 Anf-Lm der Vor-Rd, (1 Stb in jede der folg 3 M, 1 hStb in jede der folg 12 M, 1 Stb in jede der folg 3 M, [2 Stb, 1 DStb, 2 Stb] in die folg M) x 4, dabei bei der letzten Wdh vor der eckigen Klammer enden, 2 Stb in die obere der 4 Anf-Lm der Vor-Rd, 1 Km in die obere der 4 Anf-Lm (92 M).

**Runde 11:** 1 Lm, ([1 fM, 1 hStb, 1 fM] in das Eck-DStb, 1 fM in jede der folg M bis zum folg Eck-DStb) x 4, 1 Km in die 1. M der Rd (100 M).

Garn C abschneiden und durchziehen.

## Flügel (x 2)

**Luftmaschenkette:** Mit Garn A 16 Lm anschl.

**Reihe 1:** 1 fM in die 2. Lm ab Nd, 1 fM in jede der folg 3 Lm, 2 fM zsm in (die folg Lm, 1 Lm überg, die folg Lm), 1 fM in jede der folg 3 Lm, 3 fM in die folg Lm, 1 fM in jede der folg 3 Lm, 1 Km in die letzte Lm, wenden (14 M).

**Reihe 2:** 1 Lm, 1 fM in jede der folg 5 M, 1 hStb in die folg M, 2 hStb zsm in die folg 2 M, 1 Stb in die folg M, 1 DStb in die folg M, 1 Stb in die folg M, 2 hStb zsm in die folg 2 M, 1 hStb in die letzte M, wenden (12 M).

**Reihe 3:** 3 Lm (zählen als 1 Stb), 1 Stb in die letzte M der Vor-R, 1 Stb in die folg M, 1 hStb in jede der folg 4 M, 1 fM in die folg M, 1 Km in die folg M (8 M).

Garn A abschneiden und durchziehen.

## Fertigstellung

Die Wackelaugen auf den Körper nähen. Die Flügel mit Garn A an den Körper nähen, sodass sie in schräg gegenüberliegende Ecken zeigen.

## Tipps

- Nach Wunsch kann man in Runde 8 statt in das horizontale Maschenglied auch normale Maschen häkeln.

## Mix & Match

*Spinne, siehe Seite 24*

# 12 Krabbe

LEVEL

Diese Krabbe mit ihren klappernden Scheren sieht einfach toll aus! Für das gewisse Etwas kann man die untere Hälfte des Krabbenkörpers in einer zweiten Farbe arbeiten. Die Krabbe passt toll in das „Buch des Meeres" auf Seite 106.

### Das brauchen Sie

Farbe A (Rot-Orange): 18 m
Farbe B (Schwarz): 2 m
Farbe C (Blau): 42 m
Farbe D (Weiß): kleine Menge
Häkelnadel: 3,5 mm

### Größe

15 x 15 cm

## Körper

**Luftmaschenkette:** Mit Garn A 12 Lm anschl.

**Runde 1:** 2 fM in die 2. Lm ab Nd, 1 fM in jede der folg 9 Lm, 3 fM in die folg Lm, wenden und nun entlang der gegenüberliegenden Seite der Lmk arb, 1 fM in jede der folg 9 Lm, 1 fM in die vorletzte Lm der Lmk, 1 Km in die 1. M der Rd (24 M).

**Runde 2:** 1 Lm (zählt hier und im Folgenden nicht als 1. M), 2 fM in die 1. M der Vor-Rd, 1 fM in jede der folg 11 M, 3 fM in die folg M, 1 fM in jede der folg 11 M, 1 fM in die 1. M der Vor-Rd, 1 Km in die 1. M der Rd (27 M).

**Runde 3:** 1 Lm, 2 fM in die 1. M der Vor-Rd, 1 fM in jede der folg 13 M, 3 fM in die folg M, 1 fM in jede der folg 13 M, 1 fM in die 1. M der Vor-Rd, 1 Km in die 1. M der Rd (32 M).

**Runde 4:** 1 Lm, 2 fM in die 1. M der Vor-Rd, 1 fM in jede der folg 15 M, 3 fM in die folg M, 1 fM in jede der folg 15 M, 1 fM in die 1. M der Vor-Rd, 1 Km in die 1. M der Rd, Garn A nicht abschneiden (36 M).

**Runde 5:** Garn B an die 8. M links des Fadenendes von Garn A anfügen, [2 Lm, Puff-M] in dieselbe M, Garn B abschneiden und durchziehen, Garn B an die 4. M links der letzten Puff-M anfügen, [2 Lm, Puff-M] in dieselbe M (2 M).
Garn B abschneiden und durchziehen.

**Runde 6:** Mit Garn A: 1 Lm, 2 fM in die 1. M der Vor-Rd, 1 fM in jede der folg 3 M, 13 Lm, 1 Stb in die 3. Lm ab Nd, 2 Lm, 1 Km in die 2. Lm ab

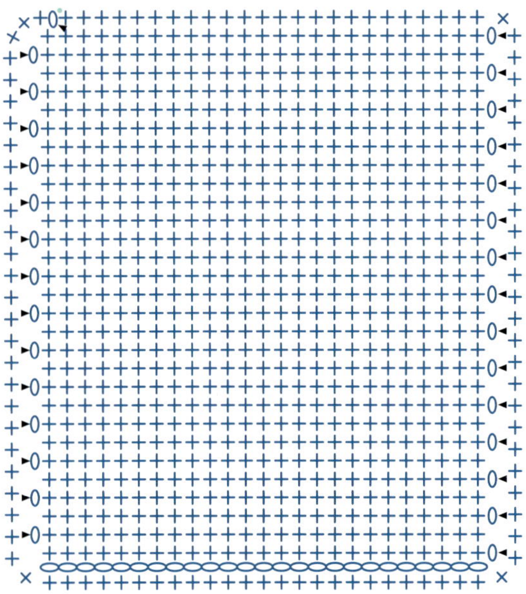

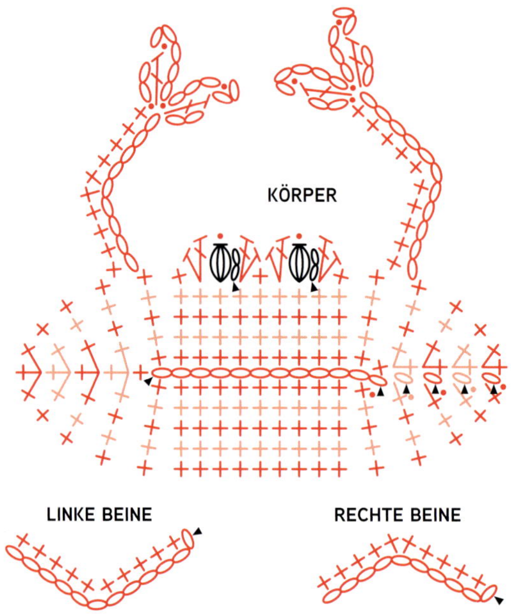


**Symbole:**

- Luftmasche (Lm)
- Kettmasche (Km)
- feste Masche (fM)
- halbes Stäbchen (hStb)
- Stäbchen (Stb)
- Puffmasche (Puff-M aus 4 hStb)
- Reihen- bzw- Rundenbeginn

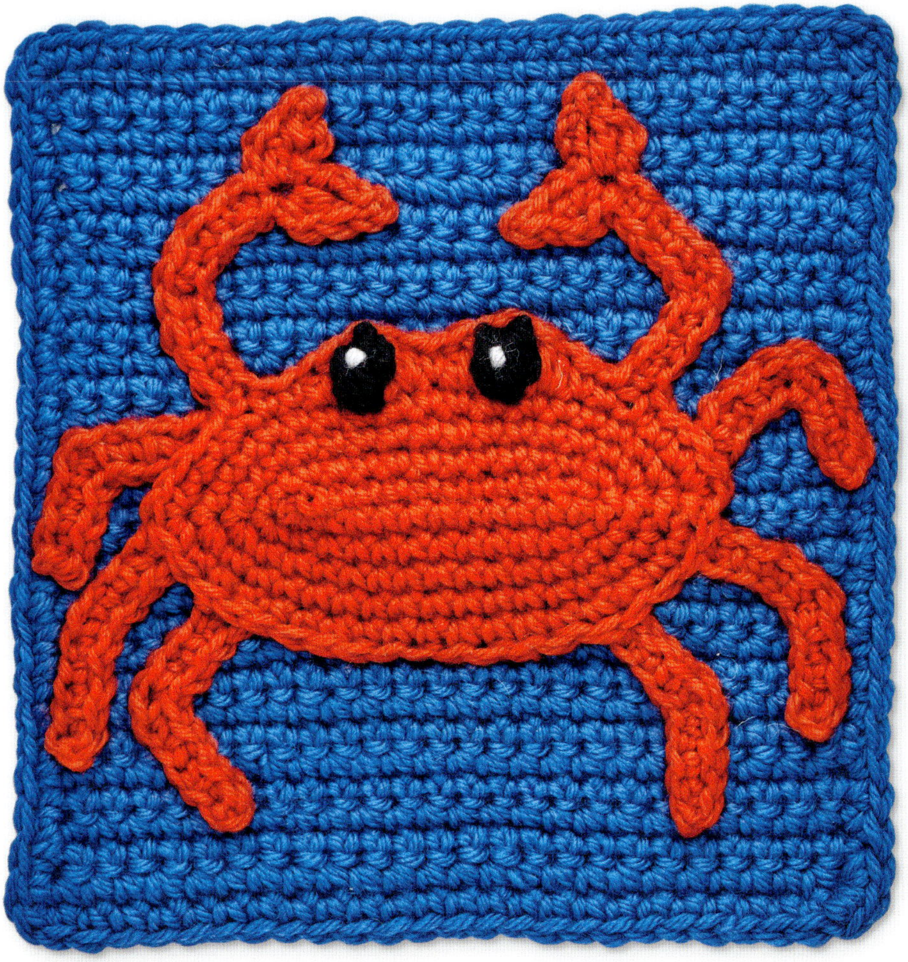

Nd, 3 Lm, 1 Km in dieselbe Lm wie das Stb, 5 Lm, 1 Km in die 2. Lm ab Nd, 1 Stb in dieselbe Lm wie das 1. Stb, 2 Lm, 1 Km in dieselbe Lm wie die Stb, 1 fM in jede der folg 5 Lm, 1 Lm überg, 1 fM in jede der folg 5 Lm, 1 fM in jede der folg 2 M, [1 hStb, 1 Stb] in die folg M, 1 Km in die Puff-M, [1 Stb, 1 hStb] in die folg M, 1 fM in die folg M, [1 hStb, 1 Stb] in die folg M, 1 Km in die Puff-M, [1 Stb, 1 hStb] in die folg M, 1 fM in jede der folg 2 M, 11 Lm, 1 Stb in die 3. Lm ab Nd, 2 Lm, 1 Km in die 2. Lm ab Nd, 3 Lm, 1 Km in dieselbe Lm wie das Stb, 5 Lm, 1 Km in die 2. Lm ab Nd, 1 Stb in dieselbe Lm wie das 1. Stb, 2 Lm, 1 Km in dieselbe M wie die Stb, 1 fM in jede der folg 4 Lm, 2 fM in die folg Lm, 1 fM in jede der folg 4 Lm, 1 fM in jede der folg 3 M, 3 fM in die folg M, 1 fM in jede der folg 17 M, 1 fM in die 1. M der Vor-Rd, 1 Km in die 1. M der Rd (64 M).

Garn A abschneiden und durchziehen.

## Linke Beine (x 3)

**Luftmaschenkette:** Mit Garn A 12 Lm anschl.

**Reihe 1:** 1 fM in die 2. Lm ab Nd, 1 fM in jede der folg 4 Lm, 1 Lm überg, 1 fM in jede der folg 5 Lm (10 M).

Garn A abschneiden und durchziehen.

## Rechte Beine (x 3)

**Luftmaschenkette:** Mit Garn A 10 Lm anschl.

**Reihe 1:** 1 fM in die 2. Lm ab Nd, 1 fM in jede der folg 3 Lm, 2 fM in die folg Lm, 1 fM in jede der folg 4 Lm (10 M).

Garn A abschneiden und durchziehen.

## Hintergrund

**Luftmaschenkette:** Mit Garn C 26 Lm anschl.

**Reihe 1:** 1 fM in die 2. Lm ab Nd und in jede der folg 24 Lm, wenden (25 M).

**Reihe 2:** 1 Lm (zählt hier und im Folgenden nicht als 1. M), 1 fM in jede folg M bis R-Ende, wenden (25 M).

**Reihen 3–29:** Wie Reihe 2 arb, dabei nach Reihe 29 nicht wenden (25 M).

EINFASSUNG

**Runde 30:** 1 Lm, 3 fM in die letzte M der Vor-R, 23 fM gleichmäßig verteilt in die R-Enden arb, 3 fM in die 1. Lm der Lmk, 1 fM in jede der folg 23 Lm, 3 fM in die vorletzte Lm der Lmk, 23 fM gleichmäßig verteilt in die R-Enden arb, 3 fM in die folg M an der Ecke, 1 fM in jede der folg 23 M, 1 Km in die 1. M der Rd (104 M).

Garn C abschneiden und durchziehen.

## Fertigstellung

Mit Garn D eine kleine Reflexion auf jede Puffmasche sticken. Die Beine mit Garn A am Körper festnähen, dabei die Beinansätze leicht unter den Körper schieben. Körper und Beine mit Garn A auf den Hintergrund nähen, dabei gegebenenfalls die Beine mit Stecknadeln feststecken. Alle Fadenenden vernähen und das fertige Granny Square spannen.

## Tipps

- Für einen spannenden 3D-Effekt kann man etwas Füllwatte unter den Körper der Krabbe geben.

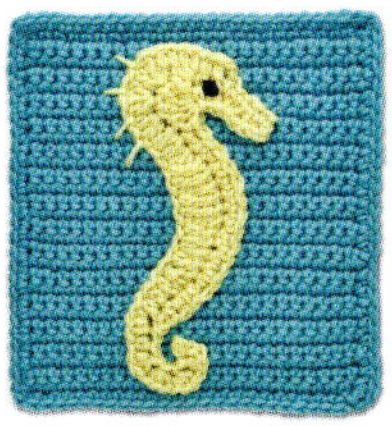

## Mix & Match

*Seepferdchen, siehe Seite 46*

# 13 Katze

LEVEL

Ein Zuhause ohne eine Katze ist nur ein Haus! Dieses besonders pflegeleichte Exemplar kann in verschiedenen Farben gearbeitet werden – und für einen echten Stubentiger kann man zusätzlich Streifen aufsticken. Wenn man keine Katzen-Sicherheitsaugen findet, kann man außerdem auch die Augen einfach aufsticken.

## Das brauchen Sie

Farbe A (Weiß): 26 m
Farbe B (Lachs): 44 m
Farbe C (Schwarz): kleine Menge
Häkelnadel: 3,5 mm
zwei Katzen-Sicherheitsaugen

## Größe

15 x 15 cm

## Körper

**Luftmaschenkette:** Mit Garn A 16 Lm anschl.

**Reihe 1:** 1 fM in die 2. Lm ab Nd und in jede der folg 14 Lm, wenden (15 M).

**Reihe 2:** 1 Lm (zählt hier und im Folgenden nicht als 1. M), 1 fM in jede folg M bis R-Ende, wenden.

**Reihe 3:** 1 Lm, 1 fM in jede der folg 12 M, wenden (12 M).

**Reihen 4–10:** Wie Reihe 2 arb.

**Reihe 11:** 1 Lm, 2 fM zsm in die 1. 2 M, 1 fM in jede der folg 10 M, wenden (11 M).

**Reihe 12:** 1 Lm, 1 fM in jede der folg 11 M, wenden.

**Reihe 13:** 1 Lm, 2 fM zsm in die 1. 2 M, 1 fM in jede der folg 9 M, wenden (10 M).

**Reihe 14:** 1 Lm, 1 fM in jede der folg 10 M, wenden.

**Reihe 15:** 1 Lm, 2 fM zsm in die 1. 2 M, 1 fM in jede der folg 8 M, wenden (9 M).

**Reihe 16:** 1 Lm, 1 fM in jede der folg 7 M, 2 fM zsm in die letzten 2 M (8 M).

Garn A abschneiden und durchziehen.

EINFASSUNG

**Runde 17:** Garn A an die Lm unterhalb der 1. M von Runde 1 anfügen, 1 Lm, 2 fM in die Lm unterhalb der 1. M von Runde 1, 1. R-Ende überg, 1 fM in jedes der folg 14 R-Enden, 2 fM zsm in die folg 2 R-Enden, 1 fM in jede der folg 8 M, 1 Lm, 1 fM in jedes der folg 13 R-Enden, 2 fM zsm in die folg 2 M von Runde 2, 1 fM in die folg M, 1 Lm, 1 fM in jedes der folg 2 R-Enden, 1 Lm, 1 fM in jede der folg 14 Lm der Lmk, 1 fM in die Lm unterhalb der 1. M von Runde 1, 1 Km in die 1. M der Rd (56 M).

Garn A abschneiden und durchziehen.

KOPF

KÖRPER

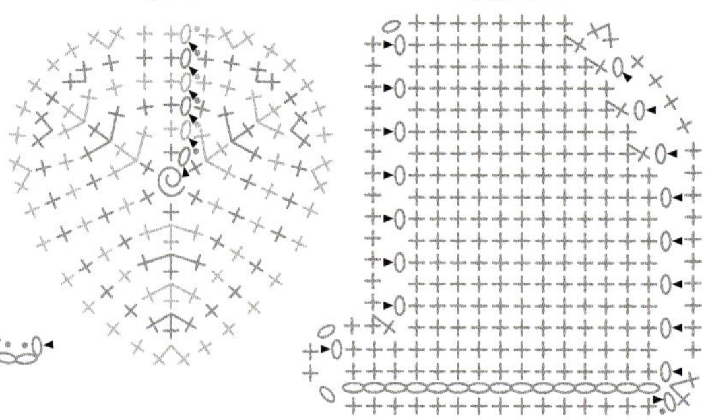

SCHWANZ

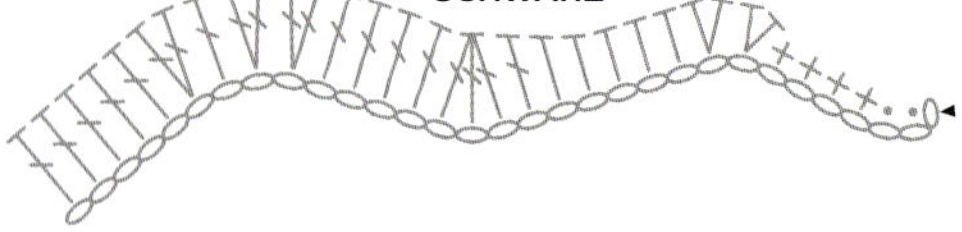

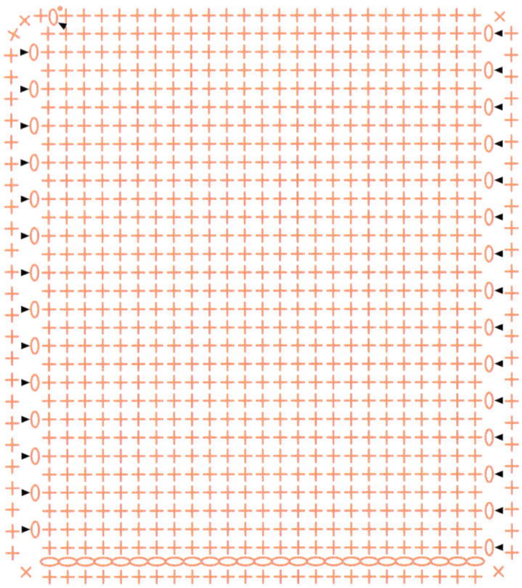

OHREN

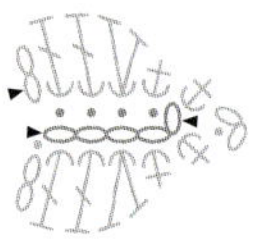

**Symbole:**

- Magischer Ring
- Luftmasche (Lm)
- Kettmasche (Km)
- feste Masche (fM)
- 2 feste Maschen zusammenhäkeln (2 fM zsm)
- halbes Stäbchen (hStb)
- Stäbchen (Stb)
- 3 Stäbchen zusammenhäkeln (3 Stb zsm)
- hinteres Maschenglied (hMgl)
- Reihe- bzw. Rundenbeginn

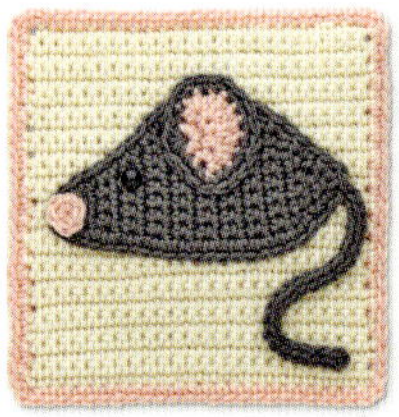

## Mix & Match

*Maus, siehe Seite 90*

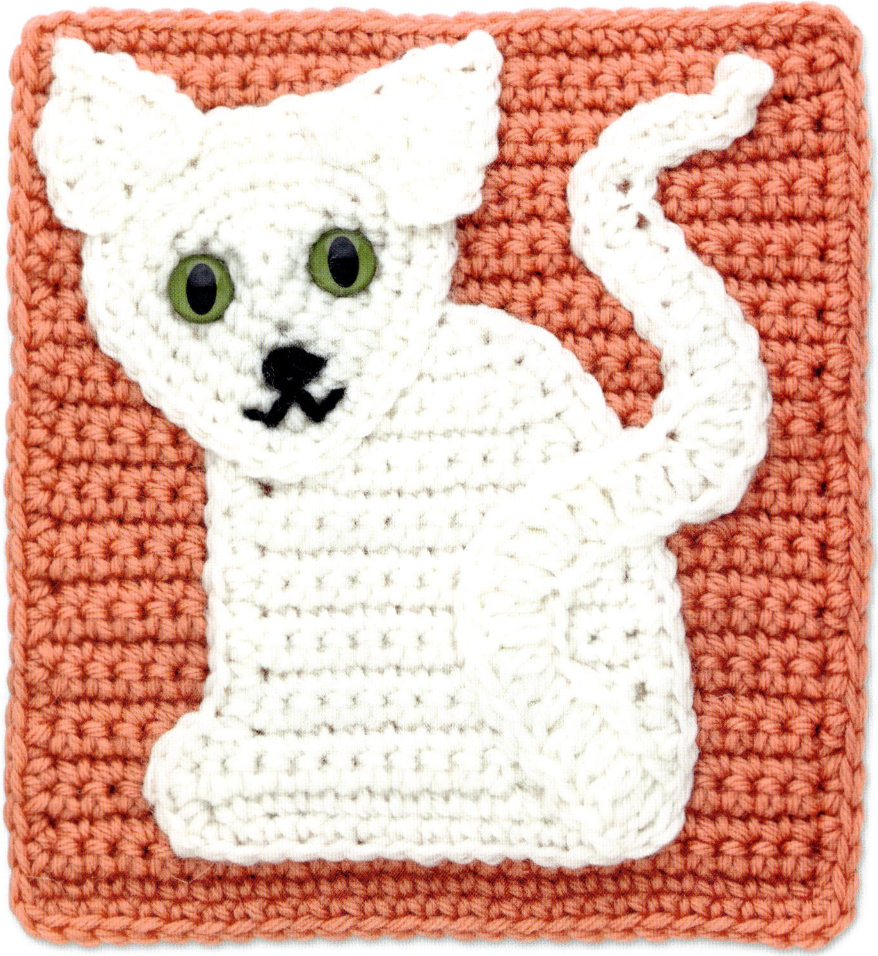

## Kopf

**Magischer Ring:** Mit Garn A einen Magischen Ring arb.

**Runde 1:** 1 Lm, 6 fM in den Ring, Ring festziehen, 1 Km in die 1. M der Rd (6 M).

**Runde 2:** 1 Lm, (1 fM in die folg M, 3 fM in die folg M) x 3, 1 Km in die 1. M der Rd (12 M).

**Runde 3:** 1 Lm, (1 fM in jede der folg 2 M, 3 fM in die folg M, 1 fM in die folg M) x 3, 1 Km in die 1. M der Rd (18 M).

**Runde 4:** 1 Lm, (1 fM in jede der folg 3 M, 3 fM in die folg M, 1 fM in jede der folg 2 M) x 3, 1 Km in die 1. M der Rd (24 M).

**Runde 5:** 1 Lm, 1 fM in jede der folg 3 M, 2 fM in die folg M, 1 fM in die folg M, 2 fM in die folg M, 1 fM in jede der folg 6 fM, 3 fM in die folg M, 1 fM in jede der folg 6 fM, 2 fM in die folg M, 1 fM in die folg M, 2 fM in die folg M, 1 fM in jede der folg 2 M, 1 Km in die 1. M der Rd (30 M).

**Runde 6:** 1 Lm, 1 fM in jede der folg 2 M, 2 fM in die folg M, 1 fM in jede der folg 5 M, 2 fM in die folg M, 1 fM in jede der folg 6 fM, 2 fM in die folg M, 1 fM in jede der folg 6 fM, 2 fM in die folg M, 1 fM in jede der folg 5 M, 2 fM in die folg M, 1 fM in die letzte M, 1 Km in die 1. M der Rd (35 M).

Garn A abschneiden und durchziehen.

## Schwanz

**Luftmaschenkette:** Mit Garn A 31 Lm anschl.

**Reihe 1:** 1 Km in die 2. und 3. Lm ab Nd, 1 fM in jede der folg 4 Lm, 2 hStb in jede der folg 2 Lm, 1 hStb in jede der folg 5 Lm, 1 Stb in die folg Lm, 3 Stb zsm in die folg 3 Lm, 1 Stb in jede der folg 4 Lm, 2 Stb in jede der folg 2 Lm, 1 Stb in die folg Lm, 2 Stb in die folg Lm, 1 Stb in jede der folg 5 Lm (31 M).

Garn A abschneiden und durchziehen.

## Ohren (x 2)

**Luftmaschenkette:** Mit Garn A 5 Lm anschl.

**Reihe 1:** 1 Km in die 2. Lm ab Nd und in jede der folg 3 Lm, wenden.

**Reihe 2:** 2 Lm, 1 Stb in das hMgl der letzten Km der Vor-R, 1 Stb in das hMgl der folg Km, 2 hStb in das hMgl der folg Km, 1 fM in das hMgl der folg Km, [1 fM in das hMgl, 2 Lm, 1 Km in die 2. Lm ab Nd, 1 fM in das hMGl] in die folg Lm, 1 fM in das hMgl der folg Lm, 2 hStb in das hMgl der folg Lm, 1 Stb in das hMgl der folg Lm, [1 Stb in das hMgl, 2 Lm, 1 Km] in die letzte Lm (12 M).

Garn A abschneiden und durchziehen.

## Hintergrund

**Luftmaschenkette:** Mit Garn B 26 Lm anschl.

**Reihe 1:** 1 fM in die 2. Lm ab Nd und in jede der folg 24 Lm, wenden (25 M).

**Reihe 2:** 1 Lm (zählt hier und im Folgenden nicht als 1. M), 1 fM in jede folg M bis R-Ende, wenden (25 M).

**Reihen 3–29:** Wie Reihe 2 arb, dabei nach Reihe 29 nicht wenden (25 M).

EINFASSUNG

**Runde 30:** 1 Lm, 3 fM in die letzte M der Vor-R, 23 fM gleichmäßig verteilt in die R-Enden arb, 3 fM in die 1. Lm der Lmk, 1 fM in jede der folg 23 Lm, 3 fM in die vorletzte Lm der Lmk, 23 fM gleichmäßig verteilt in die R-Enden arb, 3 fM in die folg M an der Ecke, 1 fM in jede der folg 23 M, 1 Km in die 1. M der Rd (104 M).

Garn B abschneiden und durchziehen.

## Fertigstellung

Mit Garn C eine Nase und einen Mund auf den Kopf sticken. Die Ohren mit Garn A an den Kopf, Schwanz und Kopf mit Garn A an den Körper nähen und dann die Katze auf den Hintergrund nähen. Nach Wunsch schließlich Schnurrhaare aufsticken und die Katzen-Sicherheitsaugen nach Herstellerangaben befestigen. Alle Fadenenden vernähen und das fertige Granny Square spannen.

# 14 Frosch

LEVEL

Dieser farbenfrohe Laubfrosch erwischt mit seiner flinken knallroten Zunge gerade eine Fliege. Statt der Zunge kann man dem Frosch nach Wunsch auch ein breites, freundliches Grinsen aufsticken.

## Das brauchen Sie

Farbe A (Hellgrün): 12 m
Farbe B (Hellgelb): 4 m
Farbe C (Türkis): 42 m
Farbe D (Rot-Orange): 2 m
Farbe E (Schwarz): 1 m
Farbe F (Weiß): 2 m
Häkelnadel: 3,5 mm

## Größe

15 x 15 cm

## Körper

**Luftmaschenkette:** Mit Garn A 12 Lm anschl.

**Runde 1:** 2 fM in die 2. Lm ab Nd, 1 fM in jede der folg 9 Lm, 3 fM in die folg Lm, wenden und nun entlang der gegenüberliegenden Seite der Lmk arb, 1 fM in jede der folg 9 Lm, 1 fM in die vorletzte Lm, 1 Km in die 1. M der Rd (24 M).

**Runde 2:** 1 Lm (zählt hier und im Folgenden nicht als 1. M), 2 fM in die 1. M der Vor-Rd, 1 fM in jede der folg 11 M, 3 fM in die folg M, dabei bei der letzten M auf Garn B wechseln, 1 fM in jede der folg 11 M, dabei Garn A umhäkeln, bei der letzten M wieder auf Garn A wechseln und 1 fM um Garn B in die 1. M der Vor-Rd, 1 Km in die 1. M der Rd (28 M).

**Runde 3:** 1 Lm, 2 fM in die 1. M der Vor-Rd, 1 fM in jede der folg 2 M, 1 hStb in jede der folg 9 M, 1 fM in jede der folg 2 M, 3 fM in die folg M, 1 fM in die folg M, dabei auf Garn B wechseln, 1 hStb in jede der folg 11 M, dabei Garn A umhäkeln und bei der letzten M wieder auf Garn A wechseln und 1 fM um Garn B in die folg M, 1 fM in die 1. M der Vor-Rd, 1 Km in die 1. M der Rd (32 M).

**Runde 4:** 1 Lm, 2 fM in die 1. M der Vor-Rd, 1 fM in jede der folg 5 M, 2 fM in die folg M, 1 fM in jede der folg 3 M, 2 fM in die folg M, 1 fM in jede der folg 5 M, 3 fM in die folg M, 1 fM in jede der folg 2 M, dabei bei der letzten M auf Garn B wechseln, 1 fM in die folg M, 2 fM in

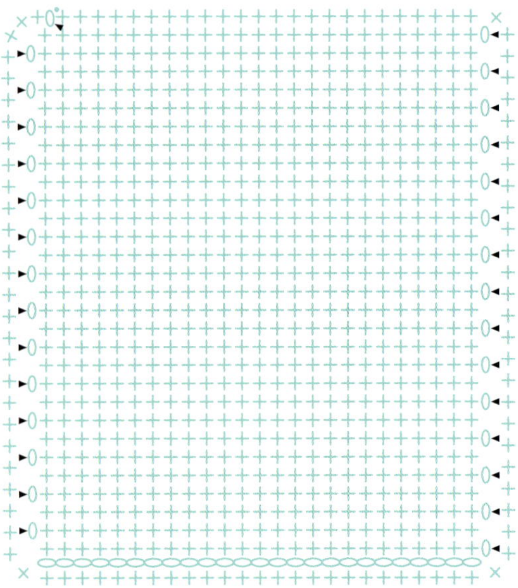

KÖRPER

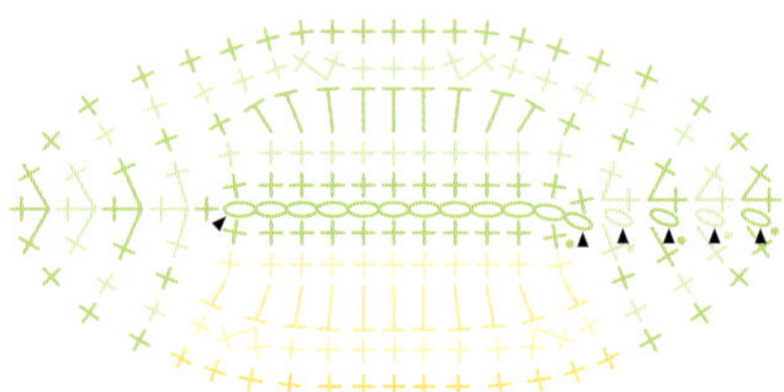

ZUNGE

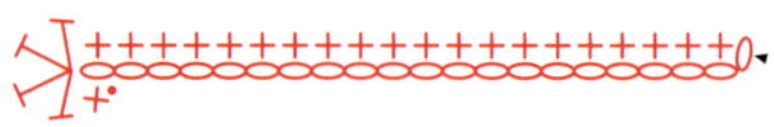

AUGEN

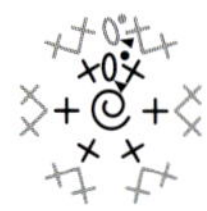

LINKES BEIN

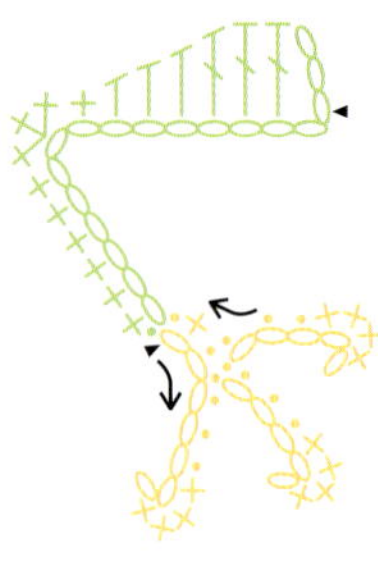

RECHTES BEIN

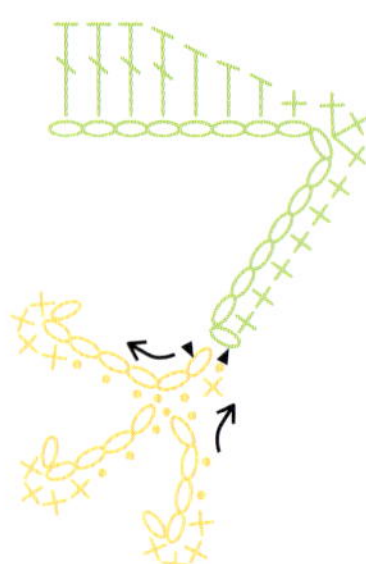

**Symbole:**

- Magischer Ring
- Luftmasche (Lm)
- Kettmasche (Km)
- feste Masche (fM)
- halbes Stäbchen (hStb)
- Stäbchen (Stb)
- Reihen- bzw. Rundenbeginn

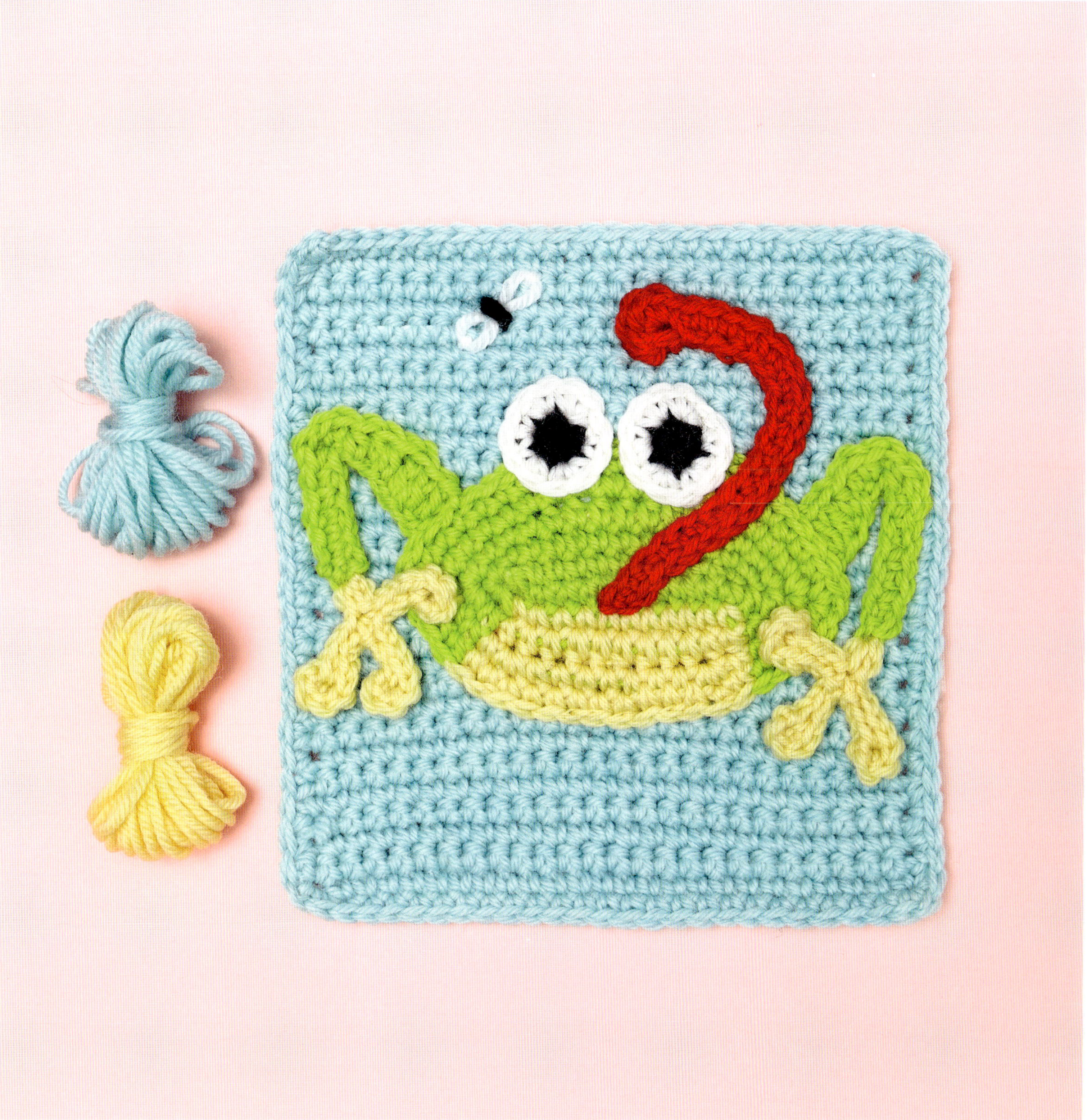

die folg M, 1 fM in jede der folg 7 M, 2 fM in die folg M, Garn A umhäkeln, 1 fM in die folg M, dabei auf Garn A wechseln, 1 fM in jede der folg 2 M, dabei Garn B umhäkeln, 1 fM in die 1. M der Vor-Rd, 1 Km in die 1. M der Rd, Garn A nicht abschneiden (40 M).

**Runde 5:** 1 Lm, 2 fM in die 1. M der Vor-Rd, 1 fM in jede der folg 19 M, 3 fM in die folg M, 1 fM in jede der folg 3 M, dabei bei der letzten M auf Garn B wechseln, 1 fM in jede der folg 13 M, dabei Garn A umhäkeln und bei der letzten M wieder auf Garn A wechseln, 1 fM in jede der folg 3 M, dabei Garn B umhäkeln, 1 fM in die 1. M der Vor-Rd, 1 Km in die 1. M der Rd (48 M).

Garn A und Garn B abschneiden und durchziehen.

## Hintergrund

**Luftmaschenkette:** Mit Garn C 26 Lm anschl.

**Reihe 1:** 1 fM in die 2. Lm ab Nd und in jede der folg 24 Lm, wenden (25 M).

**Reihe 2:** 1 Lm (zählt hier und im Folgenden nicht als 1. M), 1 fM in jede folg M bis R-Ende, wenden (25 M).

**Reihen 3–29:** Wie Reihe 2 arb, dabei nach Reihe 29 nicht wenden (25 M).

EINFASSUNG

**Runde 30:** 1 Lm, 3 fM in die letzte M der Vor-R, 23 fM gleichmäßig verteilt in die R-Enden arb, 3 fM in die 1. Lm der Lmk, 1 fM in jede der folg 23 Lm, 3 fM in die vorletzte Lm der Lmk, 23 fM gleichmäßig verteilt in die R-Enden arb, 3 fM in die folg M an der Ecke, 1 fM in jede der folg 23 M, 1 Km in die 1. M der Rd (104 M).

Garn C abschneiden und durchziehen.

## Linkes Bein

**Luftmaschenkette:** Mit Garn A 18 Lm anschl.

**Reihe 1:** 1 Stb in die 5. Lm ab Nd, 1 Stb in jede der folg 2 Lm, 1 hStb in jede der folg 3 Lm, 1 fM in die folg Lm, 3 fM in die folg Lm, 1 fM in jede der folg 5 Lm, [1 fM, 1 Km] in die letzte Lm (17 M).

Garn A abschneiden und durchziehen.

FUSS

Garn B an die letzte fM anfügen, 7 Lm, 4 fM in die 2. Lm ab Nd, 1 Km in jede der folg 4 Lm, 5 Lm, 4 fM in die 2. Lm ab Nd, 1 Km in jede der folg 4 Lm, 5 Lm, 4 fM in die 2. Lm ab Nd, 1 Km in jede der folg 4 Lm, 1 fM in die folg Lm, 1 Km in die folg Lm der Lmk (12 M).

Garn B abschneiden und durchziehen.

## Rechtes Bein

**Luftmaschenkette:** Mit Garn A 16 Lm anschl.

**Reihe 1:** 1 fM in die 2. Lm ab Nd, 1 fM in jede der folg 5 Lm, 3 fM in die folg Lm, 1 fM in die folg Lm, 1 hStb in jede der folg 3 Lm, 1 Stb in jede der folg 4 Lm (17 M).

Garn A abschneiden und durchziehen.

FUSS

Garn B an die letzte Lm der Lmk anfügen, 7 Lm, 4 fM in die 2. Lm ab Nd, 1 Km in jede der folg 4 Lm, 5 Lm, 4 fM in die 2. Lm ab Nd, 1 Km in jede der folg 4 Lm, 5 Lm, 4 fM in die 2. Lm ab Nd, 1 Km in jede der folg 4 Lm, 1 fM in die folg Lm, 1 Km in die folg M von Reihe 1 (12 M).

Garn B abschneiden und durchziehen.

## Augen (x 2)

**Magischer Ring:** Mit Garn E einen Magischen Ring arb.

**Runde 1:** 1 Lm (zählt nicht als 1. M), 6 fM in den Ring, 1 Km in die 1. M der Rd, Ring festziehen (6 M).

Garn E abschneiden und durchziehen.

**Runde 2:** Garn F anfügen, 1 Lm, 2 fM in jede folg M bis Rd-Ende, 1 Km in die 1. M der Rd (12 M).

Garn A abschneiden und durchziehen.

## Zunge

**Luftmaschenkette:** Mit Garn C 21 Lm anschl

**Reihe 1:** 1 fM in die 2. Lm ab Nd, 1 fM in jede der folg 18 Lm, [1 fM, 4 hStb, 1 fM, 1 Km] in die folg Lm (25 M).

Garn D abschneiden und durchziehen.

## Fertigstellung

Alle Körperteile nacheinander auf dem Hintergrund feststecken. Mit Garn A den Körper und die Beine annähen, mit Garn B die Füße und den Bauch annähen, mit Garn F die Augen und mit Garn D die Zunge annähen. Mit Garn E aus einigen Stichen einen kleinen Fliegenkörper auf den Hintergrund sticken und mit Garn F Flügel hinzufügen. Alle Fadenenden vernähen und das fertige Granny Square spannen.

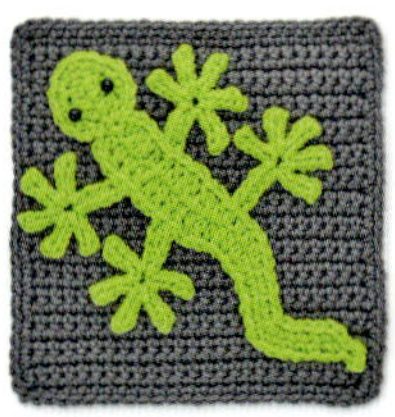

### Mix & Match

*Gecko, siehe Seite 88*

# 15 Koala

LEVEL

Diesen verschlafenen Koala mit seinen großen flauschigen Ohren möchte man am liebsten sofort in die Arme schließen! Statt der geschlossenen Augen kann man auch schwarze Sicherheitsaugen verwenden, und als Ohren eignen sich alternativ auch kuschelige Pompons.

## Das brauchen Sie

Farbe A (Grau): 16 m
Farbe B (helles Lachs): 26 m
Farbe C (Beige): 4 m
Farbe D (Schwarz): 2 m
Häkelnadel: 3,5 mm

## Größe

15 x 15 cm

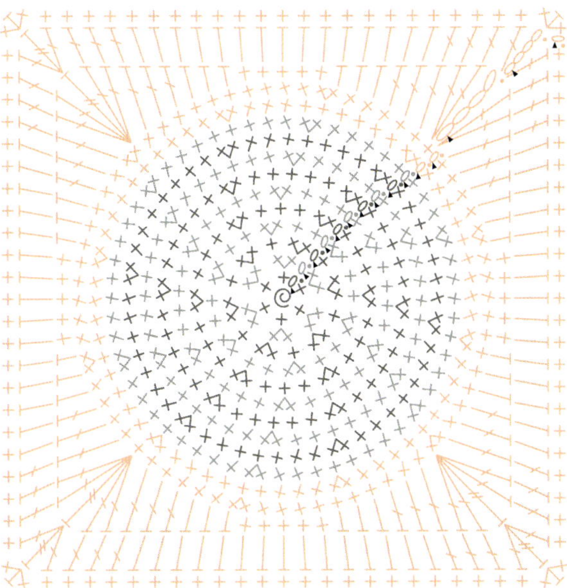

## Kopf und Hintergrund

**Magischer Ring:** Mit Garn A einen Magischen Ring arb.

**Runde 1:** 1 Lm (zählt hier und im Folgenden nicht als 1. M), 6 fM in den Ring, 1 Km in die 1. M der Rd, Ring festziehen (6 M).

**Runde 2:** 1 Lm, 2 fM in jede der folg 6 M, 1 Km in die 1. M der Rd (12 M).

**Runde 3:** 1 Lm, (2 fM in die folg M, 1 fM in die folg M) x 6, 1 Km in die 1. M der Rd (18 M).

**Runde 4:** 1 Lm, (1 fM in jede der folg 2 M, 2 fM in die folg M) x 6, 1 Km in die 1. M der Rd (24 M).

AUGEN

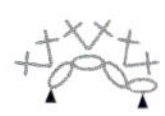

KINN

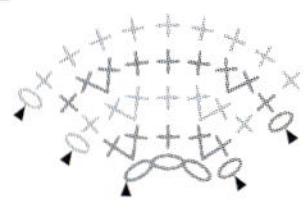

OHREN

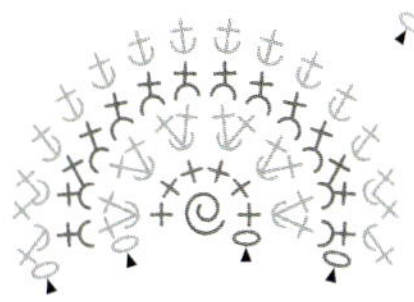

NASE

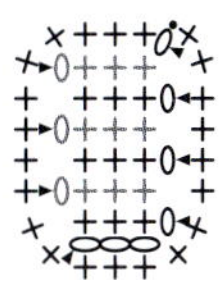

**Symbole:**

- Magischer Ring
- Luftmasche (Lm)
- Kettmasche (Km)
- feste Masche (fM)
- halbes Stäbchen (hStb)
- Stäbchen (Stb)
- Doppelstäbchen (DStb)
- hinteres Maschenglied (hMgl)
- vorderes Maschenglied (vMgl)
- Reihen- bzw- Rundenbeginn

**Runde 5:** 1 Lm, (2 fM in die folg M, 1 fM in jede der folg 3 M) x 6, 1 Km in die 1. M der Rd (30 M).

**Runde 6:** 1 Lm, (1 fM in jede der folg 3 M, 2 fM in die folg M, 1 fM in die folg M) x 6, 1 Km in die 1. M der Rd (36 M).

**Runde 7:** 1 Lm, (2 fM in die folg M, 1 fM in jede der folg 5 M) x 6, 1 Km in die 1. M der Rd (42 M).

**Runde 8:** 1 Lm, (1 fM in jede der folg 4 M, 2 fM in die folg M, 1 fM in jede der folg 2 M) x 6, 1 Km in die 1. M der Rd (48 M).

**Runde 9:** 1 Lm, (2 fM in die folg M, 1 fM in jede der folg 7 M) x 6, 1 Km in die 1. M der Rd (54 M).

**Runde 10:** 1 Lm, (1 fM in jede der folg 5 M, 2 fM in die folg M, 1 fM in jede der folg 3 M) x 6, 1 Km in die 1. M der Rd (60 M).

Garn A abschneiden und durchziehen.

**Runde 11:** Garn B anfügen, 1 Lm, (2 fM in die folg M, 1 fM in jede der folg 9 M) x 6, 1 Km in die 1. M der Rd (66 M).

**Runde 12:** 1 Lm, (1 fM in jede der folg 6 fM, 2 fM in die folg M, 1 fM in jede der folg 4 M) x 6, 1 Km in die 1. M der Rd (72 M).

**Runde 13:** 4 Lm (zählen hier und im Folgenden als 1 DStb), 2 Stb in die 1. M der Vor-Rd, (1 Stb in jede der folg 3 M, 1 hStb in jede der folg 3 M, 1 fM in jede der folg 5 M, 1 hStb in jede der folg 3 M, 1 Stb in jede der folg 3 M, [2 Stb, 1 DStb, 2 Stb] in die folg M) x 4, dabei bei der letzten Wdh vor der eckigen Klammer enden, 2 Stb in die 1. M der Vor-Rd, 1 Km in die obere der 4 Anf-Lm (88 M).

**Runde 14:** 4 Lm, 1 Stb in die obere der 4 Anf-Lm der Vor-Rd, (1 Stb in jede der folg 3 M, 1 hStb in

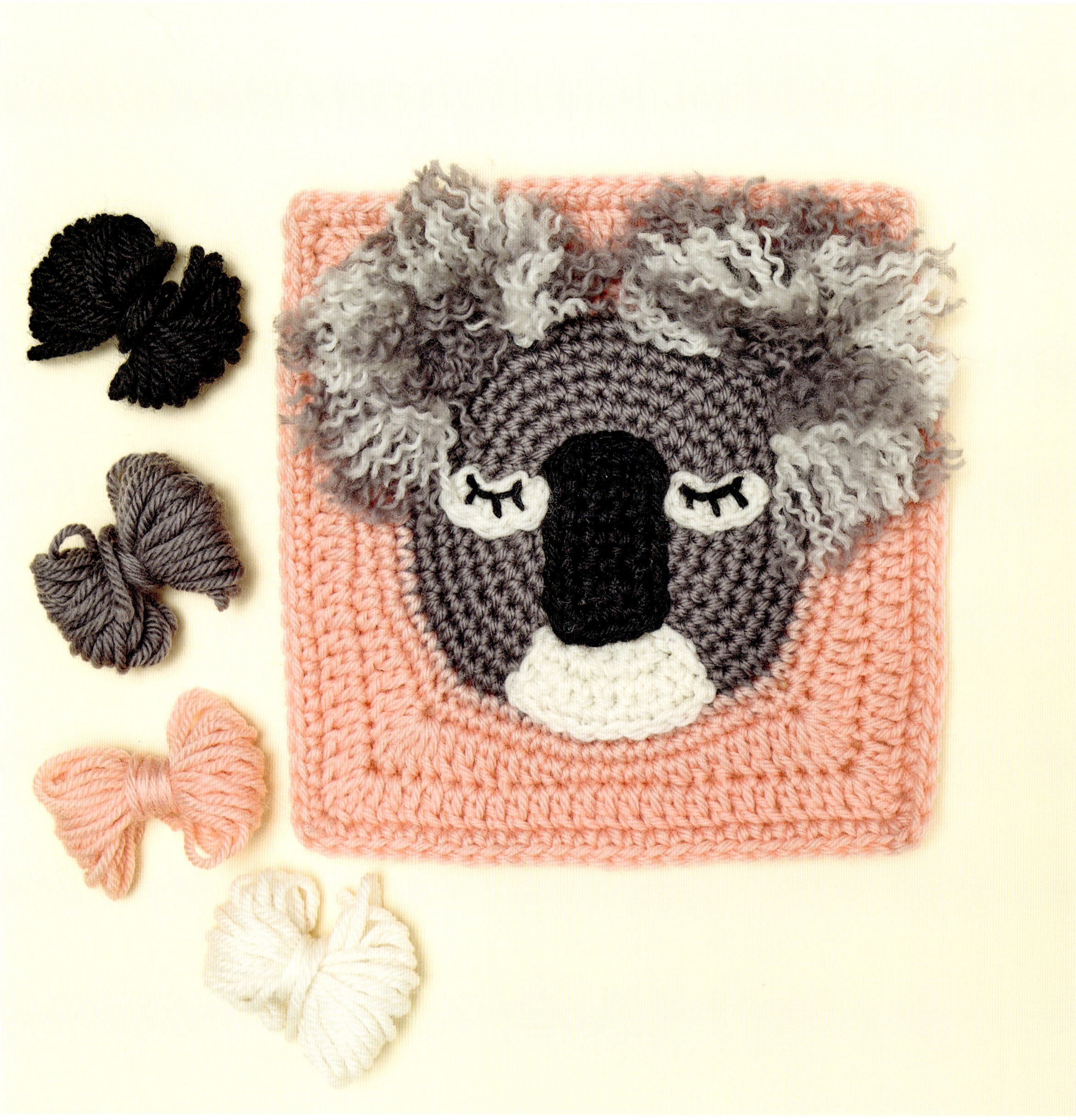

jede der folg 15 M, 1 Stb in jede der folg 3 M, [1 Stb, 1 DStb, 1 Stb] in die folg M) x 4, dabei bei der letzten Wdh vor der eckigen Klammer enden, 1 Stb in die obere der 4 Anf-Lm der Vor-Rd, 1 Km in die obere der 4 Anf-Lm (96 M).

**Runde 15:** 1 Lm, ([1 fM, 1 hStb, 1 fM] in das Eck-DStb, 1 fM in jede der folg M bis zum folg Eck-DStb) x 4, 1 Km in die 1. M der Rd (104 M).

Garn B abschneiden und durchziehen.

## Kinn

**Luftmaschenkette:** Mit Garn C 4 Lm anschl.

**Reihe 1:** 2 fM in die 2. Lm ab Nd, 1 fM in die folg Lm, 2 fM in die letzte Lm, wenden (5 M).

**Reihe 2:** 1 Lm (zählt hier und im Folgenden nicht als 1. M), 1 fM in die letzte M der Vor-R, 2 fM in die folg M, 1 fM in die folg M, 2 fM in die folg M, 1 fM in die letzte M, wenden (7 M).

**Reihe 3:** 1 Lm, 1 fM in die letzte M der Vor-R, 2 fM in die folg M, 1 fM in jede der folg 3 M, 2 fM in die folg M, 1 fM in die letzte M, wenden (9 M).

**Reihe 4:** 1 Lm, 1 fM in jede folg M bis R-Ende (9 M).

Garn C abschneiden und durchziehen.

## Augen (x 2)

**Luftmaschenkette:** Mit Garn C 4 Lm anschl.

**Reihe 1:** 2 fM in die 2. Lm ab Nd und in jede der folg 2 Lm (6 M).

Garn C abschneiden und durchziehen.

## Nase

**Luftmaschenkette:** Mit Garn D 4 Lm anschl.

**Reihe 1:** 1 fM in die 2. Lm ab Nd, 1 fM in jede der folg 2 Lm, wenden (3 M).

**Reihe 2:** 1 Lm (zählt nicht als 1. M), 1 fM in jede der folg 3 M, wenden (3 M).

**Reihen 3–6:** Wie Reihe 2 arb.

**Runde 7:** 1 Lm, 1 fM in die letzte M der Vor-R, 1 fM in die folg M, 3 fM in die folg M, 1 fM in jedes der folg 4 R-Enden, 3 fM in das folg R-Ende / die folg Lm der Lmk, 1 fM in die folg Lm, 3 fM in die folg Lm der Lmk / das folg R-Ende, 1 fM in jedes der folg 4 R-Enden, 2 fM in die letzte M der Vor-R, 1 Km in die 1. M der Rd (22 M).

Garn D abschneiden und durchziehen.

## Ohren (x 2)

**Magischer Ring:** Mit Garn D einen Magischen Ring arb.

**Reihe 1:** 1 Lm (zählt hier und im Folgenden nicht als 1. M), 6 fM in den Ring, Ring festziehen, wenden (6 M).

**Reihe 2:** 1 Lm, (2 fM in das vMgl der folg M) x 6, wenden (12 M).

**Reihe 3:** 1 Lm, 1 fM in das hMgl der letzten M der Vor-R, 2 fM in das hMgl der folg M, 1 fM in das hMgl jeder der folg 8 M, 2 fM in das hMgl der folg M, 1 fM in das hMgl der 1. M der Vor-R, wenden (14 M).

**Reihe 4:** 1 Lm, 1 fM in das vMgl der letzten M der Vor-R, 2 fM in das vMgl der folg M, 1 fM in das vMgl der folg 10 M, 2 fM in das vMgl der folg M, 1 fM in das vMgl der 1. M der Vor-R (16 M).

Garn D abschneiden und durchziehen.

## Fertigstellung

Das Kinn mit Garn C auf den Kopf nähen. Anschließend mit Garn D die Nase annähen, sodass sie leicht über das Kinn ragt. Die Augen mit Garn C annähen und schließlich mit Garn D geschlossene Lider mit Wimpern aufsticken. Die Ohren mit Garn A annähen.

### FLAUSCHIGE OHREN

Mehrere jeweils etwa 9 cm lange Fäden von Garn A und Garn C abschneiden und als Fransen an die übergangenen Maschenglieder der Runden 1–3 der Ohren anfügen. Dafür die Fäden der Hälfte nach falten, je durch ein Maschenglied ziehen, die Enden durch die Schlaufen fädeln und festziehen. Garn A für die Runden 1 und 3 und Garn C für Runde 2 verwenden. Für extraflauschige Ohren kann man die Fadenenden am Schluss noch auflösen – dann kann es allerdings sein, dass das Garn an Stabilität verliert und sich beim Waschen auflöst. Die Fransen nach Wunsch kürzen. Alle Fadenenden vernähen und das fertige Granny Square spannen.

## Tipps

- Anstatt der flauschigen Ohren kann man auch zwei große Pompons verwenden oder die Ohren mit einem dickeren Garn häkeln.

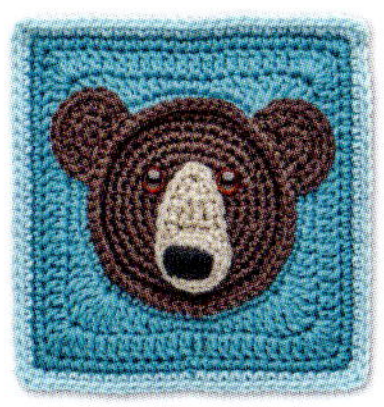

## Mix & Match

*Braunbär, siehe Seite 10*

# 16 Löwe

LEVEL

Der König der Tiere sieht majestätisch aus, ist aber ganz einfach zu häkeln. Nach Wunsch kann man die Schnauze mit etwas Füllwatte betonen – und für eine noch imposantere Mähne die Quasten mit einem feinen Kamm ausbürsten, sodass sie noch wilder und wuscheliger aussehen.

## Das brauchen Sie

Farbe A (Goldbraun): 16 m
Farbe B (Beige): 26 m
Farbe C (Dunkelgrau): 1 m
Farbe D (dunkles Beige): 2 m
Farbe E (dunkles Orange): 7 m
Farbe F (Dunkelbraun): 6 m
Häkelnadel: 3,5 mm
zwei schwarze Sicherheitsaugen

## Größe

15 x 15 cm

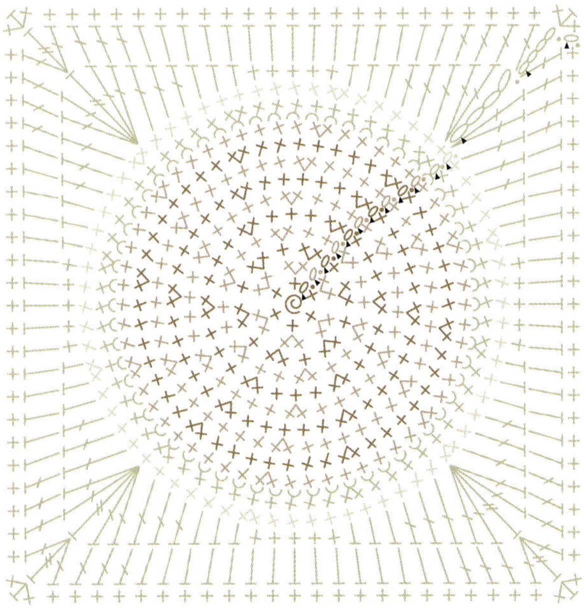

## Kopf und Hintergrund

**Magischer Ring:** Mit Garn A einen Magischen Ring arb.

**Runde 1:** 1 Lm (zählt hier und im Folgenden nicht als 1. M), 6 fM in den Ring, 1 Km in die 1. M der Rd, Ring festziehen (6 M).

**Runde 2:** 1 Lm, 2 fM in jede der folg 6 M, 1 Km in die 1. M der Rd (12 M).

**Runde 3:** 1 Lm, (2 fM in die folg M, 1 fM in die folg M) x 6, 1 Km in die 1. M der Rd (18 M).

SCHNAUZE

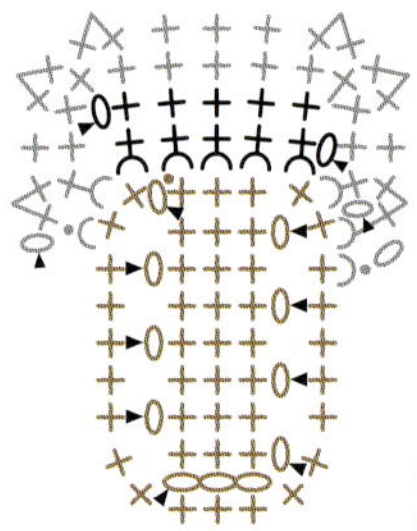

AUGEN

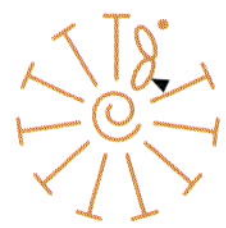

**Symbole:**

- Magischer Ring
- Luftmasche (Lm)
- Kettmasche (Km)
- feste Masche (fM)
- halbes Stäbchen (hStb)
- Stäbchen (Stb)
- Doppelstäbchen (DStb)
- 2 feste Maschen zusammenhäkeln (2 fM zsm)
- hinteres Maschenglied (hMgl)
- Reihen- bzw. Rundenbeginn

**Runde 4:** 1 Lm, (1 fM in jede der folg 2 M, 2 fM in die folg M) x 6, 1 Km in die 1. M der Rd (24 M).

**Runde 5:** 1 Lm, (2 fM in die folg M, 1 fM in jede der folg 3 M) x 6, 1 Km in die 1. M der Rd (30 M).

**Runde 6:** 1 Lm, (1 fM in jede der folg 3 M, 2 fM in die folg M, 1 fM in die folg M) x 6, 1 Km in die 1. M der Rd (36 M).

**Runde 7:** 1 Lm, (2 fM in die folg M, 1 fM in jede der folg 5 M) x 6, 1 Km in die 1. M der Rd (42 M).

**Runde 8:** 1 Lm, (1 fM in jede der folg 4 M, 2 fM in die folg M, 1 fM in jede der folg 2 M) x 6, 1 Km in die 1. M der Rd (48 M).

**Runde 9:** 1 Lm, (2 fM in die folg M, 1 fM in jede der folg 7 M) x 6, 1 Km in die 1. M der Rd (54 M).

**Runde 10:** 1 Lm, (1 fM in jede der folg 5 M, 2 fM in die folg M, 1 fM in jede der folg 3 M) x 6, 1 Km in die 1. M der Rd (60 M).

Garn A abschneiden und durchziehen.

**Runde 11:** Garn B an das hMgl der letzten M der Vor-Rd anfügen, 1 Lm, (2 fM in das hMgl der folg M, 1 fM in das hMgl jeder der folg 9 M) x 6, 1 Km in die 1. M der Rd (66 M).

**Runde 12:** 1 Lm, (1 fM in jede der folg 6 fM, 2 fM

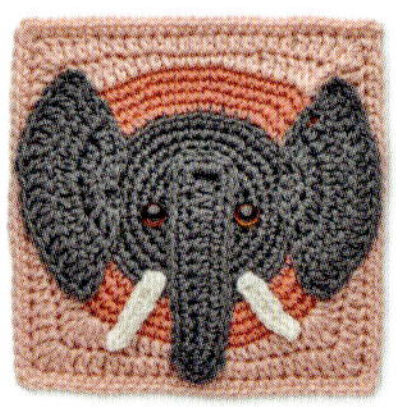

## Mix & Match

*Elefant, siehe Seite 60*

in die folg M, 1 fM in jede der folg 4 M) x 6, 1 Km in die 1. M der Rd (72 M).

**Runde 13:** 4 Lm (zählen hier und im Folgenden als 1 DStb), 2 Stb in die 1. M der Vor-Rd, (1 Stb in jede der folg 3 M, 1 hStb in jede der folg 3 M, 1 fM in jede der folg 5 M, 1 hStb in jede der folg 3 M, 1 Stb in jede der folg 3 M, [2 Stb, 1 DStb, 2 Stb] in die folg M) x 4, dabei bei der letzten Wdh vor der eckigen Klammer enden, 2 Stb in die 1. M der Vor-Rd, 1 Km in die obere der 4 Anf-Lm (88 M).

**Runde 14:** 4 Lm, 1 Stb in die obere der 4 Anf-Lm der Vor-Rd, (1 Stb in jede der folg 3 M, 1 hStb in jede der folg 15 M, 1 Stb in jede der folg 3 M, [1 Stb, 1 DStb, 1 Stb] in die folg M) x 4, dabei bei der letzten Wdh vor der eckigen Klammer enden, 1 Stb in die obere der 4 Anf-Lm der Vor-Rd, 1 Km in die obere der 4 Anf-Lm (96 M).

**Runde 15:** 1 Lm, ([1 fM, 1 hStb, 1 fM] in das Eck-DStb, 1 fM in jede der folg M bis zum folg Eck-DStb) x 4, 1 Km in die 1. M der Rd (104 M).

Garn B abschneiden und durchziehen.

## Schnauze

**Luftmaschenkette:** Mit Garn A 4 Lm anschl.

**Reihe 1:** 1 fM in die 2. Lm ab Nd, 1 fM in jede der folg 2 Lm, wenden (3 M).

**Reihe 2:** 1 Lm (zählt hier und im Folgenden nicht als 1. M), 1 fM in jede der folg 3 M, wenden (3 M).

**Reihen 3–7:** Wie Reihe 2 arb.

**Runde 8:** 1 Lm, 2 fM in die letzte M der Vor-R, 1 fM in jedes der folg 5 R-Enden, 3 fM in das folg R-Ende / die 1. M der Lmk, 1 fM in die folg Lm, 3 fM in die folg Lm der Lmk / das folg R-Ende, 1 fM in jedes der folg 5 R-Enden, 3 fM in die folg M, 1 fM in die folg M, 1 fM in die letzte M der Vor-R, 1 Km in die 1. M der Rd (24 M).

Garn A abschneiden und durchziehen.

**Reihe 9:** Garn C an das hMgl der M an der rechten oberen Ecke anfügen, 1 Lm, 1 fM in das hMgl jeder der folg 5 M, wenden (5 M).

**Reihe 10:** 1 Lm, 1 fM in jede der folg 5 M (5 M).

Garn C abschneiden und durchziehen.

**Reihe 11:** Garn D an das hMgl derselben M in Reihe 9 wie Garn C anfügen, 1 Lm, 1 fM in das hMgl derselben M, 1 fM in das folg R-Ende, 3 fM in die folg M, 1 fM in jede der folg 3 M, 3 fM in die folg M, 1 fM in das folg R-Ende, 1 fM in das hMgl der folg M, 1 Km in das hMgl der folg M, wenden (13 M).

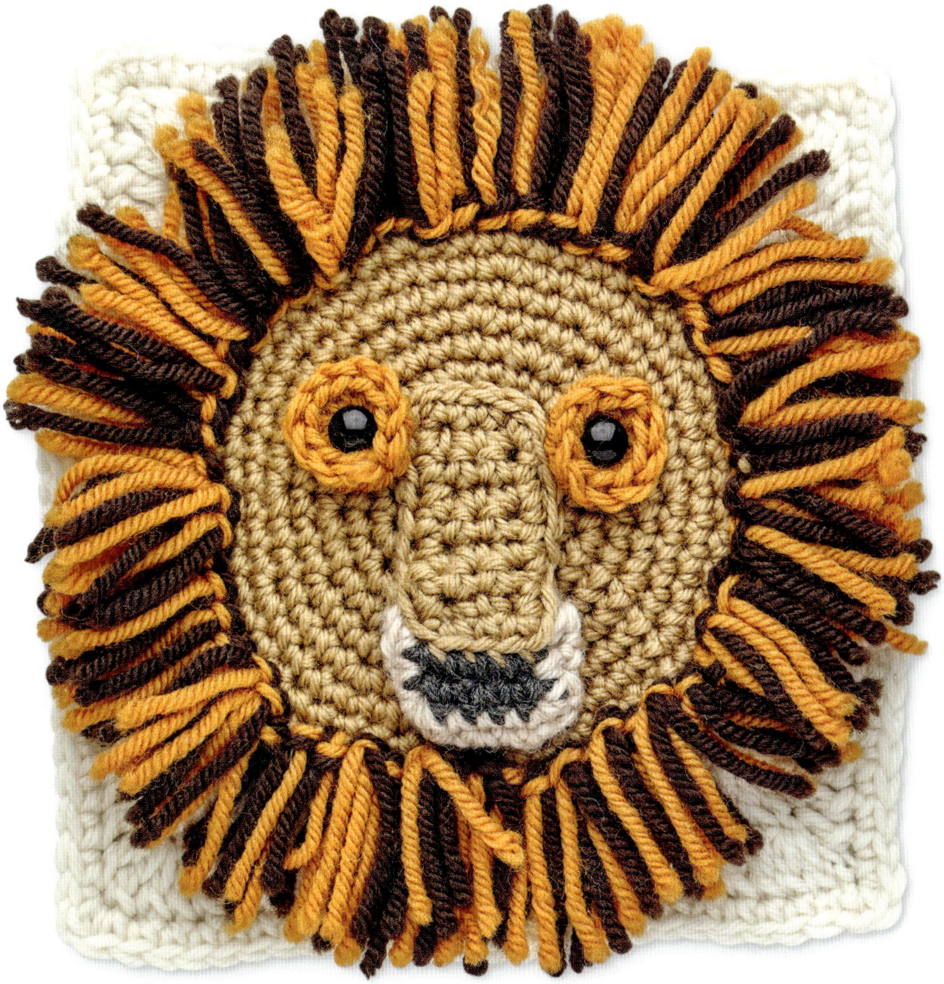

**Reihe 12:** 1 Lm, 2 fM zsm in die folg Km und die folg M, 1 fM in die folg M, 2 fM zsm in die folg 2 M, 2 fM zsm in die vorherige und die folg M, 1 fM in jede der folg 3 M, 2 fM zsm in die folg 2 M, 2 fM zsm in die vorherige und die folg M, 1 fM in die folg M, 2 fM zsm in die folg M und in das hMgl der folg M in Runde 8 (11 M).

Garn D abschneiden und durchziehen.

## Augen (x 2)

**Magischer Ring:** Mit Garn E einen Magischen Ring arb.

**Runde 1:** 2 Lm (zählen nicht als 1. M), 10 hStb in den Ring, 1 Km in das 1. hStb der Rd, Ring festziehen (10 M).

Garn E abschneiden und durchziehen.

## Fertigstellung

Die Schnauze mit Garn A und Garn D auf den Kopf nähen. Die Augen mithilfe der Sicherheitsaugen oder alternativ zweier Knöpfe befestigen oder einfach festnähen.

MÄHNE

60 etwa 9 cm lange Fäden von Garn E und Garn F abschneiden. Immer zwei verschiedenfarbige Fäden der Hälfte nach falten, durch ein übergangenes Maschenglied von Runde 10 des Kopfes ziehen, die Enden durch die Schlaufen fädeln und festziehen. Die Fransen nach Wunsch kürzen.

Alle Fadenenden vernähen und das fertige Granny Square spannen.

# 17 Seepferdchen

LEVEL

Seepferdchen sind wirklich faszinierende Tiere: Bei ihnen sind es die männlichen Vertreter, die die Babys austragen, und sie schweben unglaublich elegant durchs Wasser – wie dieses Exemplar hier!

### Das brauchen Sie

Farbe A (Hellgelb): 6 m
Farbe B (Türkis): 42 m
Farbe C (Schwarz): kleine Menge
Häkelnadel: 3,5 mm

### Größe

15 x 15 cm

## Seepferdchen

**Luftmaschenkette:** Mit Garn A 47 Lm anschl.

**Reihe 1:** 1 fM in die 2. Lm ab Nd, 1 fM in jede der folg 3 Lm, 2 Lm überg, 1 Stb in jede der folg 2 Lm, (3 Stb zsm in jede der folg 3 Lm) x 3, 2 Stb zsm in die folg 2 Lm, 1 Stb in jede der folg 2 Lm, [1 Stb, 1 DStb] in die folg Lm, (1 DStb in die folg Lm, 2 DStb in die folg Lm) x 2, 2 DStb in die folg Lm, 1 DStb in die folg Lm, 2 Stb in die folg Lm, 1 Stb in die folg Lm, 1 hStb in jede der folg 2 Lm, 3 hStb zsm in die folg 3 Lm, 1 hStb in die folg Lm, 2 hStb zsm in die folg 2 Lm, (2 fM zsm in die folg 2 Lm) x 3, 1 Km in die letzte Lm (34 M).

Garn A abschneiden und durchziehen.

**Reihe 2:** Garn A an die letzten 3 zsm gehäkelten hStb anfügen, 1 Lm, 1 fM in jede der folg 18 M, 1 Km in die folg M, 4 Stb zsm in diese und die folg 3 M, 1 fM in jede der folg 2 M, 1 Km in jede der folg 4 M (21 M).

Garn A abschneiden und durchziehen.

## Hintergrund

**Luftmaschenkette:** Mit Garn B 26 Lm anschl.

**Reihe 1:** 1 fM in die 2. Lm ab Nd und in jede der folg 24 Lm, wenden (25 M).

**Reihe 2:** 1 Lm (zählt hier und im Folgenden nicht als 1. M), 1 fM in jede folg M bis R-Ende, wenden (25 M).

**Reihen 3–29:** Wie Reihe 2 arb, dabei nach Reihe 29 nicht wenden (25 M).

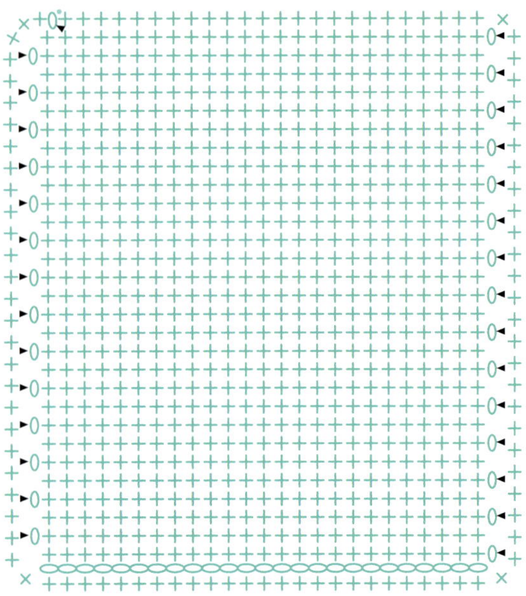

**Symbole:**

- Luftmasche (Lm)
- Kettmasche (Km)
- feste Masche (fM)
- halbes Stäbchen (hStb)
- Stäbchen (Stb)
- Doppelstäbchen (DStb)
- 2 feste Maschen zusammenhäkeln (2 fM zsm)
- 2 halbe Stäbchen zusammenhäkeln (2 hStb zsm)
- 3 halbe Stäbchen zusammenhäkeln (3 hStb zsm)
- 2 Stäbchen zusammenhäkeln (2 Stb zsm)
- 3 Stäbchen zusammenhäkeln (3 Stb zsm)
- 4 Stäbchen zusammenhäkeln (4 Stb zsm)
- Reihen- bzw. Rundenbeginn

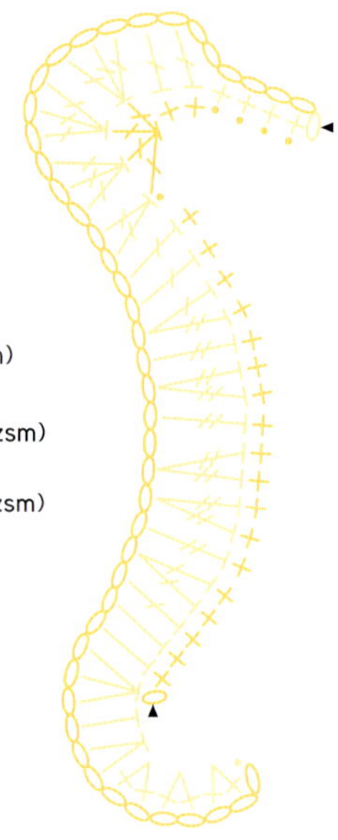

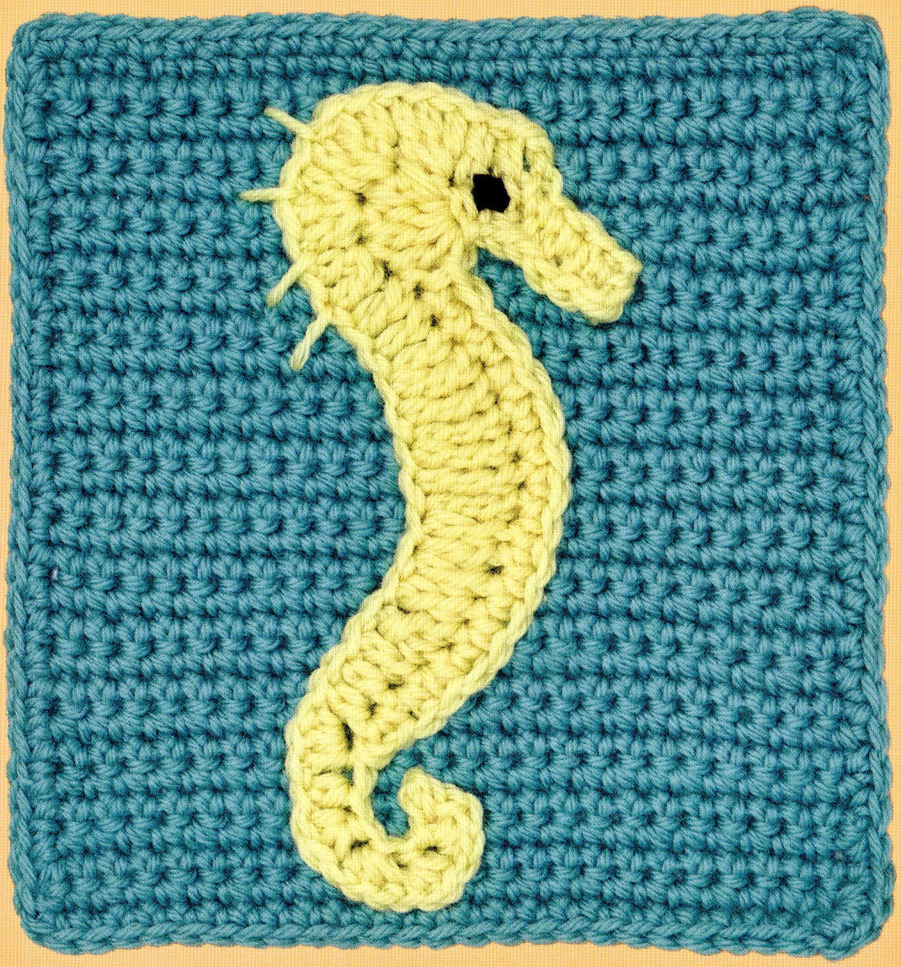

EINFASSUNG

**Runde 30:** 1 Lm, 3 fM in die letzte M der Vor-R, 23 fM gleichmäßig verteilt in die R-Enden arb, 3 fM in die 1. Lm der Lmk, 1 fM in jede der folg 23 Lm, 3 fM in die vorletzte Lm der Lmk, 23 fM gleichmäßig verteilt in die R-Enden arb, 3 fM in die folg M an der Ecke, 1 fM in jede der folg 23 M, 1 Km in die 1. M der Rd (104 M).

Garn B abschneiden und durchziehen.

## Fertigstellung

Das Seepferdchen auf dem Hintergrund feststecken und mit Garn A annähen. Mit Garn A außerdem noch einige lange Stiche am Hinterkopf des Seepferdchens sticken und mit Garn C aus einigen Stichen ein Auge aufsticken. Alle Fadenenden vernähen und das fertige Granny Square spannen.

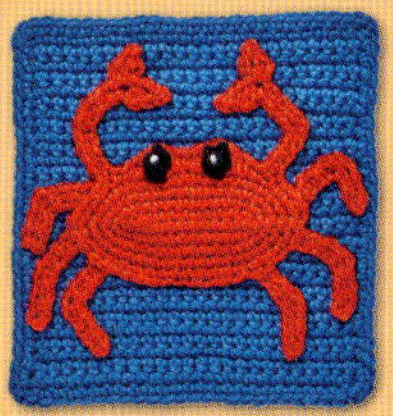

**Mix & Match**

*Krabbe, siehe Seite 34*

# 18 Schlange

LEVEL

Dieses flinke Tierchen ist inspiriert von der Strumpfbandnatter. Man kann der Schlange auch Augen aus kleinen Perlen verpassen und mehrere Farben verwenden, um sie noch farbenfroher zu gestalten. Ein guter tierischer Partner für die Schlange ist der Gecko (siehe Seite 88).

## Das brauchen Sie

Farbe A (kräftiges Gelb): 2 m
Farbe B (Dunkelgrau): 8 m
Farbe C (Salbeigrün): 42 m
Farbe D (Rot-Orange): kleine Menge
Häkelnadel: 3,5 mm

## Größe

15 x 15 cm

KOPF

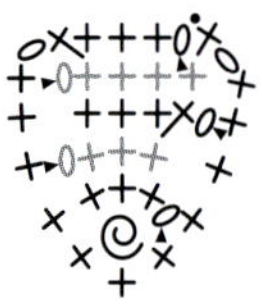

KÖRPER

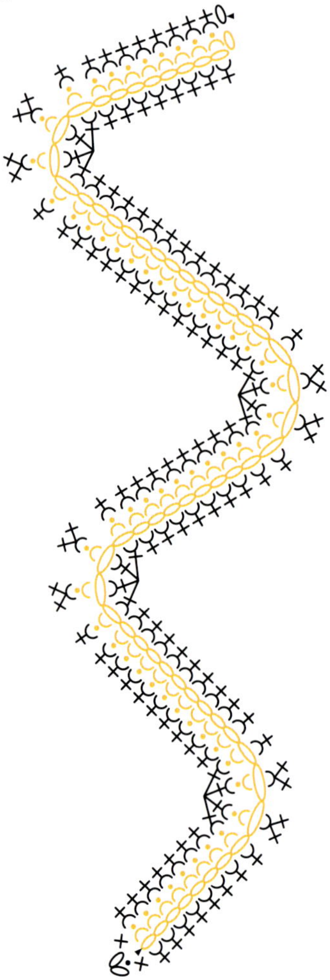

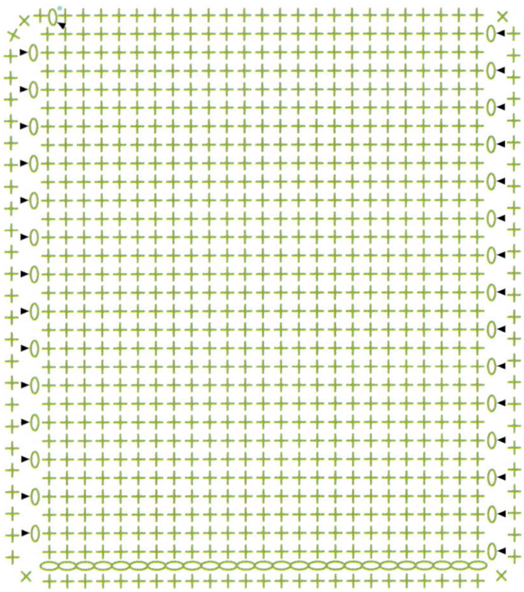

## Körper

**Luftmaschenkette:** Mit Garn A 62 Lm anschl.
**Reihe 1:** 1 Km in das hMgl der 2. Lm ab Nd, 1 Km in das hMgl jeder der folg 60 M (61 Km).
Garn A abschneiden und durchziehen.
**Reihe 2:** Garn B an das hMgl der 1. Km der Vor-R anfügen, 1 Lm, 1 fM in das hMgl der 1. Km der Vor-R, 1 fM in das hMgl jeder der folg 8 M, 2 fM in das hMgl jeder der folg 2 M, 1 fM in das hMgl jeder der folg 14 M, 4 fM zsm in das hMgl der folg 4 M, 1 fM in das hMgl jeder der folg 9 M, 2 fM in das hMgl jeder der folg 2 M, 1 fM in das hMgl jeder der folg 10 M, 4 fM zsm in das hMgl der folg 4 M, 1 fM in das hMgl jeder der folg 7 M, [1 fM, 2 Lm, 1 Km in die 2. Lm ab Nd, 1 fM] in das Ende von Reihe 1, 1 fM in das hMgl jeder der folg 8 M, 2 fM in das hMgl jeder der folg 2 M, 1 fM in das hMgl jeder der folg 10 M, 4 fM zsm in das hMgl jeder der folg 4 M, 1 fM in das hMgl jeder der folg 9 M, 2 fM in das hMgl jeder der folg 2 M, 1 fM in das hMgl jeder der folg 14 M, 4 fM zsm in das hMgl der folg 4 M, 1 fM in das hMgl jeder der folg 8 M (120 M).
Garn B abschneiden und durchziehen.

**Symbole:**

- Magischer Ring
- Luftmasche (Lm)
- Kettmasche (Km)
- feste Masche (fM)
- 4 feste Maschen zusammenhäkeln in das hintere Maschenglied (4 fM zsm in das hMgl)
- hinteres Maschenglied (hMgl)
- Reihen- bzw. Rundenbeginn

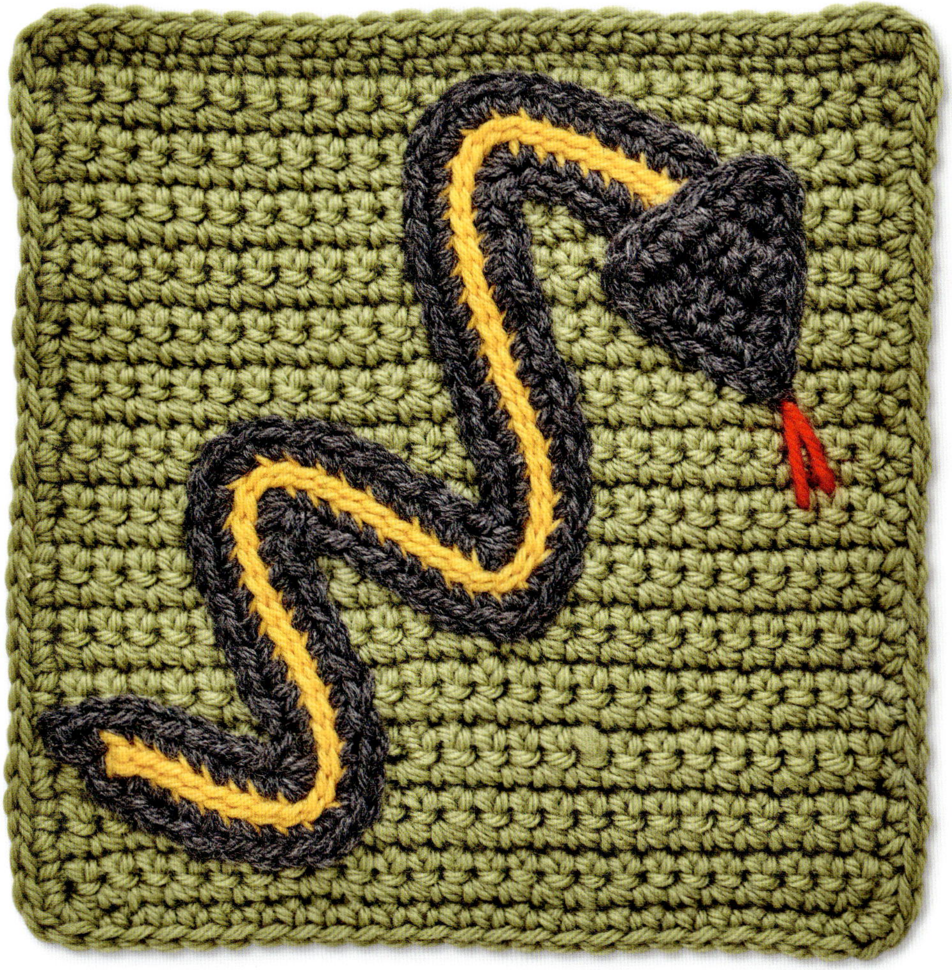

## Kopf

**Magischer Ring:** Mit Garn B einen Magischen Ring arb.

**Reihe 1:** 1 Lm (zählt hier und im Folgenden nicht als 1. M), 3 fM in den Ring, Ring festziehen, wenden (3 M).

**Reihe 2:** 1 Lm, 1 fM in jede der folg 3 M, wenden.

**Reihe 3:** 1 Lm, 2 fM in die letzte M der Vor-R, 1 fM in jede der folg 2 M, wenden (4 M).

**Reihe 4:** 1 Lm, 1 fM in jede der folg 4 M, wenden.

**Runde 5:** 1 Lm, 1 fM in jede der folg 2 M, 2 fM in die folg M, 1 Lm, 1 fM in jedes der folg 4 R-Enden, 3 fM in den Ring, 1 fM in jedes der folg 4 R-Enden, 1 Lm, 1 fM in die letzte M der Vor-R, 1 Km in die 1. M der Rd (17 M).

Garn B abschneiden und durchziehen.

## Hintergrund

**Luftmaschenkette:** Mit Garn C 26 Lm anschl.

**Reihe 1:** 1 fM in die 2. Lm ab Nd und in jede der folg 24 Lm, wenden (25 M).

**Reihe 2:** 1 Lm (zählt hier und im Folgenden nicht als 1. M), 1 fM in jede folg M bis R-Ende, wenden (25 M).

**Reihen 3–29:** Wie Reihe 2 arb, dabei nach Reihe 29 nicht wenden (25 M).

### EINFASSUNG

**Runde 30:** 1 Lm, 3 fM in die letzte M der Vor-R, 23 fM gleichmäßig verteilt in die R-Enden arb, 3 fM in die 1. Lm der Lmk, 1 fM in jede der folg 23 Lm, 3 fM in die vorletzte Lm der Lmk, 23 fM gleichmäßig verteilt in die R-Enden arb, 3 fM in die folg M an der Ecke, 1 fM in jede der folg 23 M, 1 Km in die 1. M der Rd (104 M).

Garn C abschneiden und durchziehen.

## Fertigstellung

Den Körper mit Stecknadeln auf dem Hintergrund feststecken und mit Garn B annähen. Den Kopf ebenfalls mit Garn B festnähen. Schließlich mit Garn D aus zwei Stichen eine gespaltene Zunge aufsticken. Alle Fadenenden vernähen und das fertige Granny Square spannen.

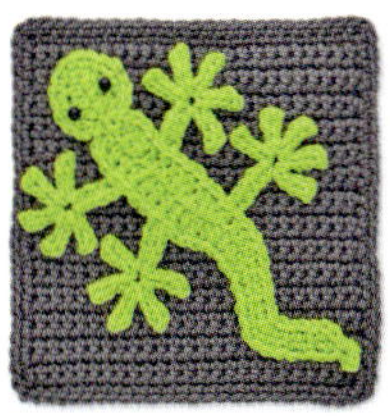

## Mix & Match

*Gecko, siehe Seite 88*

# 19 Panda

LEVEL

Der Große Panda ist ein wirklich majestätisches Tier, wenn er auch manchmal etwas tollpatschig wirkt. Ich finde es besonders charmant, dass sich Pandas Hügel hinabrollen – um nach unten zu kommen, aber auch weil es ihnen tatsächlich Spaß macht! Nach Wunsch kann man diesem Exemplar zusätzlich Sicherheitsaugen verpassen.

### Das brauchen Sie

Farbe A (Schwarz): 24 m
Farbe B (Weiß): 10 m
Farbe C (knalliges Grün): 42 m
Häkelnadel: 3,5 mm

## Größe

15 x 15 cm

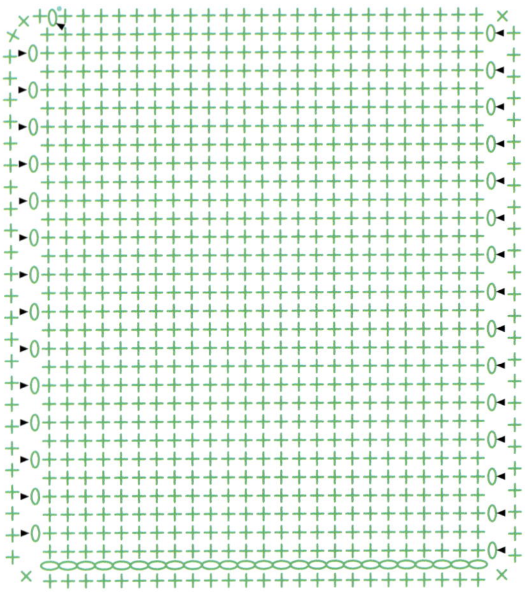

## Körper

**Magischer Ring:** Mit Garn A einen Magischen Ring arb.

**Runde 1:** 1 Lm (zählt hier und im Folgenden nicht als 1. M), 6 fM in den Ring, 1 Km in die 1. M der Rd, Ring festziehen (6 M).

**Runde 2:** 1 Lm, 2 fM in jede der folg 6 M, 1 Km in die 1. M der Rd (12 M).

**Runde 3:** 1 Lm, (2 fM in die folg M, 1 fM in die folg M) x 6, 1 Km in die 1. M der Rd (18 M).

**Runde 4:** 1 Lm, (1 fM in jede der folg 2 M, 2 fM in die folg M) x 6, 1 Km in die 1. M der Rd (24 M).

**Runde 5:** 1 Lm, (2 fM in die folg M, 1 fM in jede der folg 3 M) x 6, 1 Km in die 1. M der Rd (30 M).

**Runde 6:** 1 Lm, (1 fM in jede der folg 3 M, 2 fM in die folg M, 1 fM in die folg M) x 6, 1 Km in die 1. M der Rd (36 M).

**Runde 7:** 1 Lm, (2 fM in die folg M, 1 fM in jede der folg 5 M) x 6, 1 Km in die 1. M der Rd (42 M).

**Runde 8:** 1 Lm, (1 fM in jede der folg 4 M, 2 fM in die folg M, 1 fM in jede der folg 2 M) x 6, 1 Km in die 1. M der Rd (48 M).

AUGEN

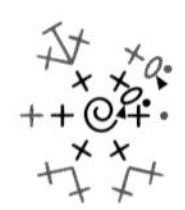

OHREN

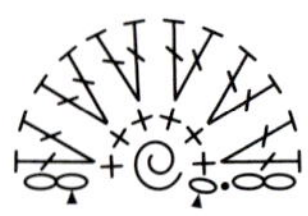

KÖRPER

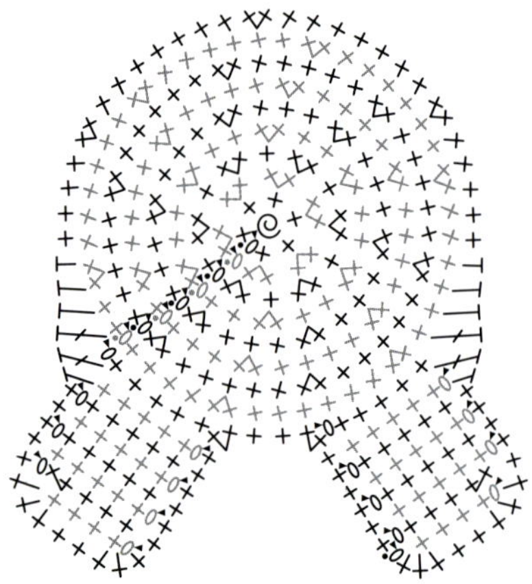

SCHNAUZE

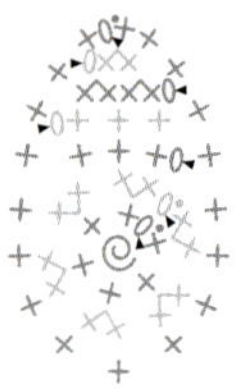

KOPF

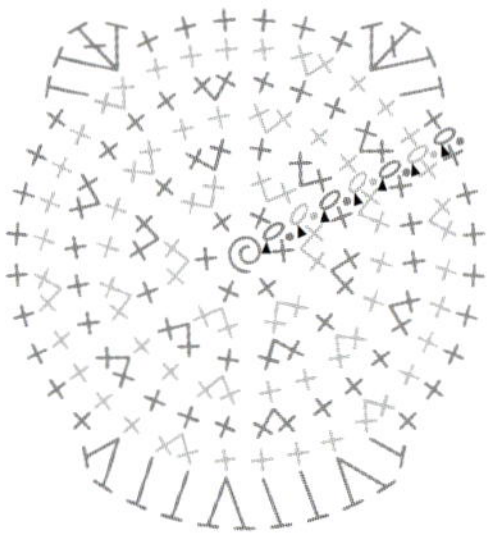

**Symbole:**

- Magischer Ring
- Luftmasche (Lm)
- Kettmasche (Km)
- feste Masche (fM)
- halbes Stäbchen (hStb)
- Stäbchen (Stb)
- 2 feste Maschen zusammenhäkeln (2 fM zsm)
- Reihen- bzw. Rundenbeginn

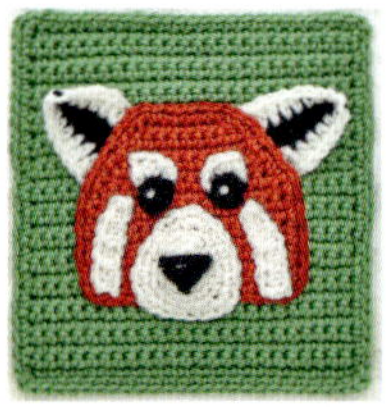

### Mix & Match

*Roter Panda, siehe Seite 95*

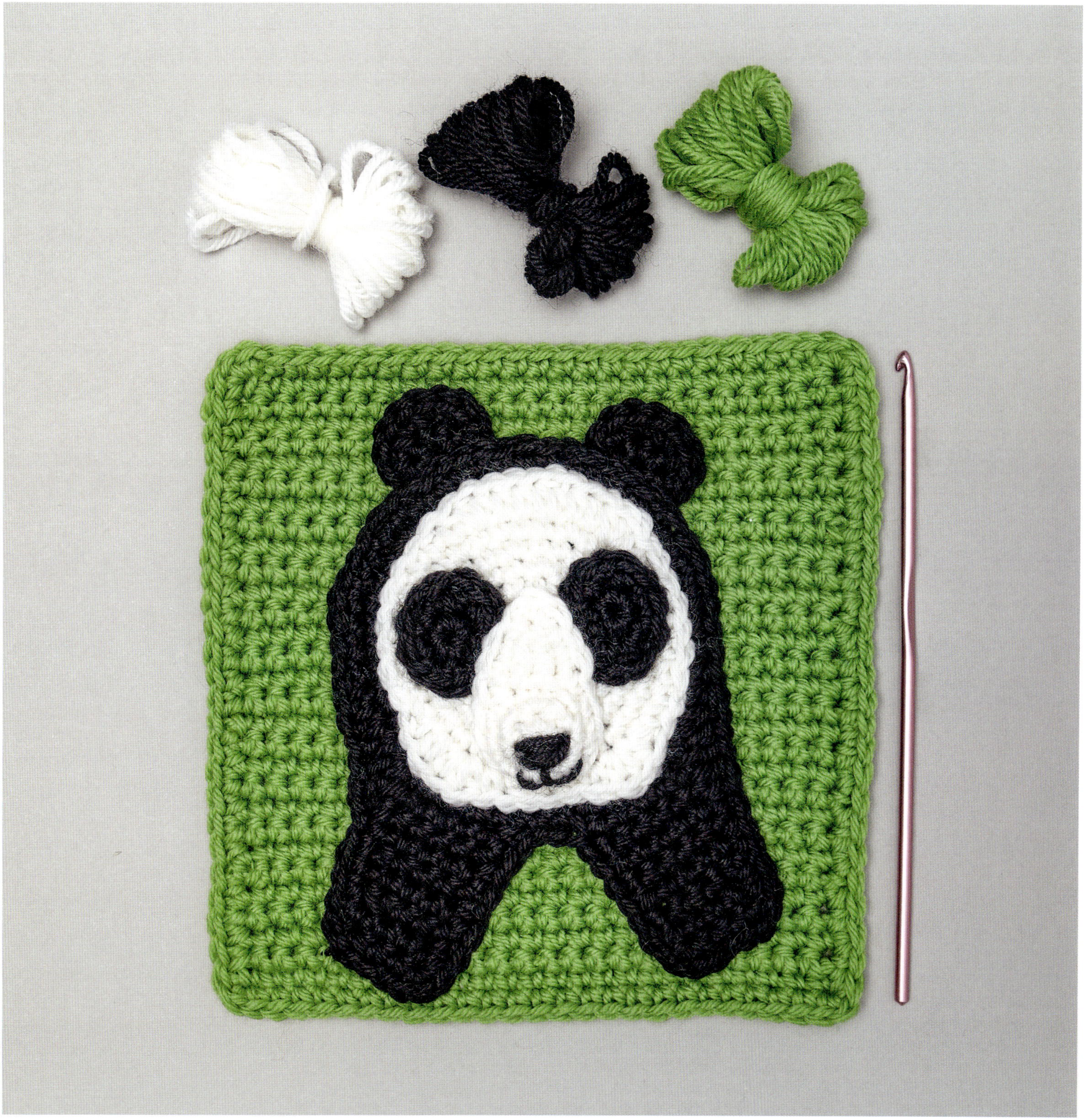

LINKES BEIN

Ab jetzt in Reihen weiterhäkeln.

**Reihe 9:** 1 Lm, 1 fM in jede der folg 5 M, wenden (5 M).

**Reihen 10–14:** Wie Reihe 9 arb.

**Reihe 15:** 1 Lm, 2 fM zsm in die 1. 2 M, 1 fM in jede der folg 3 M, wenden (4 M).

**Reihe 16:** 1 Lm, 1 fM in jede der folg 4 M.

Garn A abschneiden und durchziehen.

RECHTES BEIN

**Reihe 17:** Garn A an die 5. M rechts neben dem linken Bein in Runde 8 anfügen, 1 Lm, 1 fM in jede der folg 5 M von Runde 8, wenden (5 M).

**Reihe 18:** 1 Lm, 1 fM in jede der folg 5 M, wenden.

**Reihen 19–22:** Wie Reihe 18 arb.

**Reihe 23:** 1 Lm, 1 fM in jede der folg 3 M, 2 fM zsm in die letzten 2 M, wenden (4 M).

**Reihe 24:** 1 Lm, 1 fM in jede der folg 4 M, wenden.

Die Einfassung um den gesamten Körper arb.

**Runde 25:** 1 Lm, 3 fM in die letzte M der Vor-R, 1 fM in jede der folg 2 M, 3 fM in die folg M, 1 fM in jedes der folg 5 R-Enden, 1 hStb in das folg R-Ende, 1 Stb in das folg R-Ende, 1 Stb in die folg M von Runde 8, 1 hStb in jede der folg 3 M, 1 fM in jede der folg 5 M, 2 fM in die folg M, (1 fM in jede der folg 7 M, 2 fM in die folg M) x 2, 1 fM in jede der folg 4 M, 1 hStb in jede der folg 3 M, 1 Stb in die folg M, 1 Stb in das folg R-Ende, 1 hStb in das folg R-Ende, 1 fM in jedes der folg 5 R-Enden, 3 fM in die folg M / das folg R-Ende, 1 fM in jede der folg 2 M, 3 fM in die folg M, 1 fM in jedes der folg 6 R-Enden, 2 fM zsm in das folg R-Ende und die folg M in Runde 8, 1 fM in jede der folg 2 M von Runde 8, 2 fM zsm in die folg M und das folg R-Ende, 1 fM in jedes der folg 6 R-Enden, 1 Km in die 1. M der Rd (85 M).

Garn A abschneiden und durchziehen.

## Kopf

**Magischer Ring:** Mit Garn B einen Magischen Ring arb.

**Runde 1:** 1 Lm (zählt hier und im Folgenden nicht als 1. M), 6 fM in den Ring, 1 Km in die 1. M der Rd, Ring festziehen (6 M).

**Runde 2:** 1 Lm, 2 fM in jede der folg 6 M, 1 Km in die 1. M der Rd (12 M).

**Runde 3:** 1 Lm, (2 fM in die folg M, 1 fM in die folg M) x 6, 1 Km in die 1. M der Rd (18 M).

**Runde 4:** 1 Lm, (1 fM in jede der folg 2 M, 2 fM in die folg M) x 6, 1 Km in die 1. M der Rd (24 M).

**Runde 5:** 1 Lm, (2 fM in die folg M, 1 fM in jede der folg 3 M) x 6, 1 Km in die 1. M der Rd (30 M).

**Runde 6:** 1 Lm, (1 fM in jede der folg 3 M, 2 fM in die folg M, 1 fM in die folg M) x 6, 1 Km in die 1. M der Rd (36 M).

**Runde 7:** 1 Lm, 1 fM in die 1. M der Vor-Rd, 1 hStb in die folg M, [1 hStb, 1 Stb, 1 hStb] in die folg M, 1 fM in jede der folg 6 fM, [1 hStb, 1 Stb, 1 hStb] in die folg M, 1 hStb in die folg M, 1 fM in jede der folg 9 M, (2 hStb in die folg M, 1 hStb in jede der folg 2 M) x 2, 2 hStb in die folg M, 1 hStb in die folg M, 1 fM in jede der folg 8 M, 1 Km in die 1. M der Rd (43 M).

Garn B abschneiden und durchziehen.

## Ohren (x 2)

**Magischer Ring:** Mit Garn A einen Magischen Ring arb.

**Reihe 1:** 1 Lm, 6 fM in den Ring, Ring festziehen, wenden (6 M).

**Reihe 2:** 2 Lm, 2 Stb in die letzte M der Vor-R, 2 Stb in jede der folg 4 M, [2 Stb, 2 Lm, 1 Km] in die folg M (12 M).

Garn A abschneiden und durchziehen.

## Schnauze

**Magischer Ring:** Mit Garn B einen Magischen Ring arb.

**Runde 1:** 1 Lm (zählt hier und im Folgenden nicht als 1. M), 6 fM in den Ring, 1 Km in die 1. M der Rd, Ring festziehen (6 M).

**Runde 2:** 1 Lm, 2 fM in jede der folg 6 M, 1 Km in die 1. M der Rd (12 M).

**Reihe 3:** 1 Lm, 1 fM in jede der folg 3 M, wenden (3 M).

**Reihe 4:** 1 Lm, 1 fM in jede der folg 3 M, wenden (3 M).

**Reihe 5:** 1 Lm, 2 fM zsm in die 1. 2 M, 2 fM zsm in die vorherige und die folg M, wenden (2 M).

**Reihe 6:** 1 Lm, 2 fM zsm, wenden (1 M).

**Runde 7:** 1 Lm, 1 fM in die letzte M der Vor-R, 1 fM in jedes der folg 3 R-Enden, 1 fM in jede der folg 9 M, 1 fM in jedes der folg 3 R-Enden, 2 fM in die letzte M der Vor-R, 1 Km in die 1. M der Rd (18 M).

Garn A abschneiden und durchziehen.

## Augen (x 2)

**Magischer Ring:** Mit Garn A einen Magischen Ring arb.

**Runde 1:** 1 Lm (zählt hier und im Folgenden nicht als 1. M), 6 fM in den Ring, 1 Km in die 1. M der Rd, Ring festziehen (6 M).

**Runde 2:** 1 Lm, 1 fM in die 1. M der Vor-Rd, [1 fM, 1 hStb, 1 fM] in die folg M, 1 fM in die folg M, 2 fM in jede der folg 2 M, 1 Km in die folg M, 1 Km in die 1. M der Rd (9 M).

Garn A abschneiden und durchziehen.

## Hintergrund

**Luftmaschenkette:** Mit Garn C 26 Lm anschl.

**Reihe 1:** 1 fM in die 2. Lm ab Nd und in jede der folg 24 Lm, wenden (25 M).

**Reihe 2:** 1 Lm (zählt hier und im Folgenden nicht als 1. M), 1 fM in jede folg M bis R-Ende, wenden (25 M).

**Reihen 3–29:** Wie Reihe 2 arb, dabei nach Reihe 29 nicht wenden (25 M).

EINFASSUNG

**Runde 30:** 1 Lm, 3 fM in die letzte M der Vor-R, 23 fM gleichmäßig verteilt in die R-Enden arb, 3 fM in die 1. Lm der Lmk, 1 fM in jede der folg 23 Lm, 3 fM in die vorletzte Lm der Lmk, 23 fM gleichmäßig verteilt in die R-Enden arb, 3 fM in die folg M an der Ecke, 1 fM in jede der folg 23 M, 1 Km in die 1. M der Rd (104 M).

Garn C abschneiden und durchziehen.

## Fertigstellung

Mit Garn A eine Nase und einen Mund auf die Schnauze sticken. Die Augen mit Garn A auf den Kopf nähen. Anschließend mit Garn B die Schnauze auf den Kopf nähen, sodass die Augen leicht dahinter liegen. Mit Garn B den Kopf auf den Körper nähen und mit dem Fadenende oder Garn A die Ohren oberhalb des Kopfes festnähen. Schließlich mit Garn A den Körper auf den Hintergrund nähen. Alle Fadenenden vernähen und das fertige Granny Square spannen.

# 20 Wolf

SKILL LEVEL

Wölfe sind die Vorfahren der Hunde und gehören allein deshalb zu meinen absoluten Lieblingstieren. Noch einfacher wird dieses Granny Square, wenn man anstelle von gehäkelten Augen Sicherheitsaugen befestigt. Und verwendet man statt weißem Garn schwarzes und statt grauem braunes, erhält man im Handumdrehen einen Schäferhund!

## Das brauchen Sie

Farbe A (Weiß): 8 m
Farbe B (Grau): 12 m
Farbe C (Schwarz): 2 m
Farbe D (Goldgelb): 2 m
Farbe E (helles Türkis): 42 m
etwas Füllwatte
Häkelnadel: 3,5 mm

## Kopf

**Luftmaschenkette:** Mit Garn A 6 Lm anschl.

**Reihe 1:** 1 fM in die 2. Lm ab Nd, 1 fM in jede der folg 4 Lm, wenden (5 M).

**Reihe 2:** 1 Lm (zählt hier und im Folgenden nicht als 1. M), 2 fM in die letzte M der Vor-R, 1 fM in jede der folg 3 M, 2 fM in die letzte M, wenden (7 M).

**Reihe 3:** 1 Lm, 2 fM in die letzte M der Vor-R, 1 fM in jede der folg 5 M, 2 fM in die letzte M, wenden (9 M).

**Reihe 4:** 1 Lm, 2 fM in die letzte M der Vor-R, 1 fM in jede der folg 7 M, 2 fM in die letzte M, wenden (11 M).

**Reihe 5:** 1 Lm, 2 fM in die letzte M der Vor-R, 1 fM in jede der folg 9 M, 2 fM in die letzte M, wenden (13 M).

**Reihe 6:** 1 Lm, 1 fM in jede der folg 13 M, wenden.

**Reihen 7 und 8:** Wie Reihe 6 arb.

**Reihe 9:** 1 Lm, 2 fM in die letzte M der Vor-R, 1 fM in jede der folg 11 M, 2 fM in die letzte M, wenden (15 M).

## Größe

15 x 15 cm

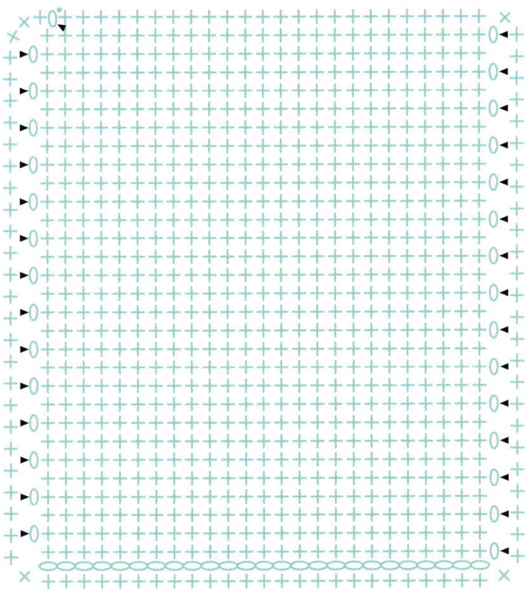

LINKES AUGE

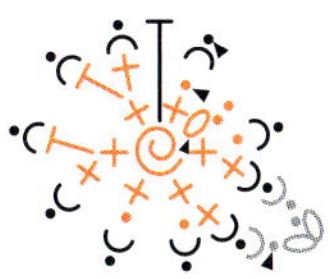

RECHTES AUGE

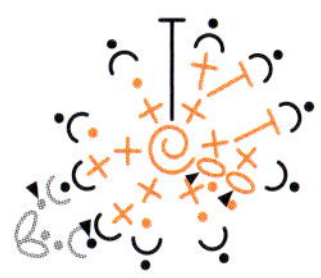

SCHNAUZE

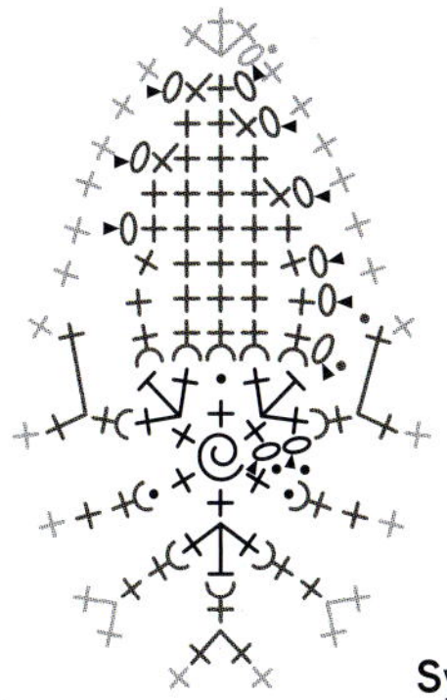

OHREN

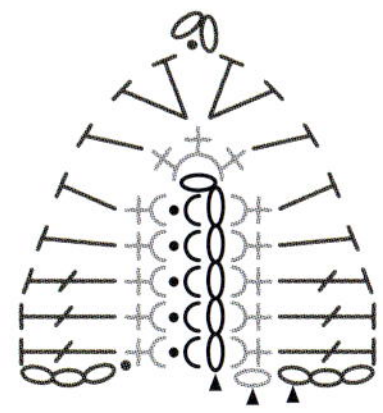

KOPF

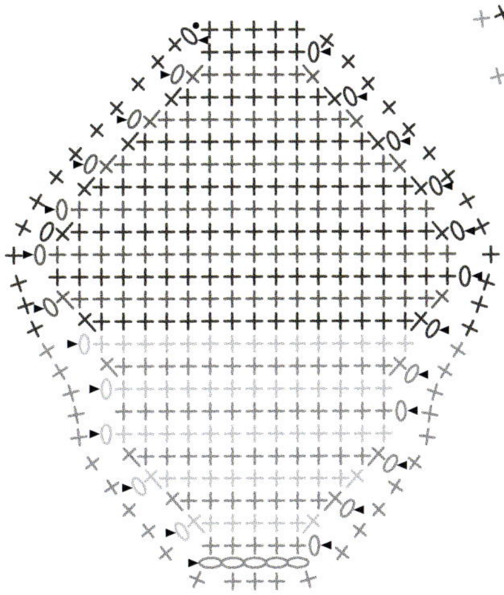

**Symbole:**

- Magischer Ring
- Luftmasche (Lm)
- Kettmasche (Km)
- feste Masche (fM)
- halbes Stäbchen (hStb)
- Stäbchen (Stb)
- 2 feste Maschen zusammenhäkeln (2 fM zsm)
- hinteres Maschenglied (hMgl)
- Reihen- bzw. Rundenbeginn

**Reihe 10:** 1 Lm, 1 fM in jede der folg 15 M, wenden. Garn A abschneiden und durchziehen.

**Reihe 11:** Garn B anfügen, 1 Lm, 2 fM in die letzte M der Vor-R, 1 fM in jede der folg 13 M, 2 fM in die letzte M, wenden (17 M).

**Reihe 12:** 1 Lm, 2 fM in die letzte M der Vor-R, 1 fM in jede der folg 15 M, 2 fM in die letzte M, wenden (19 M).

**Reihen 13 und 14:** 1 Lm, 1 fM in jede der folg 19 M, wenden.

**Reihe 15:** 1 Lm, 2 fM zsm in die 1. 2 M, 1 fM in jede der folg 15 M, 2 fM zsm in die letzten 2 M, wenden (17 M).

**Reihe 16:** 1 Lm, 1 fM in jede der folg 17 M, wenden.

**Reihe 17:** 1 Lm, 2 fM zsm in die 1. 2 M, 1 fM in jede der folg 13 M, 2 fM zsm in die letzten 2 M, wenden (15 M).

**Reihe 18:** 1 Lm, 2 fM zsm in die 1. 2 M, 1 fM in jede der folg 11 M, 2 fM zsm in die letzten 2 M, wenden (13 M).

**Reihe 19:** 1 Lm, 2 fM zsm in die 1. 2 M, 1 fM in jede der folg 9 M, 2 fM zsm in die letzten 2 M, wenden (11 M).

**Reihe 20:** 1 Lm, 2 fM zsm in die 1. 2 M, 1 fM in jede der folg 7 M, 2 fM zsm in die letzten 2 M, wenden (9 M).

**Reihe 21:** 1 Lm, 2 fM zsm in die 1. 2 M, 1 fM in jede der folg 5 M, 2 fM zsm in die letzten 2 M, wenden (7 M).

**Reihe 22:** 1 Lm, 2 fM zsm in die 1. 2 M, 1 fM in jede der folg 3 M, 2 fM zsm in die letzten 2 M, wenden (5 M).

**Reihe 23:** 1 Lm, 1 fM in jede der folg 5 M.

**Runde 24:** 1 Lm, 1 fM in jedes der folg 13 R-Enden, dabei bei der letzten M auf Garn A wechseln, 1 fM in jedes der folg 9 R-Enden, 2 fM in das folg R-Ende / die 1. Lm der Lmk, 1 fM in jede der folg 3 Lm der Lmk, 2 fM in die folg Lm der Lmk / das folg R-Ende, 1 fM in jedes der folg 9 R-Enden, dabei bei der letzten M auf Garn B wechseln, 1 fM in jedes der folg 12 R-Enden, 2 fM in das folg R-Ende / die folg M, 1 fM in jede der folg 3 M, 1 fM in die letzte M der Vor-R, 1 Km in die 1. M der Rd (56 M).

Garn B abschneiden und durchziehen.

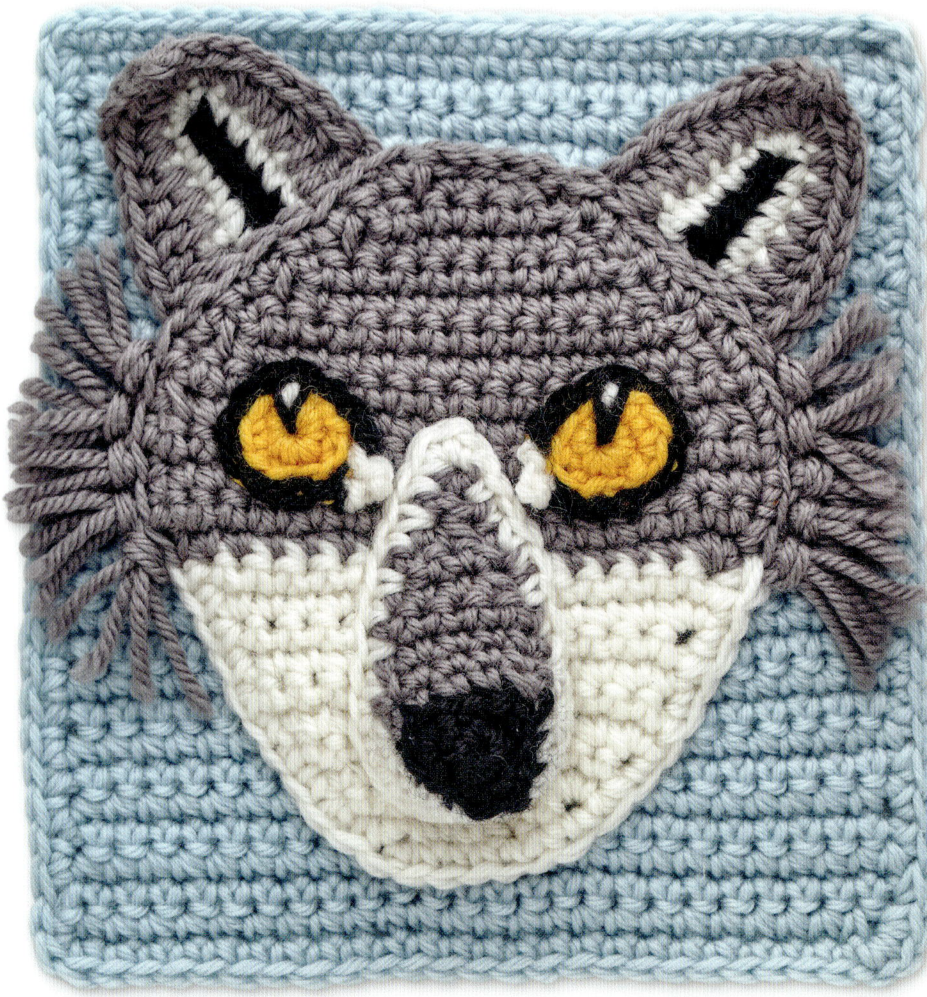

## Schnauze

**Magischer Ring:** Mit Garn C einen Magischen Ring arb.

**Runde 1:** 1 Lm (zählt hier und im Folgenden nicht als 1. M), 6 fM in den Ring, 1 Km in die 1. M der Rd, Ring festziehen (6 M).

**Runde 2:** 1 Lm, ([1 fM, 1 hStb, 1 fM] in die folg M, 1 Km in die folg M) x 3, 1 Km in die 1. M der Rd (12 M – 9 M, 3 Km).

Garn C abschneiden und durchziehen.

**Runde 3:** Garn B an das hMgl eines Eck-hStb anfügen, 1 Lm, 1 fM in das hMgl jeder der folg 12 M, 1 Km in die 1. M der Rd (12 M).

**Runde 4:** 1 Lm, 1 fM in jede der folg 5 M, (2 fM in die folg M, 1 fM in jede der folg 2 M) x 2, 2 fM in die folg M, 1 Km in die 1. M der Rd (15 M).

**Reihe 5:** 1 Lm, 1 fM in jede der folg 5 M, wenden (5 M).

**Reihe 6:** Wie Reihe 5 arb.

**Reihe 7:** 1 Lm, 2 fM zsm in die 1. 2 M, 1 fM in jede der folg 3 M, wenden (4 M).

**Reihe 8:** 1 Lm, 2 fM zsm in die 1. 2 M, 1 fM in jede der folg 2 M, wenden (3 M).
**Reihe 9:** 1 Lm, 2 fM zsm in die 1. 2 M, 1 fM in die letzte M, wenden (2 M).
**Reihe 10:** 1 Lm, 2 fM zsm, 1 Lm.
Garn B abschneiden und durchziehen.
**Runde 11:** Garn A an die letzte Lm der Vor-R anfügen, 1 Lm, 3 fM in die letzte Lm der Vor-R, 1 fM in jedes der folg 6 R-Enden, 1 fM in jede der folg 3 M, 2 fM in die folg M, 1 fM in jede der folg 2 M, 2 fM in die folg M, 1 fM in jede der folg 3 M, 1 fM in jedes der folg 6 R-Enden, 1 Km in die 1. M der Rd (29 M).
Garn A abschneiden und durchziehen.

## Ohren (x 2)

**Luftmaschenkette:** Mit Garn C 6 Lm anschl.
**Reihe 1:** 1 Km in das hMgl der 2. Lm ab Nd und in jede der folg 4 Lm.
Garn C abschneiden und durchziehen.
**Reihe 2:** Garn A rechts an das hMgl der 1. M der Lmk anfügen, 1 Lm (zählt nicht als 1. M), 1 fM in das hMgl jeder der folg 5 Lm, 3 fM in das hMgl der folg Lm, 1 fM in das hMgl jeder der folg 5 M (13 M).
Garn A abschneiden und durchziehen.
**Reihe 3:** Garn B an die 1. M der Vor-R anfügen, 3 Lm (zählen als 1 Stb), 1 Stb in die 1. M der Vor-R, 1 Stb in jede der folg 2 M, 1 hStb in jede der folg 3 M, [2 hStb, 2 Lm, 1 Km in die 2. Lm ab Nd, 2 hStb] in die folg M, 1 hStb in jede der folg 3 M, 1 Stb in jede der folg 2 M, [1 Stb, 3 Lm, 1 Km] in die letzte M (18 M).
Garn B abschneiden und durchziehen.

## Linkes Auge

**Magischer Ring:** Mit Garn D einen Magischen Ring arb.
**Runde 1:** 1 Lm (zählt nicht als 1. M), 6 fM in den Ring, 1 Km in die 1. M der Rd, Ring festziehen (6 M).
**Runde 2:** 1 Km in die folg M, [1 fM, 1 hStb] in die folg M, [1 hStb, 1 fM] in die folg M, 1 Km in die folg M, [1 Km, 1 fM] in die folg M, [1 fM, 1 Km] in die folg M, 1 Km in die 1. M der Rd (10 M).
Garn D abschneiden und durchziehen.
**Runde 3:** Garn C mit 1 Km an das hMgl der ersten M der Vor-Rd anfügen, 1 hStb in den Ring, 1 Km in das hMgl jeder der folg 9 M.
Garn C abschneiden und durchziehen.
**Runde 4:** Garn A mit 1 Km in das hMgl der letzten M der Vor-Rd anfügen, 2 Lm, 1 Km in die 2. Lm ab Nd, 1 Km in das hMgl der folg M.
Garn A abschneiden und durchziehen.

## Rechtes Auge

**Magischer Ring:** Mit Garn D einen Magischen Ring arb.
**Runde 1:** 1 Lm (zählt hier und im Folgenden nicht als 1. M), 6 fM in den Ring, 1 Km in die 1. M der Rd, Ring festziehen (6 M).
**Runde 2:** 1 Lm, [1 fM, 1 hStb] in die 1. M der Vor-Rd, [1 hStb, 1 fM] in die folg M, 1 Km in die folg M, [1 Km, 1 fM] in die folg M, [1 fM, 1 Km] in die folg M, 1 Km in die folg M, 1 Km in die 1. M der Rd (10 M).
Garn D abschneiden und durchziehen.
**Runde 3:** Garn C mit 1 Km an das hMgl der letzten fM der Vor-Rd anfügen, 1 Km in das hMgl jeder der folg 6 M, 1 hStb in den Ring, 1 Km in das hMgl jeder der folg 3 M.
Garn C abschneiden und durchziehen.
**Runde 4:** Garn A mit 1 Km an das hMgl der 2. M rechts von der letzten M der Vor-Rd anfügen, 2 Lm, 1 Km in die 2. Lm ab Nd, 1 Km in das hMgl der folg M.
Garn A abschneiden und durchziehen.

## Hintergrund

**Luftmaschenkette:** Mit Garn D 26 Lm anschl
**Reihe 1:** 1 fM in die 2. Lm ab Nd und in jede der folg 24 Lm, wenden (25 M).
**Reihe 2:** 1 Lm (zählt hier und im Folgenden nicht als 1. M), 1 fM in jede folg M bis R-Ende, wenden (25 M).
**Reihen 3–29:** Wie Reihe 2 arb, dabei nach Reihe 29 nicht wenden (25 M).

EINFASSUNG

**Runde 30:** 1 Lm, 3 fM in die letzte M der Vor-R, 23 fM gleichmäßig verteilt in die R-Enden arb, 3 fM in die 1. Lm der Lmk, 1 fM in jede der folg 23 Lm, 3 fM in die vorletzte Lm der Lmk, 23 fM gleichmäßig verteilt in die R-Enden arb, 3 fM in die folg M an der Ecke, 1 fM in jede der folg 23 M, 1 Km in die 1. M der Rd (104 M).
Garn D abschneiden und durchziehen.

## Fertigstellung

20 etwa 9 cm lange Fäden von Garn B abschneiden. Je zwei Fäden der Hälfte nach falten, die Schlaufe durch jeweils ein hinteres Maschenglied einer der fünf Maschen seitlich mittig am Kopf ziehen, die Fadenenden durch die Schlaufen fädeln, festziehen und nach Wunsch kürzen.
Mit Garn B die Ohren leicht unterhalb der letzten Runde des Kopfes festnähen. Die Schnauze mit Garn A annähen, dabei die Schnauze mit etwas Füllwatte füllen. Mit Garn A je einen Stich als Reflexion auf die Pupillen sticken. Die Augen mit Garn C auf den Kopf nähen. Den Kopf mit Garn B auf den Hintergrund nähen. Alle Fadenenden vernähen und das fertige Granny Square spannen.

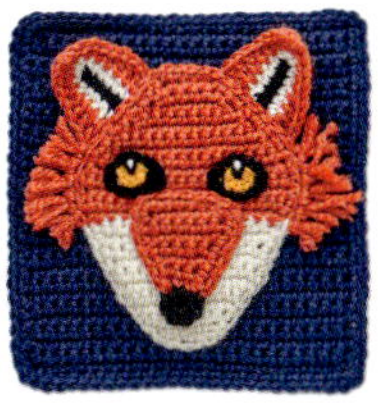

## Mix & Match

*Fuchs, siehe Seite 29*

# 21 Hummel

LEVEL

Die durch die Lüfte schaukelnde Hummel ist ein allzeit willkommener Besucher in Parks und Gärten. Bei diesem Projekt sorgen auf der linken Seite gearbeitete Noppen auf der rechten Seite für eine tolle Struktur, die zum Greifen und Fühlen anregt. Dazu passt der Igel auf Seite 66, der sich durch eine ähnlich interessante Struktur auszeichnet.

## Das brauchen Sie

Farbe A (Weiß): 14 m
Farbe B (Schwarz): 15 m
Farbe C (kräftiges Gelb): 10 m
Farbe D (Grau): 44 m
Häkelnadel: 3,5 mm

## Größe

15 x 15 cm

## Körper

**Luftmaschenkette:** Mit Garn A 6 Lm anschl.

**Reihe 1:** 2 fM in die 2. Lm ab Nd, 1 fM in jede der folg 3 Lm, 2 fM in die letzte Lm, wenden (7 M).

**Reihe 2:** 1 Lm (zählt hier und im Folgenden nicht als 1. M), 2 fM in die letzte M der Vor-R, (N in die folg M, 1 fM in die folg M) x 2, N in die folg M, 2 fM in die letzte M, wenden (9 M: 6 fM, 3 N).

**Reihe 3:** 1 Lm, 2 fM in die letzte M der Vor-R, 1 fM in jede folg M bis zur letzten M, 2 fM in die letzte M, wenden (11 M).

**Reihe 4:** 1 Lm, 2 fM in die letzte M der Vor-R, (N in die folg M, 1 fM in die folg M) x 4, N in die folg M, 2 fM in die letzte M, wenden (13 M).

Garn A abschneiden und durchziehen.

**Reihe 5:** Garn B anfügen und wie Reihe 3 arb (15 M).

**Reihe 6:** 1 Lm, 1 fM in die letzte M der Vor-R, (N in die folg M, 1 fM in die folg M) x 7, wenden (15 M).

Garn B abschneiden und durchziehen.

**Reihe 7:** Garn C anfügen, 1 Lm, 1 fM in jede M bis R-Ende, wenden.

**Reihe 8:** 1 Lm, 1 fM in jede der folg 2 M, (N in die folg M, 1 fM in die folg M) x 6, 1 fM in die letzte M, wenden (15 M).

Garn C abschneiden und durchziehen.

**Reihe 9:** Garn B anfügen, 1 Lm, 1 fM in jede M bis R-Ende, wenden.

**Reihe 10:** Wie Reihe 6 arb.

**Reihe 11:** 1 Lm, 1 fM in jede M bis R-Ende, wenden.

**Reihe 12:** Wie Reihe 8 arb.

**Reihe 13:** 1 Lm, 2 fM zsm in die 1. 2 M, 1 fM in jede folg M bis 2 M vor R-Ende, 2 fM zsm in die letzten 2 M, wenden (13 M).

Garn B abschneiden und durchziehen.

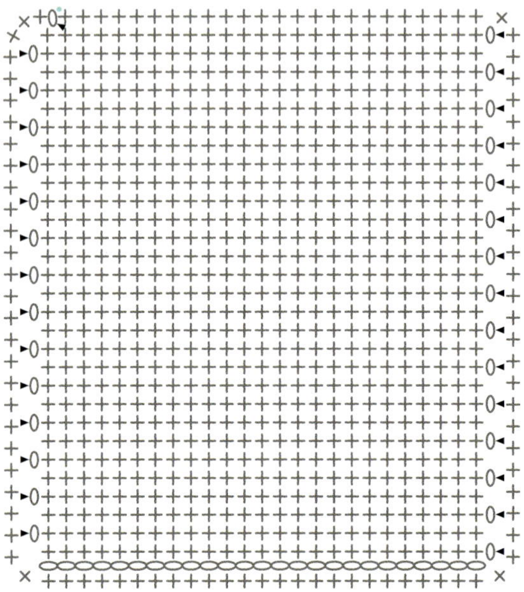

KÖRPER

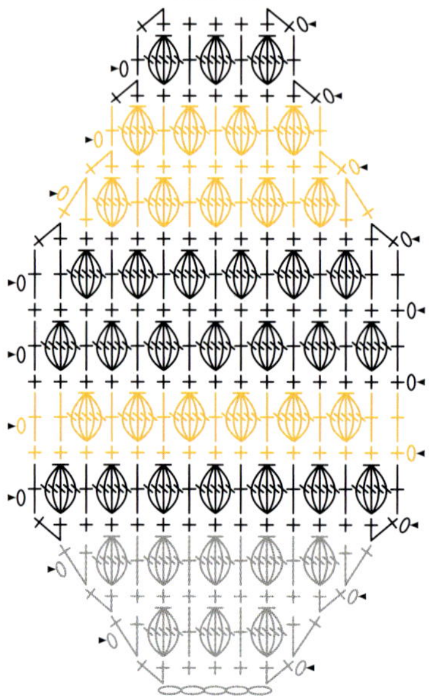

FLÜGEL

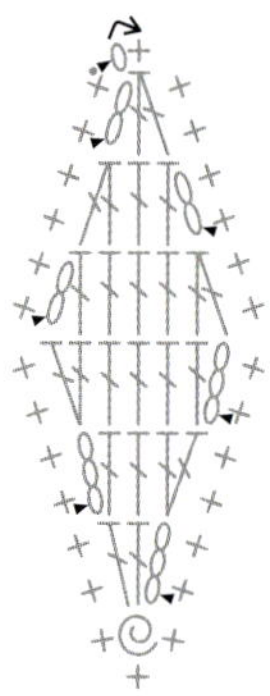

**Symbole:**

- Magischer Ring
- Luftmasche (Lm)
- Kettmasche (Km)
- feste Masche (fM)
- 2 feste Maschen zusammenhäkeln (2 fM zsm
- Stäbchen (Stb)
- 2 Stäbchen zusammenhäkeln (2 Stb zsm)
- 3 Stäbchen zusammenhäkeln (3 Stb zsm)
- Noppe aus 5 Stäbchen (N)
- Reihen- bzw. Rundenbeginn
- wenden

**Reihe 14:** Garn C anfügen, 1 Lm, 2 fM zsm in die 1. 2 M, (N in die folg M, 1 fM in die folg M) x 4, N in die folg M, 2 fM zsm in die letzten 2 M, wenden (11 M).
**Reihe 15:** Wie Reihe 13 arb (9 M).
**Reihe 16:** 1 Lm, 1 fM in die letzte M der Vor-R, (N in die folg M, 1 fM in die folg M) x 4, wenden (9 M).
Garn C abschneiden und durchziehen.
**Reihe 17:** Garn B anfügen und wie Reihe 13 arb (7 M).
**Reihe 18:** 1 Lm, 1 fM in die letzte M der Vor-R, (N in die folg M, 1 fM in die folg M) x 3, wenden (7 M).
**Reihe 19:** Wie Reihe 13 arb (5 M).
Garn B abschneiden und durchziehen.

## Flügel (x 2)

**Magischer Ring:** Mit Garn A einen Magischen Ring arb.
**Reihe 1:** 3 Lm (zählen hier und im Folgenden als 1 Stb), 2 Stb in den Ring, Ring festziehen, wenden (3 M).
**Reihe 2:** 3 Lm, 1 Stb in die letzte M der Vor-R, 1 Stb in die folg M, 2 Stb in die letzte M, wenden (5 M).
**Reihe 3:** 3 Lm, 1 Stb in die letzte M der Vor-R, 1 Stb in jede der folg 3 M, 2 Stb in die letzte M, wenden (7 M).
**Reihe 4:** [2 Lm, 1 Stb] in die folg M (zählen hier und im Folgenden als 2 Stb zsm), 1 Stb in jede der folg 3 M, 2 Stb zsm in die letzten 2 M, wenden (5 M).
**Reihe 5:** [2 Lm, 1 Stb] in die folg M, 1 Stb in die folg M, 2 Stb zsm in die letzten 2 M, wenden (3 M).
**Reihe 6:** [2 Lm, 2 Stb zsm] in die folg 2 M (zählen als 3 Stb zsm), wenden (1 M).

EINFASSUNG

**Runde 7:** 1 Lm, 1 fM in die letzte M der Vor-R, 2 fM in jedes der folg 6 R-Enden, 3 fM in den Ring, 2 fM in jedes der folg 6 R-Enden, 1 Km in die 1. M der Rd (28 M).
Garn A abschneiden und durchziehen.

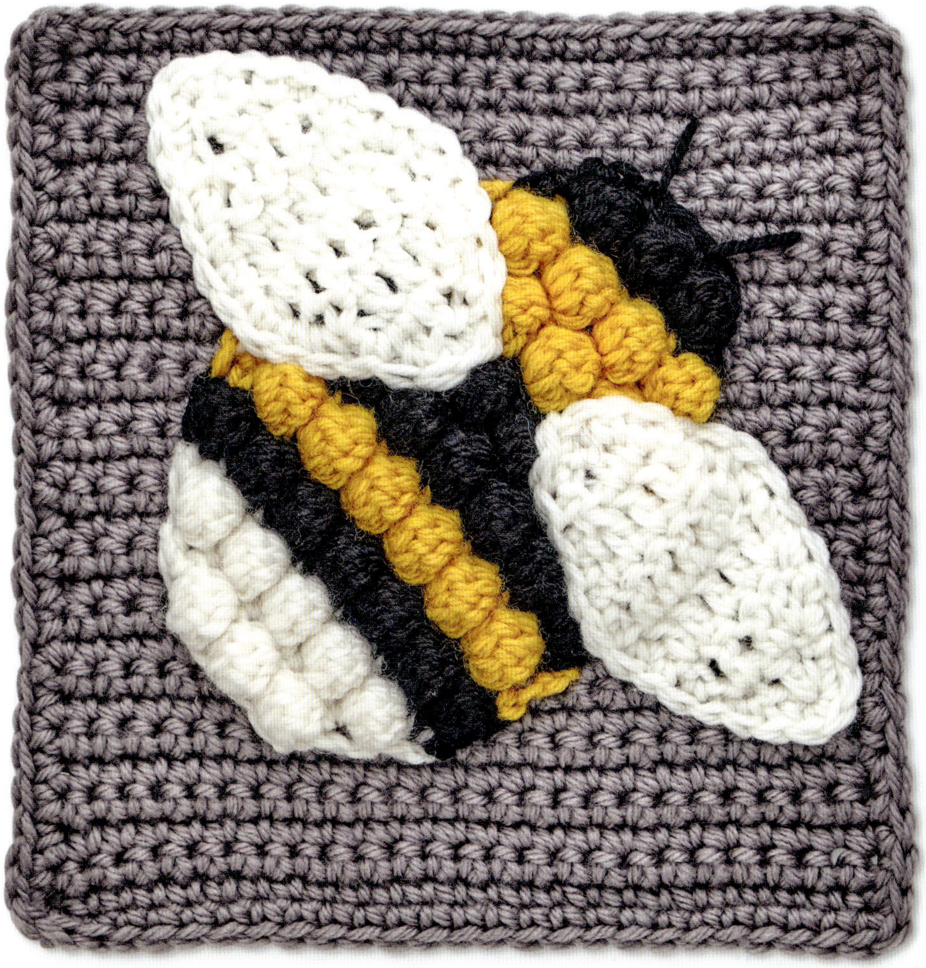

## Hintergrund

**Luftmaschenkette:** Mit Garn D 26 Lm anschl
**Reihe 1:** 1 fM in die 2. Lm ab Nd und in jede der folg 24 Lm, wenden (25 M).
**Reihe 2:** 1 Lm (zählt hier und im Folgenden nicht als 1. M), 1 fM in jede folg M bis R-Ende, wenden (25 M).
**Reihen 3–29:** Wie Reihe 2 arb, dabei nach Reihe 29 nicht wenden (25 M).

EINFASSUNG

**Runde 30:** 1 Lm, 3 fM in die letzte M der Vor-R, 23 fM gleichmäßig verteilt in die R-Enden arb, 3 fM in die 1. Lm der Lmk, 1 fM in jede der folg 23 Lm, 3 fM in die vorletzte Lm der Lmk, 23 fM gleichmäßig verteilt in die R-Enden arb, 3 fM in die folg M an der Ecke, 1 fM in jede der folg 23 M, 1 Km in die 1. M der Rd (104 M).
Garn D abschneiden und durchziehen.

## Fertigstellung

Den Körper mit Garn D diagonal auf den Hintergrund nähen, dabei die Stiche, so gut es geht, unsichtbar platzieren. Die Flügel mit Garn A auf den Körper nähen und mit Garn B zwei Fühler aufsticken. Alle Fadenenden vernähen und das fertige Granny Square spannen.

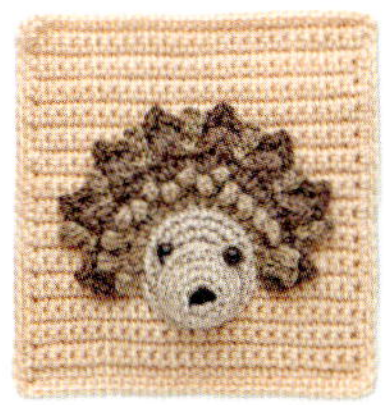

## Mix & Match

*Igel, siehe Seite 66*

# 22 Hirsch

LEVEL

Dieser simple Hirsch wird mithilfe der Technik des Tapestry-Häkelns (siehe Seite 121) gearbeitet. Statt aufgestickter geschlossener Augen eignen sich auch Sicherheitsaugen, und man kann sogar Ohren hinzufügen – Katzenohren (siehe Seite 36) würden sich etwa gut eignen.

## Das brauchen Sie

Farbe A (dunkles Beige): 24 m
Farbe B (Braun): 20 m
Farbe C (Pink): 4 m
Farbe D (dunkles Korallenrot): 2 m
Farbe E (Schwarz): kleine Menge
Häkelnadel: 3,5 mm

## Größe

15 x 15 cm

## Kopf

**Luftmaschenkette:** Mit Garn A 26 Lm anschl.

**Reihe 1:** 1 fM in die 2. Lm ab Nd und in jede folg Lm bis R-Ende, wenden (25 M).

**Reihen 2–6:** 1 Lm (zählt hier und im Folgenden nicht als 1. M), 1 fM in jede folg M bis R-Ende, wenden.

**Reihe 7:** 1 Lm, 1 fM in jede der folg 11 M, dabei bei der letzten M auf Garn B wechseln, 1 fM in jede der folg 3 M, dabei bei der letzten M auf Garn A wechseln, 1 fM in jede der folg 11 M, wenden.

**Reihen 8–11:** Wie Reihe 7 arb, dabei bei der letzten M von Reihe 11 auf Garn B wechseln.

**Reihen 12 und 13:** 1 Lm, 1 fM in die letzte M der Vor-R, dabei auf Garn A wechseln, 1 fM in jede der folg 9 M, dabei bei der letzten M auf Garn B wechseln, 1 fM in jede der folg 5 M, dabei bei der letzten M auf Garn A wechseln, 1 fM in jede der folg 9 M, dabei bei der letzten M auf Garn B wechseln, 1 fM in die letzte M, wenden.

**Reihen 14 und 15:** 1 Lm, 1 fM in jede der folg 2 M, dabei bei der letzten M auf Garn A wechseln, 1 fM in jede der folg 7 M, dabei bei der letzten M auf Garn B wechseln, 1 fM in jede der folg 7 M, dabei bei der letzten M auf Garn A wechseln, 1 fM in jede der folg 7 M, dabei bei der letzten M auf Garn B wechseln, 1 fM in jede der folg 2 M, wenden.

**Reihen 16 und 17:** 1 Lm, 1 fM in jede der folg 3 M, dabei bei der letzten M auf Garn A wechseln, 1 fM in jede der folg 5 M, dabei bei der letzten

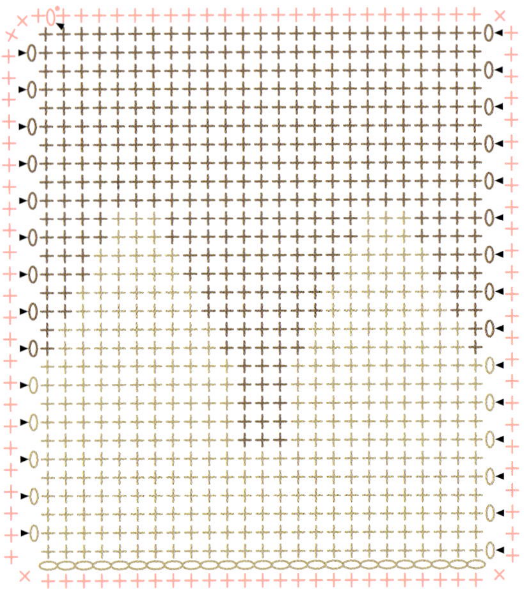

LINKE GEWEIHSTANGE

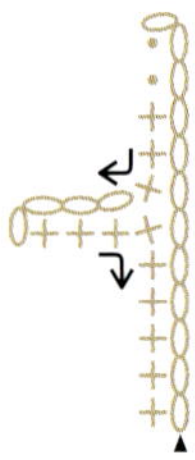

RECHTE GEWEIHSTANGE

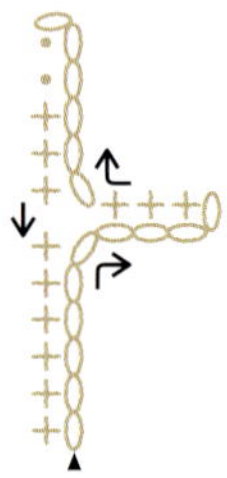

NASE

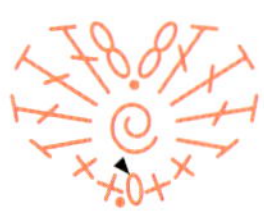

**Symbole:**

- Magischer Ring
- Luftmasche (Lm)
- Kettmasche (Km)
- feste Masche (fM)
- halbes Stäbchen (hStb)
- Stäbchen (Stb)
- Reihen- bzw. Rundenbeginn
- wenden

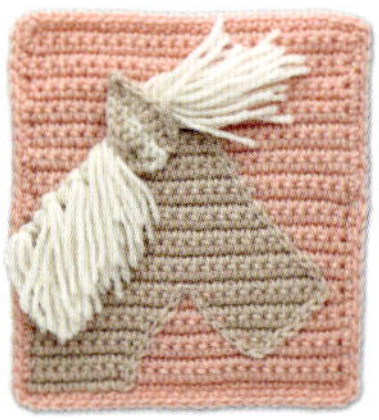

### Mix & Match

*Pferd, siehe Seite 71*

M auf Garn B wechseln, 1 fM in jede der folg 9 M, dabei bei der letzten M auf Garn A wechseln, 1 fM in jede der folg 5 M, dabei bei der letzten M auf Garn B wechseln, 1 fM in jede der folg 3 M, wenden.

**Reihen 18 und 19:** 1 Lm, 1 fM in jede der folg 4 M, dabei bei der letzten M auf Garn A wechseln, 1 fM in jede der folg 3 M, dabei bei der letzten M auf Garn B wechseln, 1 fM in jede der folg 11 M, dabei bei der letzten M auf Garn A wechseln, 1 fM in jede der folg 3 M, dabei bei der letzten M auf Garn B wechseln, 1 fM in jede der folg 4 M, wenden.

**Reihen 20–29:** 1 Lm, 1 fM in jede der folg 25 M. Garn B abschneiden und durchziehen.

EINFASSUNG

**Runde 30:** 1 Lm, 3 fM in die letzte M der Vor-R, 23 fM gleichmäßig verteilt in die R-Enden arb, 3 fM in die 1. Lm der Lmk, 1 fM in jede der folg 23 Lm, 3 fM in die vorletzte Lm der Lmk, 23 fM gleichmäßig verteilt in die R-Enden arb, 3 fM in die folg M an der Ecke, 1 fM in jede der folg 23 M, 1 Km in die 1. M der Rd (104 M).

Garn C abschneiden und durchziehen.

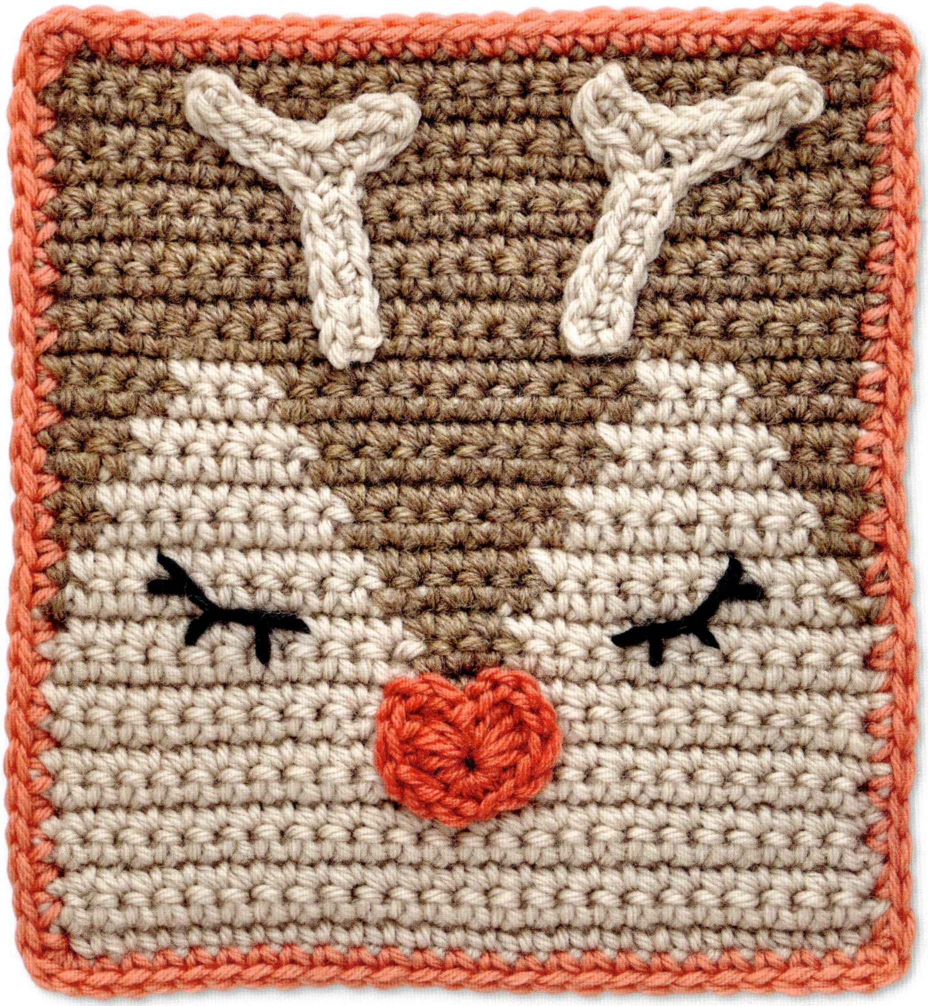

## Linke Geweihstange

**Luftmaschenkette:** Mit Garn A 12 Lm anschl.

**Reihe 1:** 1 Km in die 2. Lm ab Nd, 1 Km in die folg Lm, 1 fM in jede der folg 3 Lm, 4 Lm, 1 fM in die 2. Lm ab Nd und in jede der folg 2 Lm der soeben gehäkelten 2 Lm, 1 fM in jede der folg 6 Lm der Lmk (12 M).

Garn A abschneiden und durchziehen.

## Rechte Geweihstange

**Luftmaschenkette:** Mit Garn A 10 Lm anschl.

**Reihe 1:** 1 fM in die 2. Lm ab Nd, 1 fM in jede der folg 2 Lm, 6 Lm, 1 Km in die 2. Lm ab Nd, 1 Km in die folg Lm, 1 fM in jede der folg 3 Lm, 1 fM in jede der folg 6 Lm der Lmk (12 M).

Garn A abschneiden und durchziehen.

## Nase

**Magischer Ring:** Mit Garn D einen Magischen Ring arb.

**Runde 1:** 1 Lm, 2 fM in den Ring, 1 hStb in den Ring, 3 Stb in den Ring, 2 Lm, 1 Km in den Ring, 2 Lm, 3 Stb in den Ring, 1 hStb in den Ring, 2 fM in den Ring, 1 Km in die 1. M der Rd, Ring festziehen (12 M).

Garn D abschneiden und durchziehen.

## Fertigstellung

Die Geweihstangen mit Garn A auf den Hintergrund nähen. Die Nase mithilfe der Fadenenden annähen und mit Garn E geschlossene Augen aufsticken. Alle Fadenenden vernähen und das fertige Granny Square spannen.

## Anmerkung

Die gerade nicht verwendeten Fadenenden am oberen Ende der Vorreihe mitführen und mit dem Arbeitsfaden umhäkeln.

# 23 Elefant

Dieser freundliche Elefant ist perfekt für (Deko-)Projekte fürs Kinderzimmer. Ich habe den Rüssel hier rundherum festgenäht, man kann ihn aber auch nur am oberen Ende annähen – so können kleine Finger damit spielen.

LEVEL

## Das brauchen Sie

Farbe A (mittleres Grau): 15 m
Farbe B (Pink): 10 m
Farbe C (helles Lachs): 15 m
Farbe D (Beige): 2 m
Häkelnadel: 3,5 mm
zwei Sicherheitsaugen

## Größe

15 x 15 cm

## Kopf und Hintergrund

**Magischer Ring:** Mit Garn A einen Magischen Ring arb.

**Runde 1:** 1 Lm (zählt hier und im Folgenden nicht als 1. M), 6 fM in den Ring, 1 Km in die 1. M der Rd, Ring festziehen (6 M).

**Runde 2:** 1 Lm, 2 fM in jede der folg 6 M, 1 Km in die 1. M der Rd (12 M).

**Runde 3:** 1 Lm, (2 fM in die folg M, 1 fM in die folg M) x 6, 1 Km in die 1. M der Rd (18 M).

**Runde 4:** 1 Lm, (1 fM in jede der folg 2 M, 2 fM in die folg M) x 6, 1 Km in die 1. M der Rd (24 M).

**Runde 5:** 1 Lm, (2 fM in die folg M, 1 fM in jede der folg 3 M) x 6, 1 Km in die 1. M der Rd (30 M).

**Runde 6:** 1 Lm, (1 fM in jede der folg 3 M, 2 fM in die folg M, 1 fM in die folg M) x 6, 1 Km in die 1. M der Rd (36 M).

**Runde 7:** 1 Lm, (2 fM in die folg M, 1 fM in jede der folg 5 M) x 6, 1 Km in die 1. M der Rd (42 M).

**Runde 8:** 1 Lm, (1 fM in jede der folg 4 M, 2 fM in die folg M, 1 fM in jede der folg 2 M) x 6, 1 Km in die 1. M der Rd (48 M).

Garn A abschneiden und durchziehen.

**Runde 9:** Garn B an das hMgl der 1. M der Vor-Rd anfügen, 1 Lm, (2 fM in das hMgl der folg M, 1 fM in das hMgl jeder der folg 7 M) x 6, 1 Km in die 1. M der Rd (54 M).

**Runde 10:** 1 Lm, (1 fM in jede der folg 5 M, 2 fM in die folg M, 1 fM in jede der folg 3 M) x 6, 1 Km in die 1. M der Rd (60 M).

**Runde 11:** 1 Lm, (2 fM in die folg M, 1 fM in jede der folg 9 M) x 6, 1 Km in die 1. M der Rd (66 M).

**Runde 12:** 1 Lm, (1 fM in jede der folg 6 fM, 2 fM in die folg M, 1 fM in jede der folg 4 M) x 6, 1 Km in die 1. M der Rd (72 M).

Garn B abschneiden und durchziehen.

**Runde 13:** Garn C an die 1. M der Vor-Rd anfügen, 4 Lm (zählen hier und im Folgenden als 1 DStb),

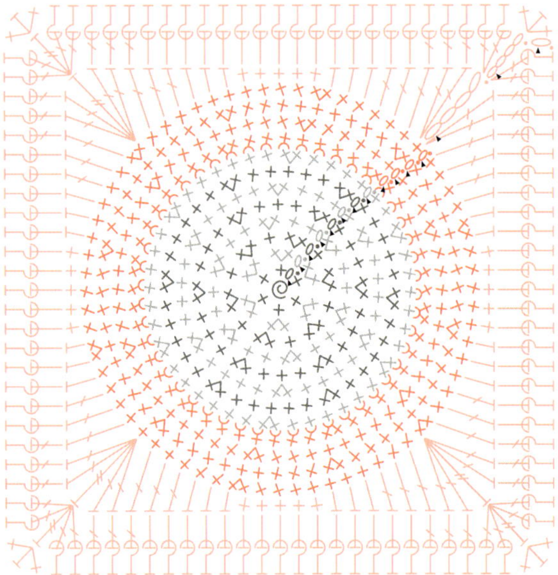

LINKES OHR

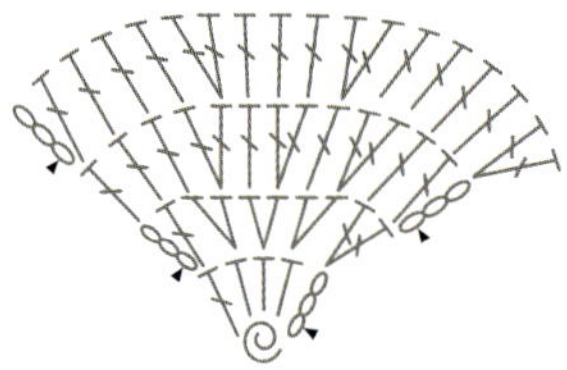

STOSSZAHN

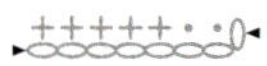

RÜSSEL

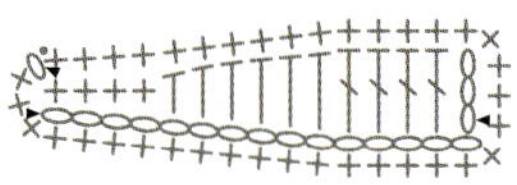

RECHTES OHR

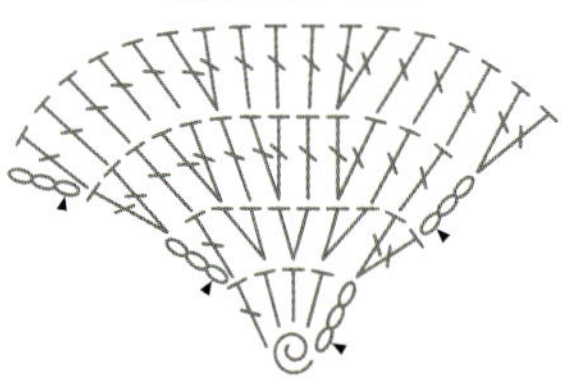

**Symbole:**

- Magischer Ring
- Luftmasche (Lm)
- Kettmasche (Km)
- feste Masche (fM)
- halbes Stäbchen (hStb)
- Stäbchen (Stb)
- Doppelstäbchen (DStb)
- halbes Reliefstäbchen hinten (hRStbh)
- Reihen- bzw. Rundenbeginn

2 Stb in die 1. M der Vor-Rd, (1 Stb in jede der folg 3 M, 1 hStb in jede der folg 3 M, 1 fM in jede der folg 5 M, 1 hStb in jede der folg 3 M, 1 Stb in jede der folg 3 M, [2 Stb, 1 DStb, 2 Stb] in die folg M) x 4, dabei bei der letzten Wdh vor der eckigen Klammer enden, 2 Stb in die 1. M der Vor-Rd, 1 Km in die obere der 4 Anf-Lm (88 M).

**Runde 14:** 4 Lm, 2 Stb in die obere der 4 Anf-Lm der Vor-Rd, (1 Stb in jede der folg 3 M, 1 hStb in jede der folg 15 M, 1 Stb in jede der folg 3 M, [2 Stb, 1 DStb, 2 Stb] in die folg M) x 4, dabei bei der letzten Wdh vor der eckigen Klammer enden, 2 Stb in die 1. M der Vor-Rd, 1 Km in die obere der 4 Anf-Lm (104 M).

**Runde 15:** 1 Lm, ([1 fM, 1 hStb, 1 fM] in das Eck-DStb, 1 hRStbh um jede der folg M bis zum folg Eck-DStb) x 4, 1 Km in die 1. M der Rd (112 M).

Garn C abschneiden und durchziehen.

## Linkes Ohr

**Magischer Ring:** Mit Garn A einen Magischen Ring arb.

**Reihe 1 (LS):** 3 Lm (zählen hier und im Folgenden als 1 Stb), 3 hStb in den Ring, 1 Stb in den Ring, Ring festziehen, wenden (5 M).

**Reihe 2 (RS):** 3 Lm, 1 Stb in die letzte M der Vor-R, 2 hStb in jede der folg 3 M, 2 Stb in die letzte M, wenden (10 M).

**Reihe 3:** 3 Lm, 1 Stb in die letzte M der Vor-R, (1 Stb in die folg M, 2 Stb in die folg M) x 3, 1 Stb in jede der folg 3 M, wenden (14 M).

**Reihe 4:** 3 Lm, 1 Stb in die letzte M der Vor-R, (1 Stb in jede der folg 3 M, 2 Stb in die folg M) x 2, 1 Stb in jede der folg 4 M, 2 Stb in die letzte M (18 M).

Garn A abschneiden und durchziehen.

## Rechtes Ohr

**Magischer Ring:** Mit Garn A einen Magischen Ring arb.

**Reihe 1:** 3 Lm (zählen hier und im Folgenden als 1 Stb), 3 hStb in den Ring, 1 Stb in den Ring, Ring festziehen, wenden (5 M).

**Reihe 2:** 3 Lm, 1 Stb in die letzte M der Vor-R, 2 hStb in jede der folg 3 M, 2 Stb in die letzte M, wenden (10 M).

**Reihe 3:** 3 Lm, 1 Stb in jede der folg 2 M, (2 Stb in die folg M, 1 Stb in die folg M) x 3, 2 Stb in die letzte M, wenden (14 M).

**Reihe 4:** 3 Lm, 1 Stb in die letzte M der Vor-R, 1 Stb in jede der folg 4 M, (2 Stb in die folg M, 1 Stb in jede der folg 3 M) x 2, 2 Stb in die letzte M (18 M).

Garn A abschneiden und durchziehen.

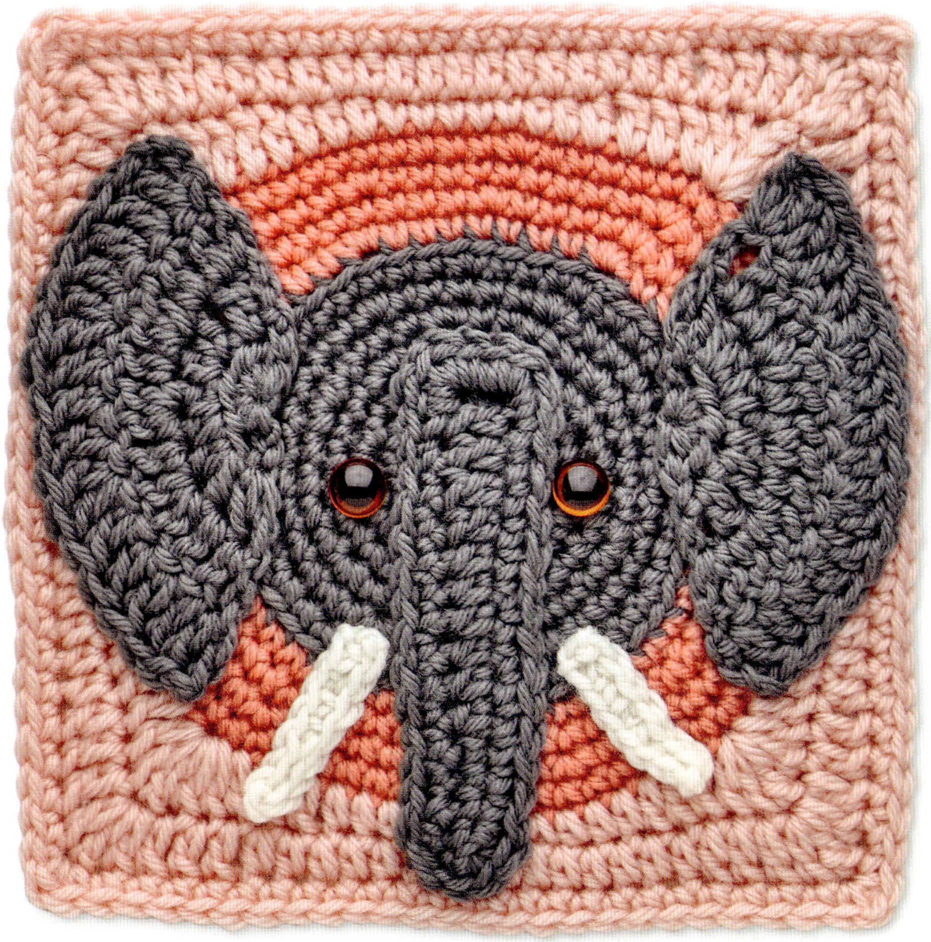

## Rüssel

**Luftmaschenkette:** Mit Garn A 18 Lm anschl.

**Reihe 1:** 1 Stb in die 5. Lm ab Nd, 1 Stb in jede der folg 3 Lm, 1 hStb in jede der folg 6 Lm, 1 fM in jede der folg 4 Lm.

**Runde 2:** 1 Lm, 3 fM in das R-Ende, 1 fM in jede der folg 14 Lm der Lmk, 3 fM in die folg Lm, 1 fM in das folg R-Ende, 3 fM in die folg Lm, 1 fM in jede der folg 14 M, 1 Km in die 1. M der Rd (38 M).

Garn A abschneiden und durchziehen.

## Stoßzahn (x 2)

**Luftmaschenkette:** Mit Garn D 8 Lm anschl.

**Reihe 1:** 1 Km in die 2. Lm ab Nd und in die folg Lm, 1 fM in jede der folg 5 Lm.

Garn D abschneiden und durchziehen.

## Fertigstellung

Ohren und Rüssel mit Garn A und die Stoßzähne mit den Fadenenden an den Kopf nähen. Die Sicherheitsaugen nach Herstellerangaben befestigen. Alle Fadenenden vernähen und das fertige Granny Square spannen.

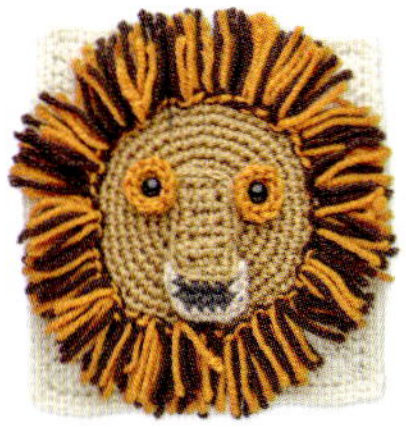

### Mix & Match

*Löwe, siehe Seite 44*

# 24 Raupe

LEVEL

Diese lustige Raupe ist im Handumdrehen nachzuhäkeln: Sie besteht aus einfachen, verschieden großen Kreisen – und noch einfacher wird es, wenn man die Kreise in jeweils nur einer Farbe arbeitet. Aus Raupen-, Marienkäfer- (siehe Seite 14) und Hummel-Granny-Squares (siehe Seite 56) lassen sich tolle Projekte für Fans von süßen Krabbeltieren fertigen.

## Das brauchen Sie

Farbe A (Grün): 18 m
Farbe B (Hellgelb): 15 m
Farbe C (Pink): 44 m
Farbe D (Dunkelbraun): 2 m
Häkelnadel: 3,5 mm
zwei aufnähbare Wackelaugen

## Größe

15 x 15 cm

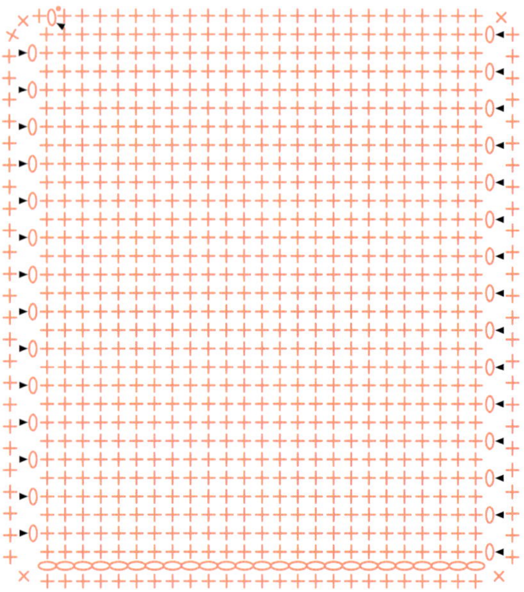

## Kopf

**Magischer Ring:** Mit Garn A einen Magischen Ring arb.

**Runde 1:** 1 Lm (zählt hier und im Folgenden nicht als 1. M), 6 fM in den Ring, Ring festziehen, 1 Km in die 1. M der Rd (6 M).

**Runde 2:** 1 Lm, 2 fM in jede der folg 3 M, dabei bei der letzten M auf Garn B wechseln, 2 fM in jede der folg 3 M, dabei bei der letzten M auf Garn A wechseln, 1 Km in die 1. M der Rd (12 M).

**Runde 3:** 1 Lm, (2 fM in die folg M, 1 fM in die folg M) x 3, dabei bei der letzten M auf Garn B wechseln, (2 fM in die folg M, 1 fM in die folg M) x 3, dabei bei der letzten M auf Garn A wechseln, 1 Km in die 1. M der Rd (18 M).

**Runde 4:** 1 Lm, (1 fM in jede der folg 2 M, 2 fM in die folg M) x 3, dabei bei der letzten M auf Garn B wechseln, (1 fM in jede der folg 2 M, 2 fM in die folg M) x 3, dabei bei der letzten M auf Garn A wechseln, 1 Km in die 1. M der Rd (24 M).

**Runde 5:** 1 Lm, (2 fM in die folg M, 1 fM in jede der folg 3 M) x 3, dabei bei der letzten M auf Garn B wechseln, (2 fM in die folg M, 1 fM in jede der folg 3 M) x 3, dabei bei der letzten M auf Garn A wechseln, 1 Km in die 1. M der Rd (30 M).

**Runde 6:** 1 Lm, (1 fM in jede der folg 3 M, 2 fM in die folg M, 1 fM in die folg M) x 3, dabei bei der letzten M auf Garn B wechseln, (1 fM in jede der folg 3 M, 2 fM in die folg M, 1 fM in die folg M) x 3, dabei bei der letzten M auf Garn A wechseln, 1 Km in die 1. M der Rd (36 M).

Garn A und Garn B abschneiden und durchziehen.

KOPF UND KÖRPERTEILE

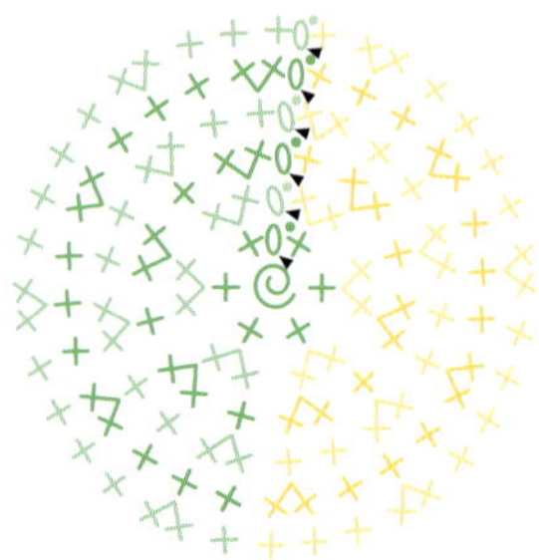

FÜHLER

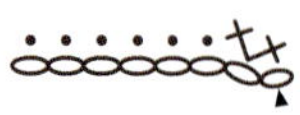

**Symbole:**

- Magischer Ring
- Luftmasche (Lm)
- Kettmasche (Km)
- feste Masche (fM)
- Reihen- bzw. Rundenbeginn

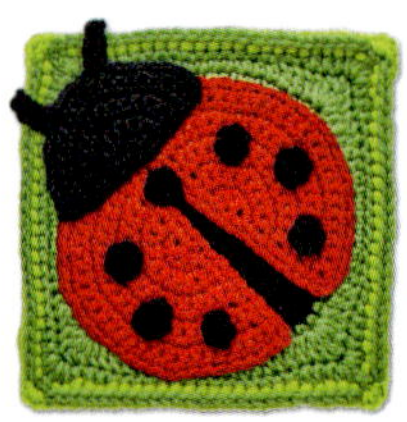

## Mix & Match

*Marienkäfer, siehe Seite 14*

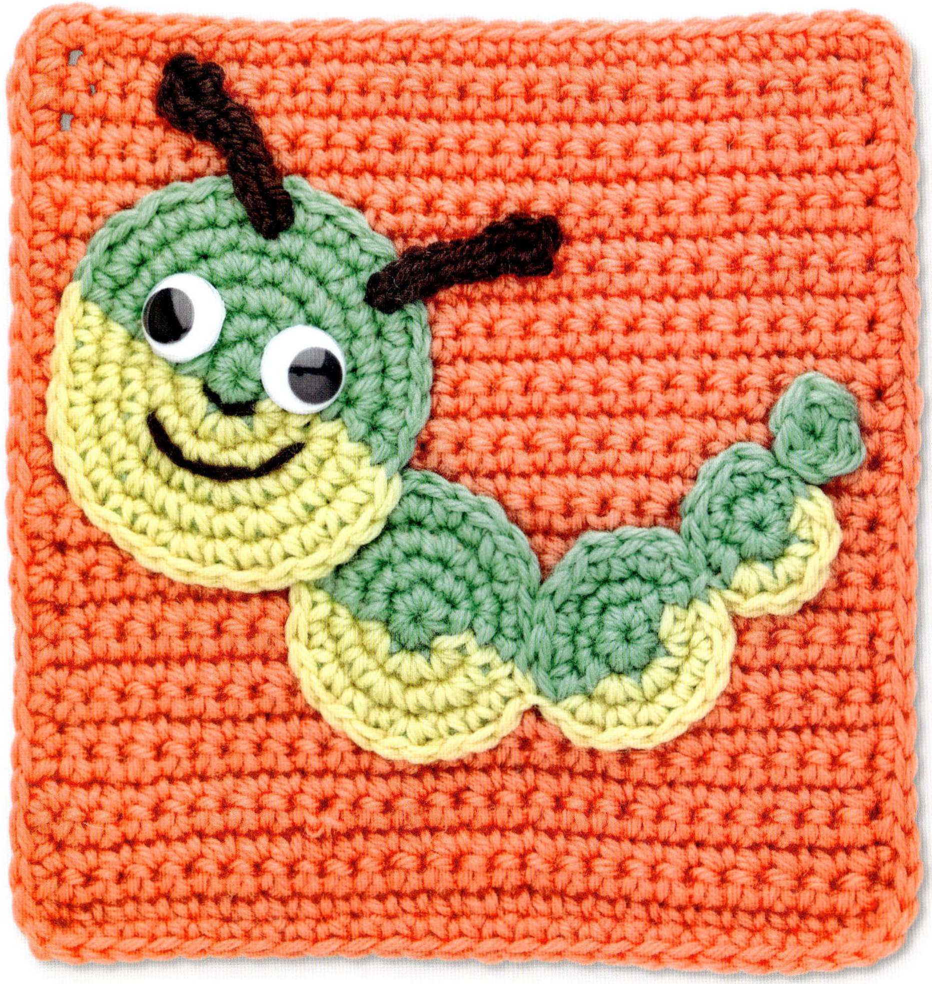

## Körperteil eins

Der Anleitung für den Kopf folgen, dabei nach Runde 4 enden.

Garn A und Garn B abschneiden und durchziehen.

## Körperteil zwei

Der Anleitung für den Kopf folgen, dabei nach Runde 3 enden.

Garn A und Garn B abschneiden und durchziehen.

## Körperteil drei

Der Anleitung für den Kopf folgen, dabei nach Runde 2 enden.

Garn A und Garn B abschneiden und durchziehen.

## Körperteil vier

Der Anleitung für den Kopf folgen, dabei nach Runde 1 enden.

Garn A und Garn B abschneiden und durchziehen.

## Fühler (x 2)

**Luftmaschenkette:** Mit Garn D 8 Lm anschl.

**Reihe 1:** 2 fM in die 2. Lm ab Nd, 1 Km in jede der folg 6 Lm (2 M).

Garn D abschneiden und durchziehen.

## Hintergrund

**Luftmaschenkette:** Mit Garn C 26 Lm anschl.

**Reihe 1:** 1 fM in die 2. Lm ab Nd und in jede der folg 24 Lm, wenden (25 M).

**Reihe 2:** 1 Lm (zählt hier und im Folgenden nicht als 1. M), 1 fM in jede folg M bis R-Ende, wenden (25 M).

**Reihen 3–29:** Wie Reihe 2 arb, dabei nach Reihe 29 nicht wenden (25 M).

EINFASSUNG

**Runde 30:** 1 Lm, 3 fM in die letzte M der Vor-R, 23 fM gleichmäßig verteilt in die R-Enden arb, 3 fM in die 1. Lm der Lmk, 1 fM in jede der folg 23 Lm, 3 fM in die vorletzte Lm der Lmk, 23 fM gleichmäßig verteilt in die R-Enden arb, 3 fM in die folg M an der Ecke, 1 fM in jede der folg 23 M, 1 Km in die 1. M der Rd (104 M).

Garn C abschneiden und durchziehen.

## Fertigstellung

Den Kopf und die Körperteile auf dem Hintergrund feststecken und mit Garn A und Garn B festnähen. Die Fühler mit den Fadenenden oder Garn D am Kopf festnähen. Die Wackelaugen auf den Kopf nähen und mit Garn D eine kleine Nase und einen lachenden Mund aufsticken. Alle Fadenenden vernähen und das fertige Granny Square spannen.

# 25 Flamingo

LEVEL

Flamingos flanieren unglaublich elegant durchs Wasser, und ihre langen Beine und großen Schnäbel sehen einfach toll aus. Die pinke Farbe ist darauf zurückzuführen, dass sie Krebse fressen, die wiederum roten Farbstoff enthaltende Algen fressen. Aber auch Krabben (siehe Seite 34) stehen auf ihrem Speiseplan – und wären damit ein guter Mix-&-Match-Partner!

### Das brauchen Sie

Farbe A (Rosa): 6 m
Farbe B (dunkles Pink): 2 m
Farbe C (Himmelblau): 15 m
Farbe D (Hellgelb): 28 m
Farbe E (Cremeweiß): 2 m
Farbe F (Schwarz): kleine Menge
Häkelnadel: 3,5 mm

### Größe

15 x 15 cm

## Flamingo

**Luftmaschenkette:** Mit Garn A 8 Lm anschl

**Runde 1:** 2 Stb in die 4. Lm ab Nd, 1 Stb in jede der folg 3 Lm, 5 Stb in die folg Lm, wenden und nun entlang der gegenüberliegenden Seite der Lmk arb, 1 Stb in jede der folg 3 Lm, 2 Stb in die folg Lm, 1 Km in die 3. der folg 3 Lm (16 M).

**Runde 2:** 3 Lm (zählen als 1 Stb), 2 Stb in die letzte Lm der Lmk, 1 hStb in die folg M, 2 hStb in die folg M, 1 hStb in jede der folg 3 M, 2 Stb in die folg M, 1 Stb in die folg M, 5 Stb in die folg M, 1 Stb in die folg M, 20 Lm, 5 fM in die 2. Lm ab Nd, (2 fM zsm in die folg 2 Lm) x 3, 1 fM in jede der folg 7 Lm, 2 fM in jede der folg 3 Lm, 1 fM in jede der folg 2 Lm, jetzt wieder in die M von Runde 1 arb, 2 hStb in die folg M, 1 fM in jede der folg 4 M, 1 hStb in die folg M, 2 Stb in die letzte Lm der Lmk, 1 Km in die obere der 3 Anf-Lm (50 M).

Garn A abschneiden und durchziehen.

**Reihe 3:** Garn B an die 3. M rechts neben der letzten M der Vor-R anfügen, 1 Lm, 1 fM in die 3. M rechts neben der letzten M der Vor-R, 1 fM in das folg Stb von Runde 1, [1 hStb, 1 Stb] in die folg M von Runde 2, 2 Lm, 1 Km in die 2. Lm ab Nd, 1 M von Runde 2 überg, 1 DStb in die folg M von Runde 1, 1 Stb in die folg M von Runde 2, [1 hStb, 1 fM] in die folg M, 1 Km in die folg M (8 M).

Garn B abschneiden und durchziehen.

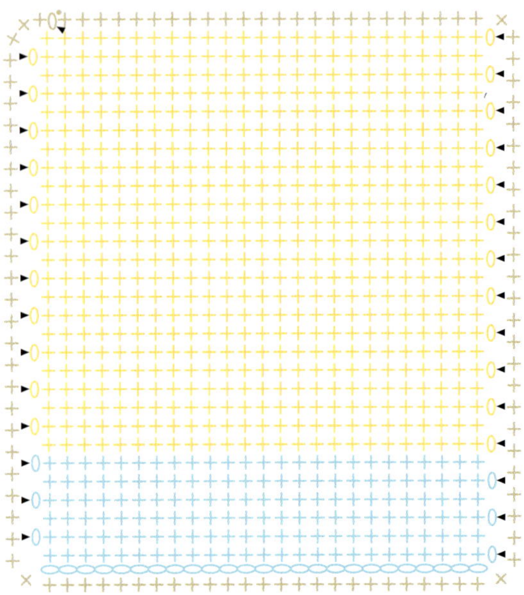

**Symbole:**

- Luftmasche (Lm)
- Kettmasche (Km)
- feste Masche (fM)
- 2 feste Maschen zusammenhäkeln (2 fM zsm)
- halbes Stäbchen (hStb)
- Stäbchen (Stb)
- Doppelstäbchen (DStb)
- Reihen- bzw. Rundenbeginn
- wenden

FLAMINGO

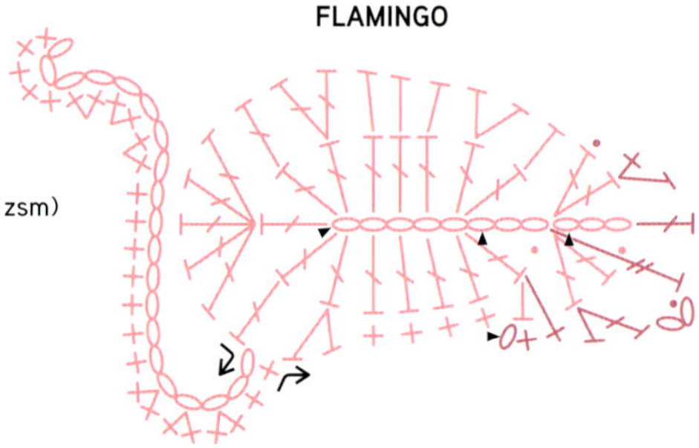

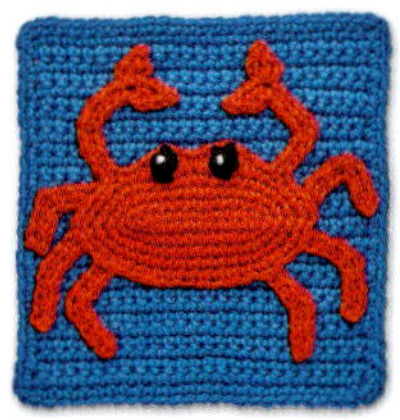

### Mix & Match

*Krabbe, siehe Seite 34*

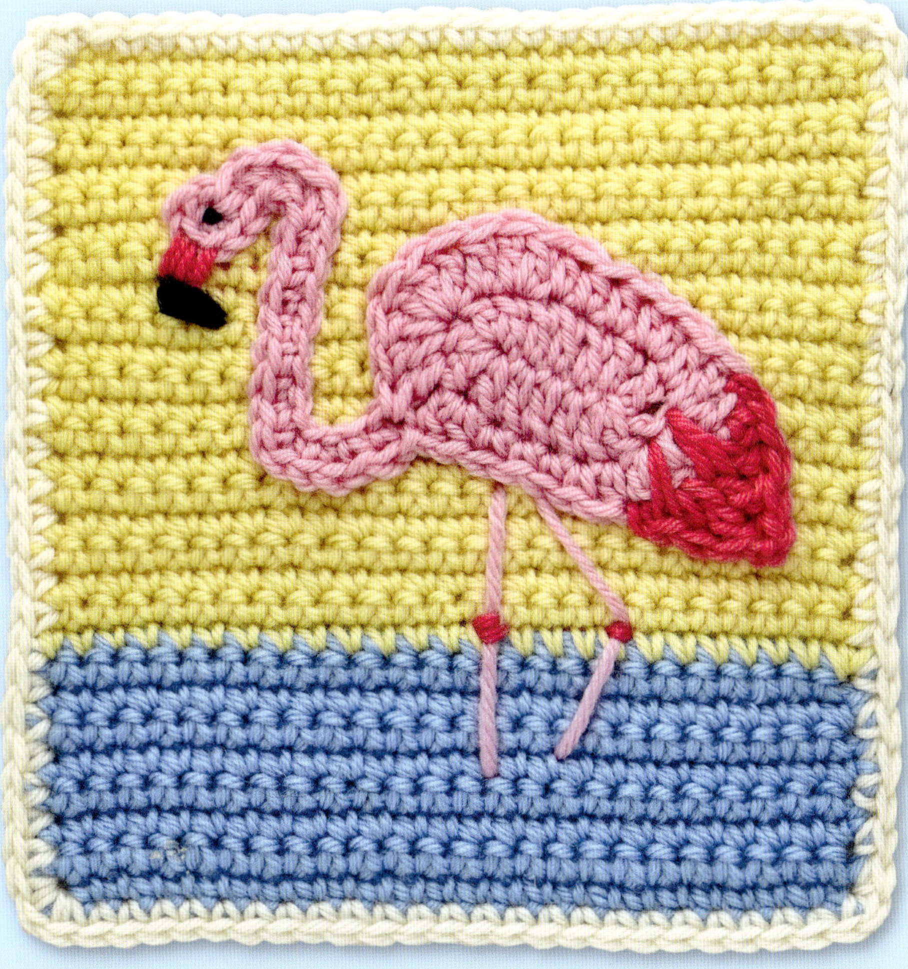

## Hintergrund

**Luftmaschenkette:** Mit Garn C 26 Lm anschl.

**Reihe 1:** 1 fM in die 2. Lm ab Nd und in jede der folg 24 Lm, wenden (25 M).

**Reihe 2:** 1 Lm (zählt nicht als 1. M), 1 fM in jede folg M bis R-Ende, wenden (25 M).

**Reihen 3–6:** Wie Reihe 2 arb (25 M).

Garn C abschneiden und durchziehen, Garn D anfügen.

**Reihen 7–29:** Wie Reihe 2 arb (25 M).

Garn D abschneiden und durchziehen.

EINFASSUNG

**Runde 30:** Garn E an die letzte M der Vor-R anfügen, 1 Lm, 3 fM in die letzte M der Vor-R, 23 fM gleichmäßig verteilt in die R-Enden arb, 3 fM in die 1. Lm der Lmk, 1 fM in jede der folg 23 Lm, 3 fM in die vorletzte Lm der Lmk, 23 fM gleichmäßig verteilt in die R-Enden arb, 3 fM in die folg M an der Ecke, 1 fM in jede der folg 23 M, 1 Km in die 1. M der Rd (104 M).

Garn E abschneiden und durchziehen.

## Fertigstellung

Den Flamingo auf dem Hintergrund feststecken und mit Garn A festnähen. Mit Garn A unterhalb des Körpers lange Beine und mit Garn B mit zwei kleinen Stichen mittig Gelenke aufsticken. Mit Garn B mit vier Stichen den Schnabelansatz an den Kopf sticken, dann den Schnabel mit Garn F vervollständigen und ein Auge aufsticken. Alle Fadenenden vernähen und das fertige Granny Square spannen.

# 26 Igel

LEVEL

Dieser süße Igel eignet sich toll für Kinderzimmer-Projekte, denn hier lässt es sich nach Lust und Laune greifen und fühlen: Die „Stacheln“ bestehen aus kleinen Picots, und mit etwas Füllwatte wird auch die Schnauze wunderbar knuffig. Die Hummel (siehe Seite 56) ist ebenfalls perfekt, um kleine Finger zu beschäftigen, und damit ein toller Partner.

### Das brauchen Sie

Farbe A (dunkles Beige): 7 m
Farbe B (Braun): 9 m
Farbe C (Dunkelbraun): 10 m
Farbe D (helles Apricot): 44 m
Farbe E (Schwarz): kleine Menge
Häkelnadel: 3,5 mm
zwei Sicherheitsaugen

## Größe

15 x 15 cm

## Igel

**Magischer Ring:** Mit Garn A einen Magischen Ring arb.

**Runde 1:** 1 Lm (zählt hier und im Folgenden nicht als 1. M), 6 fM in den Ring, 1 Km in die 1. M der Rd, Ring festziehen (6 M).

**Runde 2:** 1 Lm, 2 fM in jede der folg 6 M, 1 Km in die 1. M der Rd (12 M).

**Runde 3:** 1 Lm, (2 fM in die folg M, 1 fM in die folg M) x 6, 1 Km in die 1. M der Rd (18 M).

**Runde 4:** 1 Lm, (1 fM in jede der folg 2 M, 2 fM in die folg M) x 6, 1 Km in die 1. M der Rd (24 M).

**Runde 5:** 1 Lm, (2 fM in die folg M, 1 fM in jede der folg 3 M) x 6, 1 Km in die 1. M der Rd (30 M).

Garn A abschneiden und durchziehen.

STACHELN

Ab jetzt in Reihen weiterhäkeln.

**Reihe 1:** Garn B an die letzte M der Vor-Rd anfügen, 1 Lm, (1 fM in die folg M, 4 Lm, 1 Km in die 2. Lm ab Nd und in jede der folg 2 Lm) x 16, 1 fM in die folg M, wenden (17 M, 16 Stacheln).

Garn B abschneiden und durchziehen.

**Reihe 2:** Garn C anfügen, 1 Lm, (1 fM in die folg fM, 3 Lm, 1 fM überg) x 8, 1 fM in die letzte fM, wenden (9 M, 8 Lm-ZR).

**Reihe 3:** 1 Lm, 1 fM in die letzte M der Vor-R, ([1 hStb, 1 Stb, 2 Lm, 1 Km in die 2. Lm ab Nd, 1 Stb, 1 hStb] in den folg 3-Lm-ZR, 1 fM in die folg fM) x 8, nicht wenden (41 M).

Garn C abschneiden und durchziehen.

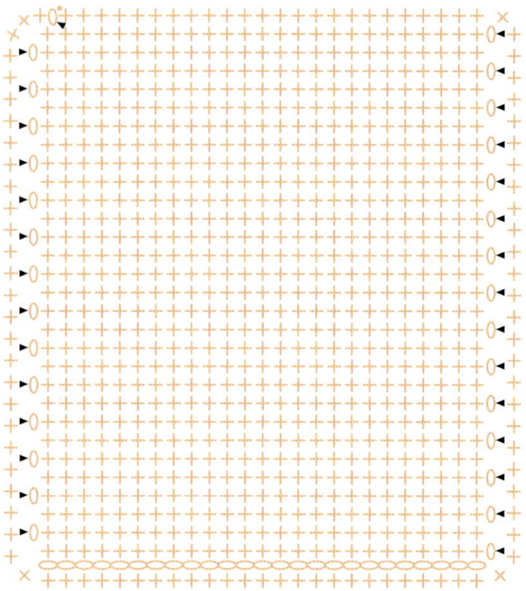

IGEL

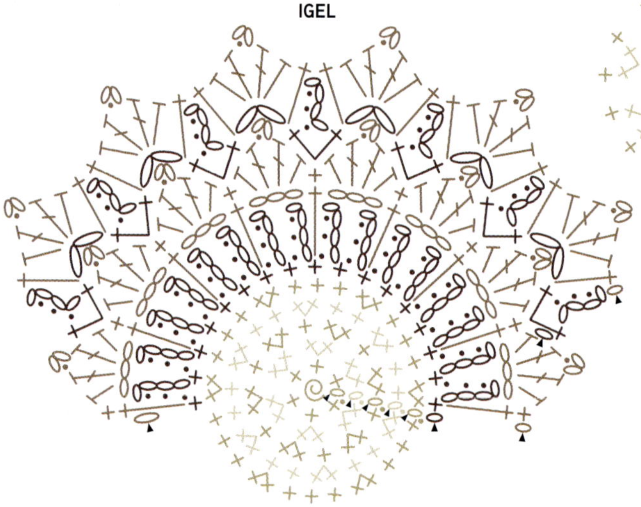

SCHNAUZE

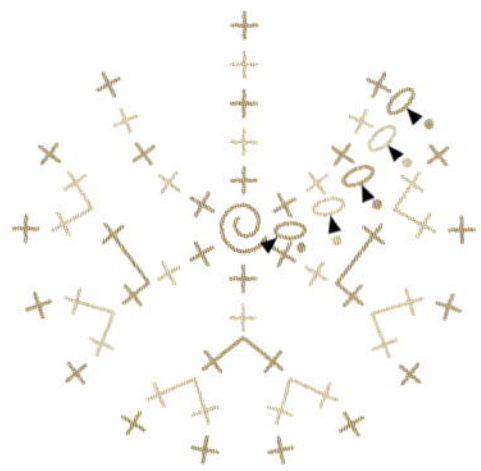

**Symbole:**

- Magischer Ring
- Luftmasche (Lm)
- Kettmasche (Km)
- feste Masche (fM)
- halbes Stäbchen (hStb)
- Stäbchen (Stb)
- Reihen- bzw. Rundenbeginn

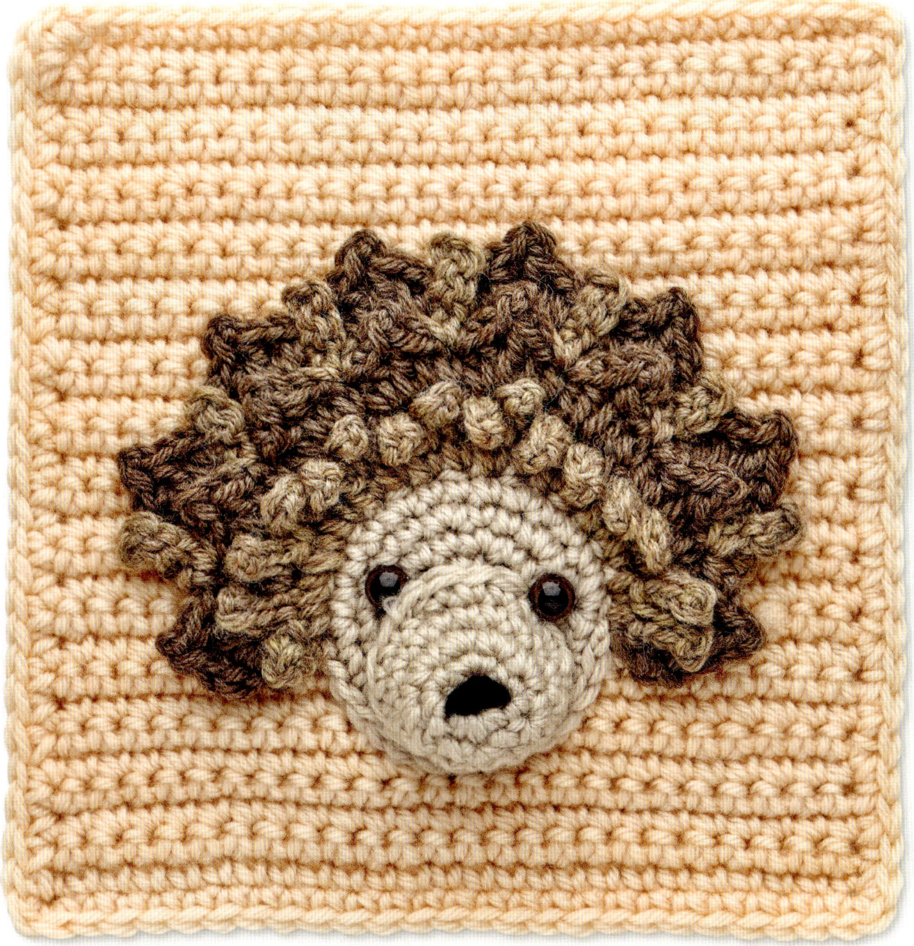

Reihe 4: Mit der rechten Seite nach oben Garn B an die 2. fM der Vor-R anfügen, 1 Lm, 1 fM in die 2. fM der Vor-R, ([4 Lm, 1 Km in die 2. Lm ab Nd und in jede der folg 2 Lm, 1 fM] in dieselbe fM von Reihe 3, 2 Lm, 1 fM in die folg fM) x 7, dabei bei der letzten Wdh vor den letzten 2 Lm enden, nicht wenden (14 M, 7 Stacheln, 6 2-Lm-ZR).
Garn B abschneiden und durchziehen.
Reihe 5: Mit der rechten Seite nach oben Garn C an die 2. fM der Vor-R anfügen, 1 Lm, 1 fM in die 2. fM der Vor-R, ([1 hStb, 1 Stb, 2 Lm, 1 Km in die 2. Lm ab Nd, 1 Stb, 1 hStb] in den folg 2-Lm-ZR, 1 fM in jede der folg 2 fM) x 6, dabei bei der letzten Wdh vor der letzten fM enden (36 M).
Garn C abschneiden und durchziehen.

## Schnauze

**Magischer Ring:** Mit Garn A einen Magischen Ring arb.
**Runde 1:** 1 Lm (zählt hier und im Folgenden nicht als 1. M), 6 fM in den Ring, 1 Km in die 1. M der Rd, Ring festziehen (6 M).
**Runde 2:** 1 Lm, 1 fM in jede der folg 6 fM, 1 Km in die 1. M der Rd (6 M).
**Runde 3:** 1 Lm, 1 fM in jede der folg 3 M, 2 fM in jede der folg 3 M, 1 Km in die 1. M der Rd (9 M).
**Runde 4:** 1 Lm, 1 fM in jede der folg 3 M, 2 fM in jede der folg 6 M, 1 Km in die 1. M der Rd (15 M).
**Runde 5:** 1 Lm, 1 fM in jede folg M bis Rd-Ende, 1 Km in die 1. M der Rd (15 M).
Garn A abschneiden und durchziehen.

## Hintergrund

**Luftmaschenkette:** Mit Garn D 26 Lm anschl
**Reihe 1:** 1 fM in die 2. Lm ab Nd und in jede der folg 24 Lm, wenden (25 M).
**Reihe 2:** 1 Lm (zählt hier und im Folgenden nicht als 1. M), 1 fM in jede folg M bis R-Ende, wenden (25 M).
**Reihen 3–29:** Wie Reihe 2 arb, dabei nach Reihe 29 nicht wenden (25 M).

EINFASSUNG

**Runde 30:** 1 Lm, 3 fM in die letzte M der Vor-R, 23 fM gleichmäßig verteilt in die R-Enden arb, 3 fM in die 1. Lm der Lmk, 1 fM in jede der folg 23 Lm, 3 fM in die vorletzte Lm der Lmk, 23 fM gleichmäßig verteilt in die R-Enden arb, 3 fM in die folg M an der Ecke, 1 fM in jede der folg 23 M, 1 Km in die 1. M der Rd (104 M).
Garn D abschneiden und durchziehen.

## Fertigstellung

Mit Garn E eine dreieckige Nase auf die Schnauze sticken. Mit Garn A die Schnauze auf den Kopf und diesen anschließend auf den Hintergrund nähen. Die äußere Reihe Stacheln mit Garn C festnähen und die Sicherheitsaugen nach Herstellerangaben befestigen. Alle Fadenenden vernähen und das fertige Granny Square spannen.

## Tipps

- Anstatt Sicherheitsaugen zu befestigen, kann man auch kleine Knopfaugen aufsticken.

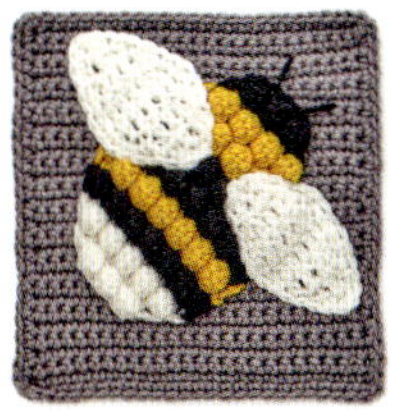

## Mix & Match

*Hummel, siehe Seite 56*

# 27 Schimpanse

LEVEL

Dieser freche Schimpanse zaubert einem sofort ein Lächeln auf die Lippen. Nach Wunsch kann man ihm auch ein Paar leuchtender Sicherheitsaugen spendieren, und aus mehreren Schimpansen-Granny-Squares mit Hintergründen in verschiedenen knalligen Farben lässt sich eine große, chaotische Affenfamilie gestalten.

## Das brauchen Sie

Farbe A (Dunkelbraun): 16 m
Farbe B (kräftiges Gelb): 26 m
Farbe C (dunkles Beige): 16 m
Farbe D (dunkles Korallenrot): 1 m
Farbe E (Schwarz): 1 m
Farbe F (Weiß): 2 m
Häkelnadel: 3,5 mm

## Kopf und Hintergrund

**Magischer Ring:** Mit Garn A einen Magischen Ring arb.

**Runde 1:** 1 Lm (zählt hier und im Folgenden nicht als 1. M), 6 fM in den Ring, 1 Km in die 1. M der Rd, Ring festziehen (6 M).

**Runde 2:** 1 Lm, 2 fM in jede der folg 6 M, 1 Km in die 1. M der Rd (12 M).

**Runde 3:** 1 Lm, (2 fM in die folg M, 1 fM in die folg M) x 6, 1 Km in die 1. M der Rd (18 M).

**Runde 4:** 1 Lm, (1 fM in jede der folg 2 M, 2 fM in die folg M) x 6, 1 Km in die 1. M der Rd (24 M).

**Runde 5:** 1 Lm, (2 fM in die folg M, 1 fM in jede der folg 3 M) x 6, 1 Km in die 1. M der Rd (30 M).

**Runde 6:** 1 Lm, (1 fM in jede der folg 3 M, 2 fM in die folg M, 1 fM in die folg M) x 6, 1 Km in die 1. M der Rd (36 M).

**Runde 7:** 1 Lm, (2 fM in die folg M, 1 fM in jede der folg 5 M) x 6, 1 Km in die 1. M der Rd (42 M).

**Runde 8:** 1 Lm, (1 fM in jede der folg 4 M, 2 fM in die folg M, 1 fM in jede der folg 2 M) x 6, 1 Km in die 1. M der Rd (48 M).

**Runde 9:** 1 Lm, (2 fM in die folg M, 1 fM in jede der folg 7 M) x 6, 1 Km in die 1. M der Rd (54 M).

## Größe

15 x 15 cm

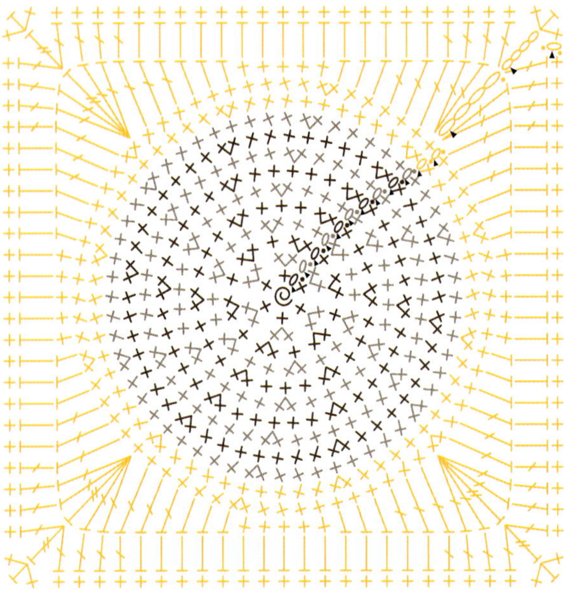

LINKES OHR

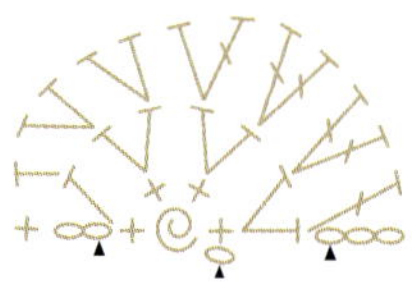

RECHTES OHR

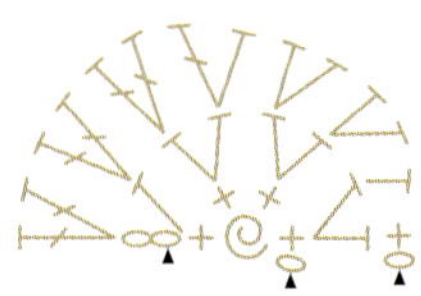

GESICHT

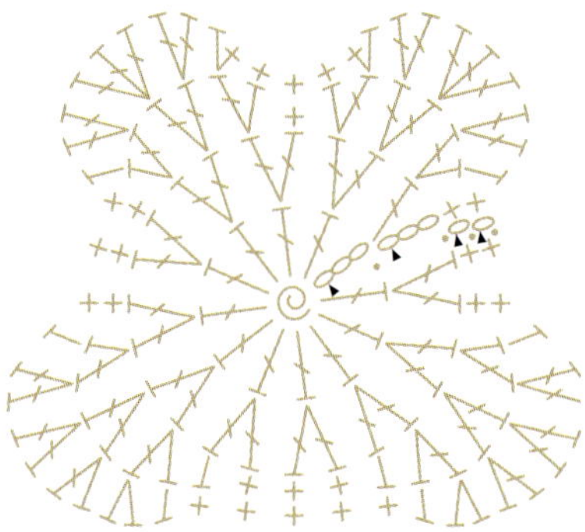

AUGEN

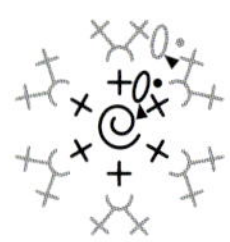

**Symbole:**

- Magischer Ring
- Luftmasche (Lm)
- Kettmasche (Km)
- feste Masche (fM)
- halbes Stäbchen (hStb)
- Stäbchen (Stb)
- Doppelstäbchen (DStb)
- hinteres Maschenglied (hMgl)
- Reihen- bzw. Rundenbeginn

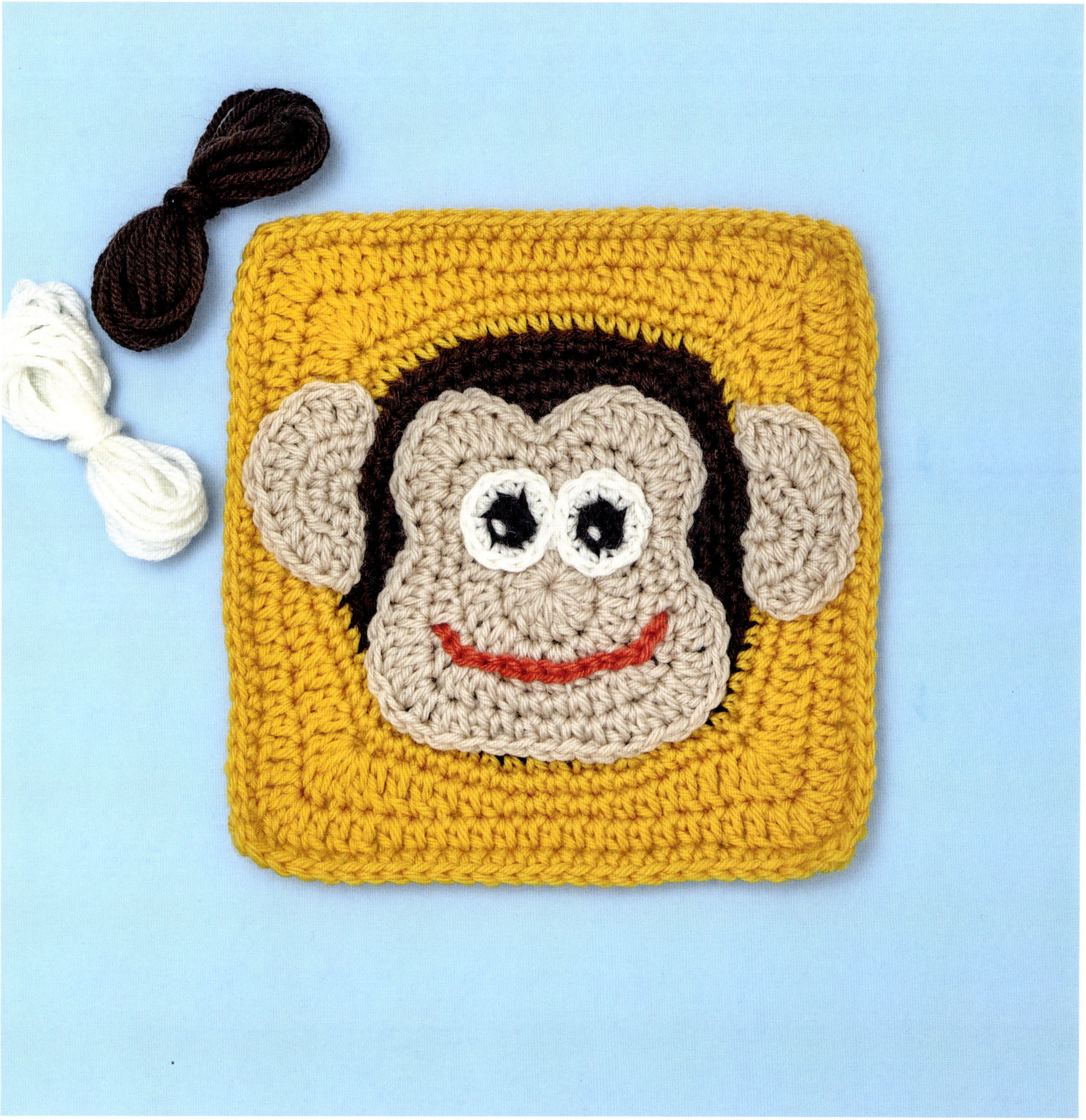

**Runde 10:** 1 Lm, (1 fM in jede der folg 5 M, 2 fM in die folg M, 1 fM in jede der folg 3 M) x 6, 1 Km in die 1. M der Rd (60 M).

Garn A abschneiden und durchziehen.

**Runde 11:** Garn B anfügen, 1 Lm, (2 fM in die folg M, 1 fM in jede der folg 9 M) x 6, 1 Km in die 1. M der Rd (66 M).

**Runde 12:** 1 Lm, (1 fM in jede der folg 6 fM, 2 fM in die folg M, 1 fM in jede der folg 4 M) x 6, 1 Km in die 1. M der Rd (72 M).

**Runde 13:** 4 Lm (zählen hier und im Folgenden als 1 DStb), 2 Stb in die 1. M der Vor-Rd, (1 Stb in jede der folg 3 M, 1 hStb in jede der folg 3 M, 1 fM in jede der folg 5 M, 1 hStb in jede der folg 3 M, 1 Stb in jede der folg 3 M, [2 Stb, 1 DStb, 2 Stb] in die folg M) x 4, dabei bei der letzten Wdh vor der eckigen Klammer enden, 2 Stb in die 1. M der Vor-Rd, 1 Km in die obere der 4 Anf-Lm (88 M).

**Runde 14:** 4 Lm, 1 Stb in die obere der 4 Anf-Lm der Vor-Rd, (1 Stb in jede der folg 3 M, 1 hStb in jede der folg 15 M, 1 Stb in jede der folg 3 M, [1 Stb, 1 DStb, 1 Stb] in die folg M) x 4, dabei bei der letzten Wdh vor der eckigen Klammer enden, 1 Stb in die obere der 4 Anf-Lm der Vor-Rd, 1 Km in die obere der 4 Anf-Lm (96 M).

**Runde 15:** 1 Lm, ([1 fM, 1 hStb, 1 fM] in das Eck-DStb, 1 fM in jede der folg M bis zum folg Eck-DStb) x 4, 1 Km in die 1. M der Rd (104 M).

Garn B abschneiden und durchziehen.

## Gesicht

**Magischer Ring:** Mit Garn C einen Magischen Ring arb.

**Runde 1:** 3 Lm (zählen hier und im Folgenden als 1 Stb), 11 Stb in den Ring, Ring festziehen, 1 Km in die obere der 3 Anf-Lm (12 M).

**Runde 2:** 3 Lm, 1 Stb in die obere der 3 Anf-Lm der Vor-Rd, 2 Stb in jede der folg 11 M, 1 Km in die obere der 3 Anf-Lm (24 M).

**Runde 3:** 1 Lm (zählt hier und im Folgenden nicht als 1. M), 1 fM in die 1. M der Vor-Rd, [1 hStb, 1 Stb] in die folg M, 2 Stb in die folg M, [1 Stb, 1 hStb] in die folg M, 1 fM in die folg M, [1 hStb, 1 Stb] in die folg M, 2 Stb in die folg M, [1 Stb, 1 hStb] in die folg M, 1 fM in jede der folg 3 M, [1 hStb, 1 Stb] in die folg M, 2 Stb in die folg M, [1 Stb, 1 hStb] in die folg M, 1 hStb in die folg M, 1 fM in jede der folg 3 M, 1 hStb in die folg M, [1 hStb, 1 Stb] in die folg M, 2 Stb in die folg M, [1 Stb, 1 hStb] in die folg M, 1 fM in jede der folg 2 M, 1 Km in die 1. M der Rd (36 M).

**Runde 4:** 1 Lm, 1 fM in die 1. M der Vor-Rd, 1 hStb in die folg M, 2 Stb in die folg M, 3 Stb in die folg M, 2 Stb in die folg M, [1 hStb, 1 fM] in die folg M, 1 fM in jede der folg 3 M, [1 fM, 1 hStb] in die folg M, 2 Stb in die folg M, 3 Stb in die folg M, 2 Stb in die folg M, 1 hStb in die folg M, 1 fM in jede der folg 3 M, 1 hStb in die folg M, 2 Stb in jede der folg 2 M, [1 Stb, 1 hStb] in die folg M, 2 hStb in die folg M, 1 hStb in die folg M, 1 fM in jede der folg 5 M, 1 hStb in die folg M, 2 hStb in die folg M, [1 hStb, 1 Stb] in die folg M, 2 Stb in jede der folg 2 M, 1 hStb in die folg M, 1 fM in jede der folg 2 M, 1 Km in die 1. M der Rd (54 M).

Garn C abschneiden und durchziehen.

OBERFLÄCHENHÄKELN

Mit Garn D aus einer Reihe Km einen lachenden Mund auf das Gesicht häkeln.

Garn D abschneiden und durchziehen.

## Linkes Ohr

**Magischer Ring:** Mit Garn C einen Magischen Ring arb.

**Reihe 1:** 1 Lm, 4 fM in den Ring, Ring festziehen, wenden (4 M).

**Reihe 2:** 2 Lm (zählen als 1 hStb), 1 hStb in die letzte M der Vor-R, 2 hStb in jede der folg 3 M, wenden (8 M).

**Reihe 3:** 3 Lm (zählen als 1 Stb), 1 Stb in die letzte M der Vor-R, 2 Stb in jede der folg 2 M, [1 Stb, 1 hStb] in die folg M, 2 hStb in jede der folg 2 M, 1 hStb in die folg M, 1 fM in die letzte M (14 M).

Garn C abschneiden und durchziehen.

## Rechtes Ohr

**Magischer Ring:** Mit Garn C einen Magischen Ring arb.

**Reihe 1:** 1 Lm, 4 fM in den Ring, Ring festziehen, wenden (4 M).

**Reihe 2:** 2 Lm (zählen als 1 hStb), 1 hStb in die letzte M der Vor-R, 2 hStb in jede der folg 3 M, wenden (8 M).

**Reihe 3:** 1 Lm, 1 fM in die letzte M der Vor-R, 1 hStb in die folg M, 2 hStb in jede der folg 2 M, [1 hStb, 1 Stb] in die folg M, 2 Stb in jede der folg 3 M (14 M).

Garn C abschneiden und durchziehen.

## Augen (x 2)

**Magischer Ring:** Mit Garn E einen Magischen Ring arb.

**Runde 1:** 1 Lm, 6 fM in den Ring, 1 Km in die 1. M der Rd, Ring festziehen (6 M).

Garn E abschneiden und durchziehen.

**Runde 2:** Garn F an das hMgl einer beliebigen M der Vor-Rd anfügen, 1 Lm, 2 fM in das hMgl jeder der folg 6 M, 1 Km in die 1. M der Rd (12 M).

Garn F abschneiden und durchziehen.

## Fertigstellung

Mit Garn C das Gesicht auf und die Ohren an den Kopf nähen. Mit Garn F eine Reflexion auf jede Pupille sticken und dann die Augen auf das Gesicht nähen. Alle Fadenenden vernähen und das fertige Granny Square spannen.

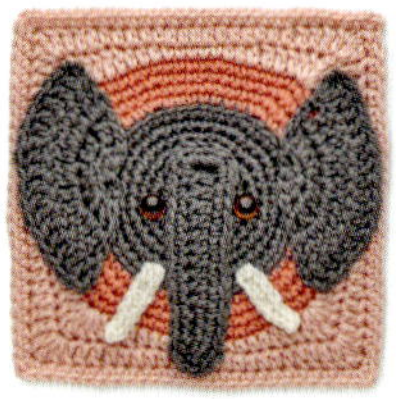

### Mix & Match

*Elefant, siehe Seite 60*

# 28 Pferd

LEVEL

Ich habe mich bei diesem Pferd für die typischen Farben der Palominos entschieden, aber im Grunde sind der Fantasie natürlich keine Grenzen gesetzt – von Schimmel bis Rappe ist alles möglich! Das Design wird mithilfe der Tapestry-Technik gearbeitet (siehe Seite 121), und nach Wunsch kann man schließlich noch Details wie Augen oder Nüstern aufsticken.

## Das brauchen Sie

Farbe A (Apricot): 32 m
Farbe B (Beige): 20 m
Farbe C (Weiß): 7 m
Häkelnadel: 3,5 mm

## Größe

15 x 15 cm

## Hintergrund und Körper

**Luftmaschenkette:** Mit Garn A 26 Lm anschl.

**Reihe 1:** 1 fM in die 2. Lm ab Nd und in jede der folg 16 Lm, dabei bei der letzten M auf Garn B wechseln, 1 fM in jede der folg 8 Lm, wenden (25 M).

**Reihe 2:** 1 Lm (zählt hier und im Folgenden nicht als 1. M), 1 fM in jede der folg 8 M, dabei bei der letzten M auf Garn A wechseln, 1 fM in jede der folg 17 M, wenden (25 M).

**Reihe 3:** 1 Lm, 1 fM in jede der folg 16 M, dabei bei der letzten M auf Garn B wechseln, 1 fM in jede der folg 9 M, wenden.

**Reihe 4:** 1 Lm, 1 fM in jede der folg 9 M, dabei bei der letzten M auf Garn A wechseln, 1 fM in jede der folg 8 M, dabei bei der letzten M auf Garn B wechseln, 1 fM in jede der folg 2 M, dabei bei der letzten M auf Garn A wechseln, 1 fM in jede der folg 6 fM, wenden.

**Reihe 5:** 1 Lm, 1 fM in jede der folg 5 M, dabei bei der letzten M auf Garn B wechseln, 1 fM in jede der folg 4 M, dabei bei der letzten M auf Garn A wechseln, 1 fM in jede der folg 6 fM, dabei bei der letzten M auf Garn B wechseln, 1 fM in jede der folg 10 M, wenden.

**Reihe 6:** 1 Lm, 1 fM in jede der folg 10 M, dabei bei der letzten M auf Garn A wechseln, 1 fM in jede der folg 5 M, dabei bei der letzten M auf Garn B wechseln, 1 fM in jede der folg 6 fM, dabei bei der letzten M auf Garn A wechseln, 1 fM in jede der folg 4 M, wenden.

**Reihe 7:** 1 Lm, 1 fM in jede der folg 3 M, dabei bei der letzten M auf Garn B wechseln, 1 fM in jede der folg 8 M, dabei bei der letzten M auf Garn A wechseln, 1 fM in jede der folg 3 M, dabei bei der letzten M auf Garn B wechseln, 1 fM in jede der folg 11 M, wenden.

**Reihe 8:** 1 Lm, 1 fM in jede der folg 12 M, dabei bei der letzten M auf Garn A wechseln, 1 fM in jede der folg 2 M, dabei bei der letzten M auf Garn B wechseln, 1 fM in jede der folg 9 M, dabei bei der letzten M auf Garn A wechseln, 1 fM in jede der folg 2 M, wenden.

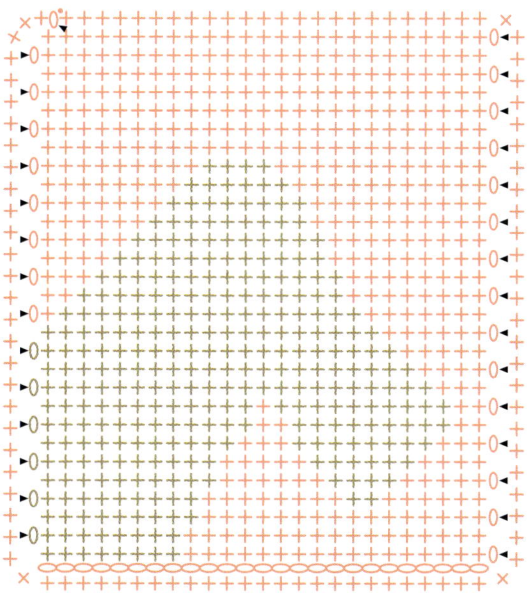

OHREN

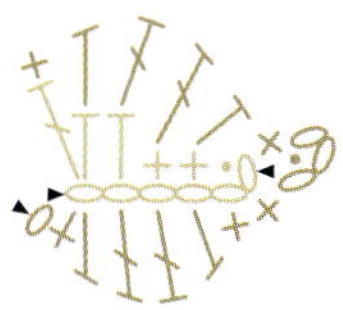

**Symbole:**

- Luftmasche (Lm)
- Kettmasche (Km)
- feste Masche (fM)
- halbes Stäbchen (hStb)
- Stäbchen (Stb)
- Reihen- bzw- Rundenbeginn

## Anmerkung

Die gerade nicht verwendeten Fadenenden am oberen Ende der Vorreihe mitführen und mit dem Arbeitsfaden umhäkeln.

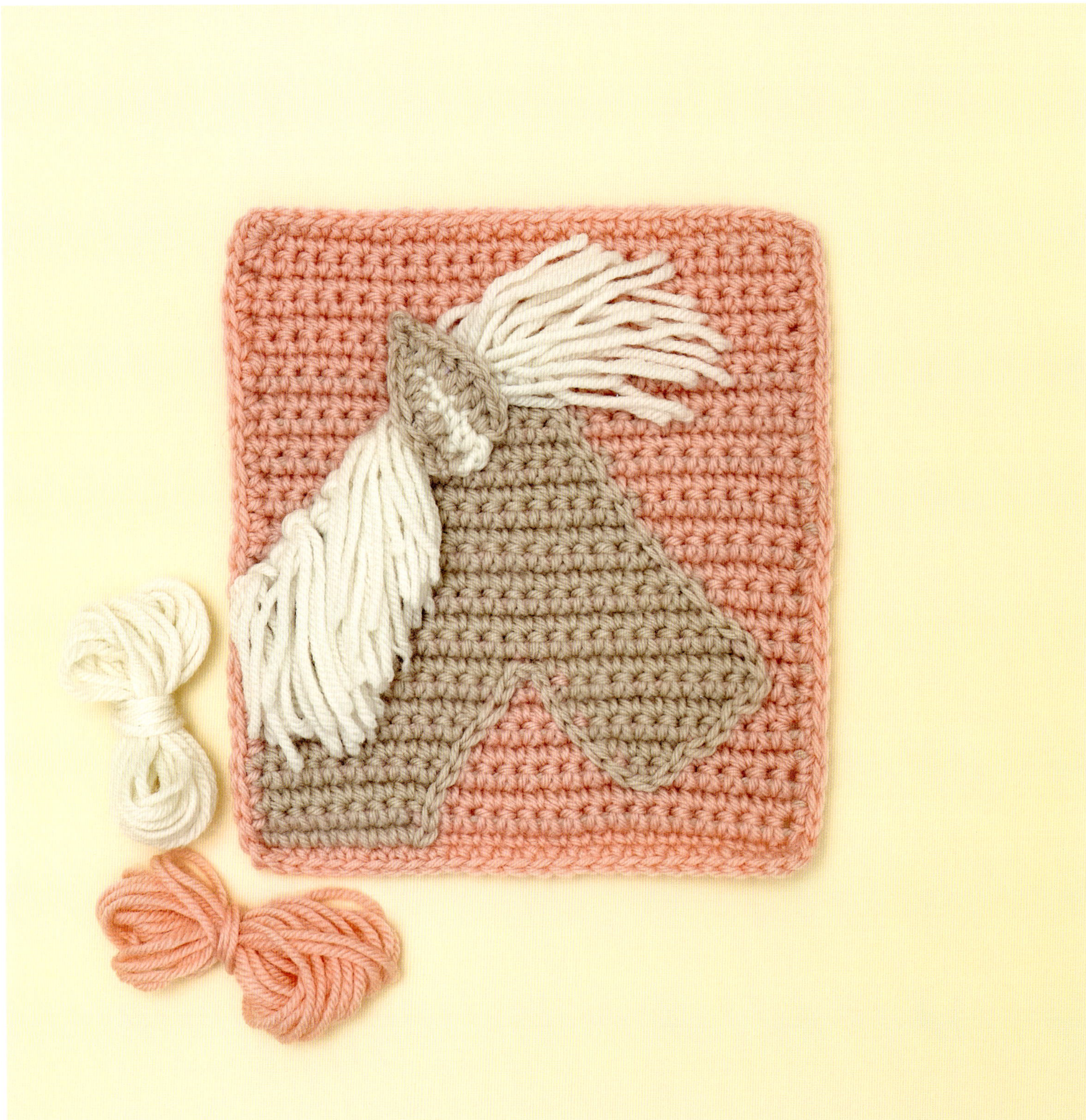

**Reihe 9:** 1 Lm, 1 fM in jede der folg 2 M, dabei bei der letzten M auf Garn B wechseln, 1 fM in jede der folg 10 M, dabei bei der letzten M auf Garn A wechseln, 1 fM in die folg M, dabei auf Garn B wechseln, 1 fM in jede der folg 12 M, wenden.

**Reihe 10:** 1 Lm, 1 fM in jede der folg 22 M, dabei bei der letzten M auf Garn A wechseln, 1 fM in jede der folg 3 M, wenden.

**Reihe 11:** 1 Lm, 1 fM in jede der folg 4 M, dabei bei der letzten M auf Garn B wechseln, 1 fM in jede der folg 21 M, wenden.

**Reihe 12:** 1 Lm, 1 fM in jede der folg 20 M, dabei bei der letzten M auf Garn A wechseln, 1 fM in jede der folg 5 M, wenden.

**Reihe 13:** 1 Lm, 1 fM in jede der folg 6 fM, dabei bei der letzten M auf Garn B wechseln, 1 fM in jede der folg 19 M, dabei bei der letzten M auf Garn A wechseln, wenden.

**Reihe 14:** 1 Lm, 1 fM in die letzte M der Vor-R, dabei auf Garn B wechseln, 1 fM in jede der folg 17 M, dabei bei der letzten M auf Garn A wechseln, 1 fM in jede der folg 7 M, wenden.

**Reihe 15:** 1 Lm, 1 fM in jede der folg 8 M, dabei bei der letzten M auf Garn B wechseln, 1 fM in jede der folg 15 M, dabei bei der letzten M auf Garn A wechseln, 1 fM in jede der folg 2 M, wenden.

**Reihe 16:** 1 Lm, 1 fM in jede der folg 3 M, dabei bei der letzten M auf Garn B wechseln, 1 fM in jede der folg 14 M, dabei bei der letzten M auf Garn A wechseln, 1 fM in jede der folg 8 M, wenden.

**Reihe 17:** 1 Lm, 1 fM in jede der folg 9 M, dabei bei der letzten M auf Garn B wechseln, 1 fM in jede der folg 12 M, dabei bei der letzten M auf Garn A wechseln, 1 fM in jede der folg 4 M, wenden.

**Reihe 18:** 1 Lm, 1 fM in jede der folg 5 M, dabei bei der letzten M auf Garn B wechseln, 1 fM in jede der folg 11 M, dabei bei der letzten M auf Garn A wechseln, 1 fM in jede der folg 9 M, wenden.

**Reihe 19:** 1 Lm, 1 fM in jede der folg 10 M, dabei bei der letzten M auf Garn B wechseln, 1 fM in jede der folg 9 M, dabei bei der letzten M auf Garn A wechseln, 1 fM in jede der folg 6 fM, wenden.

**Reihe 20:** 1 Lm, 1 fM in jede der folg 7 M, dabei bei der letzten M auf Garn B wechseln, 1 fM in jede der folg 8 M, dabei bei der letzten M auf Garn A wechseln, 1 fM in jede der folg 10 M, wenden.

**Reihe 21:** 1 Lm, 1 fM in jede der folg 11 M, dabei bei der letzten M auf Garn B wechseln, 1 fM in jede der folg 6 fM, dabei bei der letzten M auf Garn A wechseln, 1 fM in jede der folg 8 M, wenden.

**Reihe 22:** 1 Lm, 1 fM in jede der folg 9 M, dabei bei der letzten M auf Garn B wechseln, 1 fM in jede der folg 4 M, dabei bei der letzten M auf Garn A wechseln, 1 fM in jede der folg 12 M, wenden.

Garn B abschneiden und durchziehen und mit Garn A weiterhäkeln.

**Reihe 23:** 1 Lm, 1 fM in jede der folg 25 M, wenden.

**Reihen 24–29:** Wie Reihe 23 arb.

EINFASSUNG

**Runde 30:** 1 Lm, 3 fM in die letzte M der Vor-R, 23 fM gleichmäßig verteilt in die R-Enden arb, 3 fM in die 1. Lm der Lmk, 1 fM in jede der folg 23 Lm, 3 fM in die vorletzte Lm der Lmk, 23 fM gleichmäßig verteilt in die R-Enden arb, 3 fM in die folg M an der Ecke, 1 fM in jede der folg 23 M, 1 Km in die 1. M der Rd (104 M).

Garn A abschneiden und durchziehen.

UMRISS

Mit Garn B aus Kettmaschen auf der Oberfläche den Umriss des Pferdes nachhäkeln.

Garn B abschneiden und durchziehen.

## Ohr

**Luftmaschenkette:** Mit Garn C 6 Lm anschl.

**Reihe 1:** 1 Km in die 2. Lm ab Nd, 1 fM in jede der folg 2 Lm, 1 hStb in die folg Lm, [1 hStb, 1 Stb] in die letzte Lm (5 M).

Garn C abschneiden und durchziehen.

**Reihe 2:** Wenden und nun entlang der gegenüberliegenden Seite der Lmk arb, Garn B an die 1. Lm anfügen, 1 Lm, [1 fM, 1 hStb] in die 1. Lm, 1 Stb in jede der folg 2 Lm, 1 hStb in die folg Lm, 1 fM in die folg Lm, [1 fM, 3 Lm, 1 Km in die 3. Lm ab Nd, 1 fM] in die folg Lm, 1 hStb in die folg M, 1 Stb in jede der folg 2 M, 1 hStb in die folg M, 1 fM in die letzte M (13 M).

Garn B abschneiden und durchziehen.

## Mähne

42 etwa 14 cm lange Fäden von Garn C abschneiden und beginnend am unteren Ende des Halses an der linken Seite des Pferdekopfes eine Mähne daraus fertigen. Dafür jeweils drei Fäden der Hälfte nach falten, je durch eine Kettmasche auf der Oberfläche ziehen, die Enden durch die Schlaufen fädeln und festziehen.

## Fertigstellung

Das untere Ende des Ohrs mit Garn B auf dem Pferdekopf festnähen, oben das Ohr mit einem einzelnen Stich annähen. Die Fadenenden der Mähne nach Wunsch kürzen. Alle Fadenenden vernähen und das fertige Granny Square spannen.

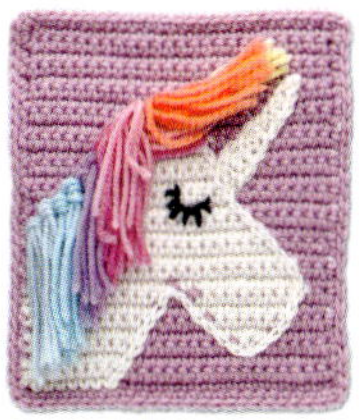

## Mix & Match

*Einhorn, siehe Seite 79*

# 29 Oktopus

LEVEL

Der Pazifische Riesenkrake ist ein sehr elegantes und unglaublich intelligentes Tier. Ich habe mich hier dafür entschieden, die sechs Arme in der Mitte am unteren Ende nicht festzunähen, sodass sie wie in freier Wildbahn im Wasser frei herumschweben können – nach Wunsch kann man aber natürlich alle Arme auch unten festnähen.

## Das brauchen Sie

Farbe A (Rot-Orange): 24 m
Farbe B (Dunkelblau): 44 m
Häkelnadel: 3,5 mm
ein Sicherheitsauge

## Größe

15 x 15 cm

## Oktopus

**Magischer Ring:** Mit Garn A einen Magischen Ring arb.

**Reihe 1:** 1 Lm (zählt hier und im Folgenden nicht als 1. M), 3 fM in den Ring, Ring festziehen, wenden (3 M).

**Reihe 2:** 1 Lm, 2 fM in die letzte M der Vor-R, 1 fM in jede der folg 2 M, wenden (4 M).

**Reihe 3:** 1 Lm, 1 fM in jede der folg 3 M, 2 fM in die letzte M, wenden (5 M).

**Reihe 4:** 1 Lm, 2 fM in die letzte M der Vor-R, 1 fM in jede der folg 4 M, wenden (6 M).

**Reihe 5:** 1 Lm, 1 fM in jede der folg 5 M, 2 fM in die letzte M, wenden (7 M).

**Reihe 6:** 1 Lm, 2 fM in die letzte M der Vor-R, 1 fM in jede der folg 6 fM, wenden (8 M).

**Reihe 7:** 1 Lm, 1 fM in jede der folg 7 M, 2 fM in die letzte M, wenden (9 M).

**Reihe 8:** 1 Lm, 2 fM in die letzte M der Vor-R, 1 fM in jede der folg 8 M, wenden (10 M).

**Reihe 9:** 1 Lm, 1 fM in jede der folg 9 M, 2 fM in die letzte M, wenden (11 M).

**Reihe 10:** 1 Lm, 1 fM in die letzte M der Vor-R, (1 fM in die folg M, 21 Lm, 2 fM in die 2. Lm ab Nd, 2 fM in jede der folg 14 Lm, 1 fM in jede der folg 5 Lm) x 8, 1 fM in die folg M, 2 fM in die folg M, 1 fM in jedes der folg 8 R-Enden, 3 fM in den Ring, 1 fM in jedes der folg 2 R-Enden, 1 hStb in das folg R-Ende.

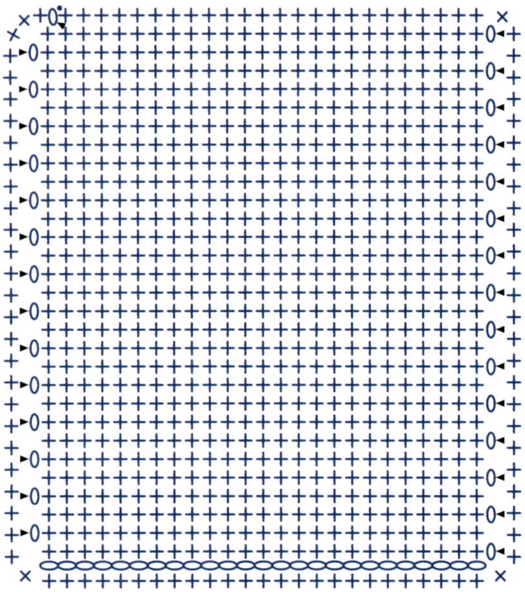

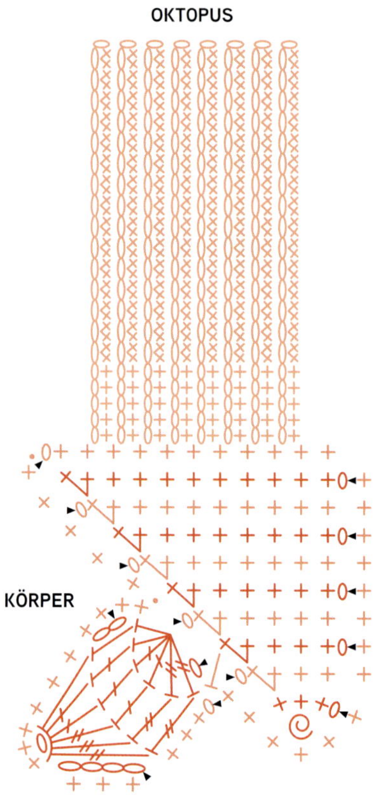


**Symbole:**

- Magischer Ring
- Luftmasche (Lm)
- Kettmasche (Km)
- feste Masche (fM)
- halbes Stäbchen (hStb)
- Stäbchen (Stb)
- Doppelstäbchen (DStb)
- Reihen- bzw. Rundenbeginn

KÖRPER

**Reihe 1:** 1 Lm, [2 DStb, 2 Stb, 2 hStb] in das folg R-Ende, wenden (6 M).

**Reihe 2:** 2 Lm (zählt nicht als 1. M), 1 hStb in die letzte M der Vor-R, 1 Stb in jede der folg 3 M, 1 DStb in jede der folg 2 M, wenden (6 M).

**Reihe 3:** 4 Lm (zählt nicht als 1. M), über die folg 6 M wie folgt Abnahmen arb: [U x 3, mit der Nd in die folg M einstechen, Faden holen und durchziehen, (U, durch 2 Schl auf der Nd ziehen) x 2] in jede der folg 3 M (4 Schl auf der Nd), [U, mit der Nd in die folg M einstechen, Faden holen und durchziehen, U, durch 2 Schl auf der Nd ziehen] in jede der folg 2 M (6 Schl auf der Nd), U, mit der Nd in die folg M einstechen, Faden holen und durchziehen, Faden holen und durch alle 8 Schl auf der Nd ziehen, 1 Lm (1 M).

Garn A abschneiden und durchziehen.

**Reihe 11:** Mit der rechten Seite nach oben Garn A in den 1-Lm-ZR von Reihe 1 des Körpers anfügen, 1 Lm, 3 fM in das DStb am R-Ende von Reihe 2, 3 fM in den 4-Lm-ZR am Beginn von Reihe 3, 3 fM in den 1-Lm-ZR am oberen Ende von Reihe 3, 3 fM in jedes der folg 2 R-Enden, 1 fM in das folg R-Ende, 1 Km in das R-Ende von Reihe 5, 1 fM in jedes der folg 5 R-Enden, 1 Km in die 1. M von Reihe 10 (21 M).

Garn A abschneiden und durchziehen.

## Hintergrund

**Luftmaschenkette:** Mit Garn B 26 Lm anschl.

**Reihe 1:** 1 fM in die 2. Lm ab Nd und in jede der folg 24 Lm, wenden (25 M).

**Reihe 2:** 1 Lm (zählt nicht als 1. M), 1 fM in jede folg M bis R-Ende, wenden (25 M).

**Reihen 3–29:** Wie Reihe 2 arb, dabei nach Reihe 29 nicht wenden (25 M).

EINFASSUNG

**Runde 30:** 1 Lm, 3 fM in die letzte M der Vor-R, 23 fM gleichmäßig verteilt in die R-Enden arb, 3 fM in die 1. Lm der Lmk, 1 fM in jede der folg 23 Lm, 3 fM in die vorletzte Lm der Lmk, 23 fM gleichmäßig verteilt in die R-Enden arb, 3 fM in die folg M an der Ecke, 1 fM in jede der folg 23 M, 1 Km in die 1. M der Rd (104 M).

Garn B abschneiden und durchziehen.

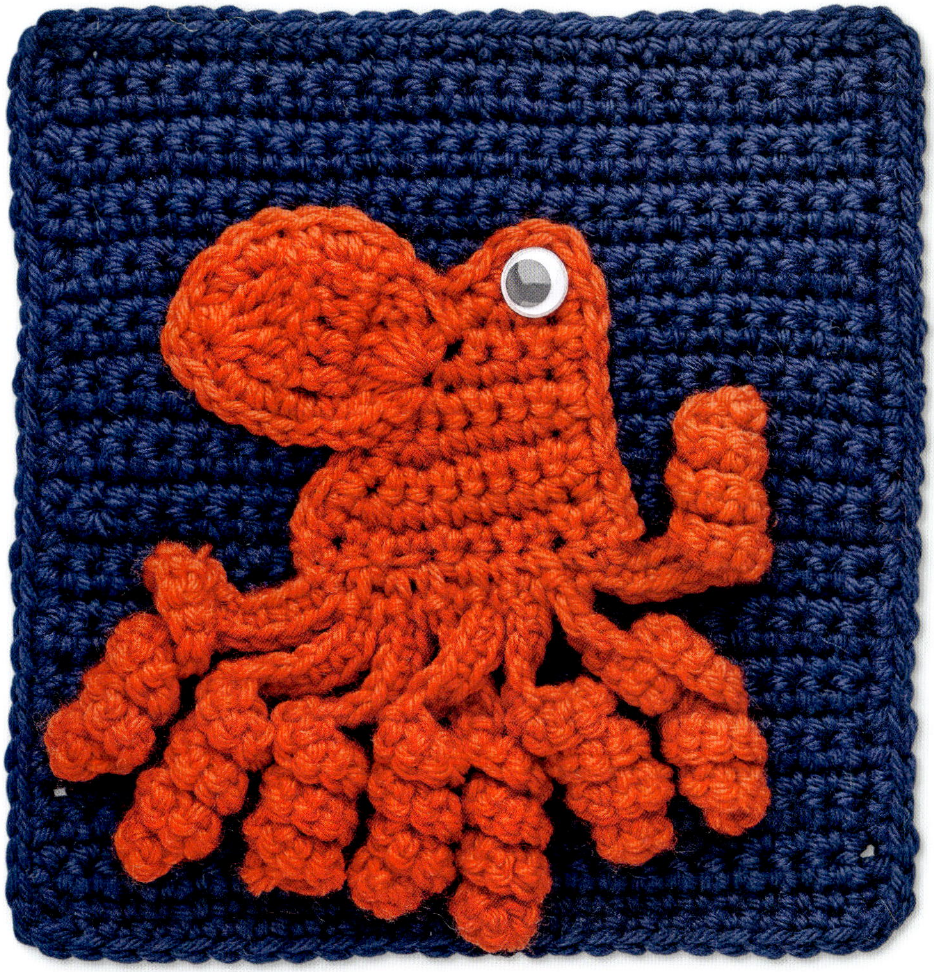

## Fertigstellung

Mit Garn A den Oktopuskörper auf den Hintergrund nähen. Die äußeren zwei Arme jeweils am unteren Ende festnähen, die anderen frei hängen lassen. Das Sicherheitsauge nach Herstellerangaben befestigen. Alle Fadenenden vernähen und das fertige Granny Square spannen.

## Tipp

- Man kann auch alle Arme nach Wunsch drapieren, feststecken und annähen.

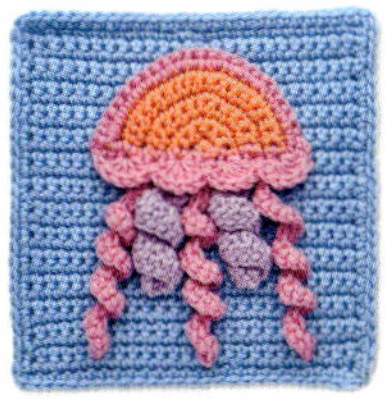

## Mix & Match

*Qualle, siehe Seite 12*

# 30 Papageitaucher

LEVEL

Der Papageitaucher ist ein wunderschöner Vogel, vor allem aufgrund der leuchtenden Farben der Schnabelpartie. Für uns wirkt sein Aussehen oft komisch, aber diese Vögel sind wirklich hart im Nehmen: Sie harren selbst im bittersten Winter an den Klippen der rauen Atlantikküsten aus.

## Das brauchen Sie

Farbe A (Weiß): 10 m
Farbe B (Schwarz): 8 m
Farbe C (Dunkelblau): 2 m
Farbe D (helles Orange): 2 m
Farbe E (Hellgelb): 2 m
Farbe F (Mittelblau): 44 m
Häkelnadel: 3,5 mm
ein Sicherheitsauge

## Größe

15 x 15 cm

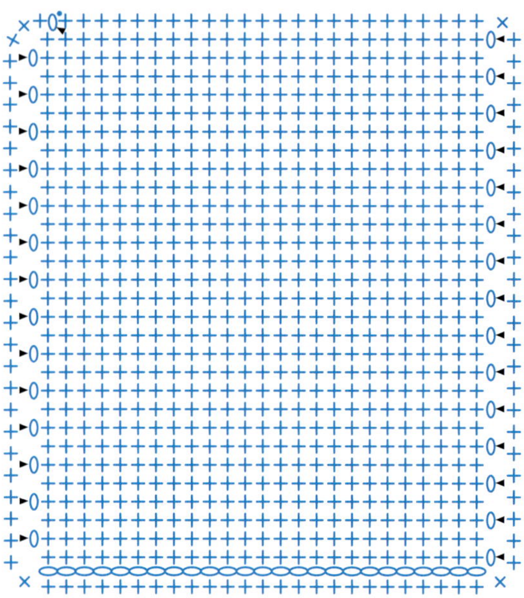

## Körper

**Luftmaschenkette:** Mit Garn A 15 Lm anschl.

**Runde 1:** 2 Stb in die 4. Lm ab Nd, 1 Stb in jede der folg 10 Lm, 5 Stb in die folg Lm, wenden und nun entlang der gegenüberliegenden Seite der Lmk arb, 1 Stb in jede der folg 10 Lm, 2 Stb in die folg Lm, 1 Km in die letzte Lm der Lmk (30 M).

**Runde 2:** 1 Lm, [1 fM, 2 hStb] in die letzte Lm der Lmk, 1 hStb in die folg M, 2 hStb in die folg M, 1 Stb in jede der folg 10 M, 2 hStb in die folg M, 1 hStb in die folg M, [2 hStb, 1 fM, 2 hStb] in die folg M, 1 hStb in die folg M, 2 hStb in die folg M, 1 Stb in jede der folg 10 M, 2 hStb in die folg M, 1 hStb in die folg M, 2 hStb in die letzte Lm der Lmk, 1 Km in die 1. M der Rd (42 M).

Garn A abschneiden und durchziehen.

KÖRPER

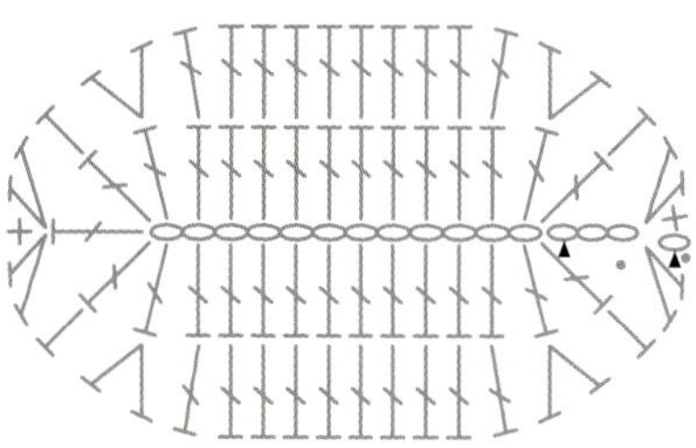

FLÜGEL

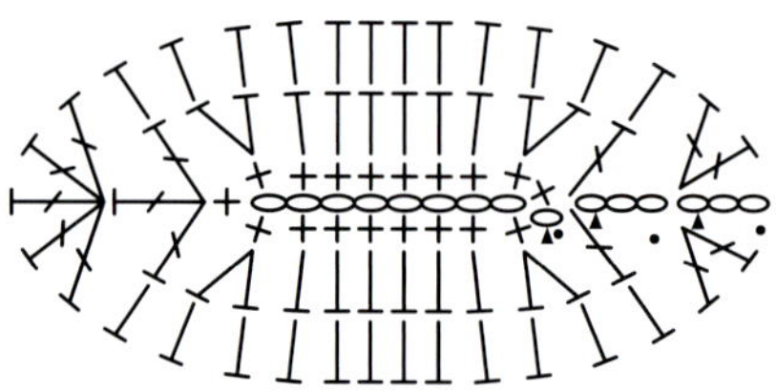

## Flügel

**Luftmaschenkette:** Mit Garn B 9 Lm anschl.

**Runde 1:** 2 fM in die 2. Lm ab Nd, 1 fM in jede der folg 6 Lm, 3 fM in die folg Lm, wenden und nun entlang der gegenüberliegenden Seite der Lmk arb, 1 fM in jede der folg 6 Lm, 1 fM in die folg Lm, 1 Km in die 1. M der Rd (18 M).

**Runde 2:** 3 Lm (zählen hier und im Folgenden als 1 Stb), 1 Stb in die 1. M der Vor-Rd, 2 hStb in die folg M, 1 hStb in jede der folg 6 M, 2 hStb in die folg M, 3 Stb in die folg M, 2 hStb in die folg M, 1 hStb in jede der folg 6 M, 2 hStb in die folg M, 1 Stb in die 1. M der Vor-Rd, 1 Km in die obere der 3 Anf-Lm (26 M).

SCHNABEL

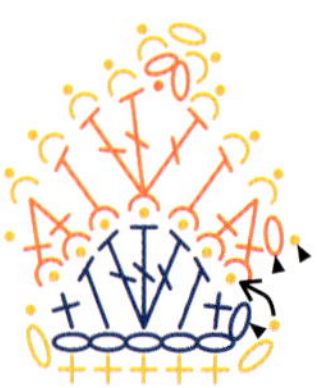

KOPF

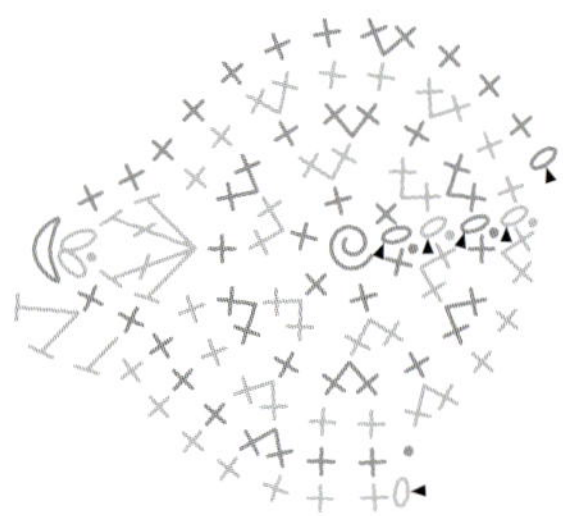

**Symbole:**

- Magischer Ring
- Luftmasche (Lm)
- Kettmasche (Km)
- feste Masche (fM)
- 2 feste Maschen zusammenhäkeln (2 fM zsm)
- halbes Stäbchen (hStb)
- Stäbchen (Stb)
- hinteres Maschenglied (hMgl)
- Reihen- bzw. Rundenbeginn

FUSS

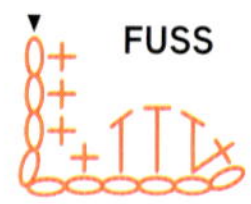

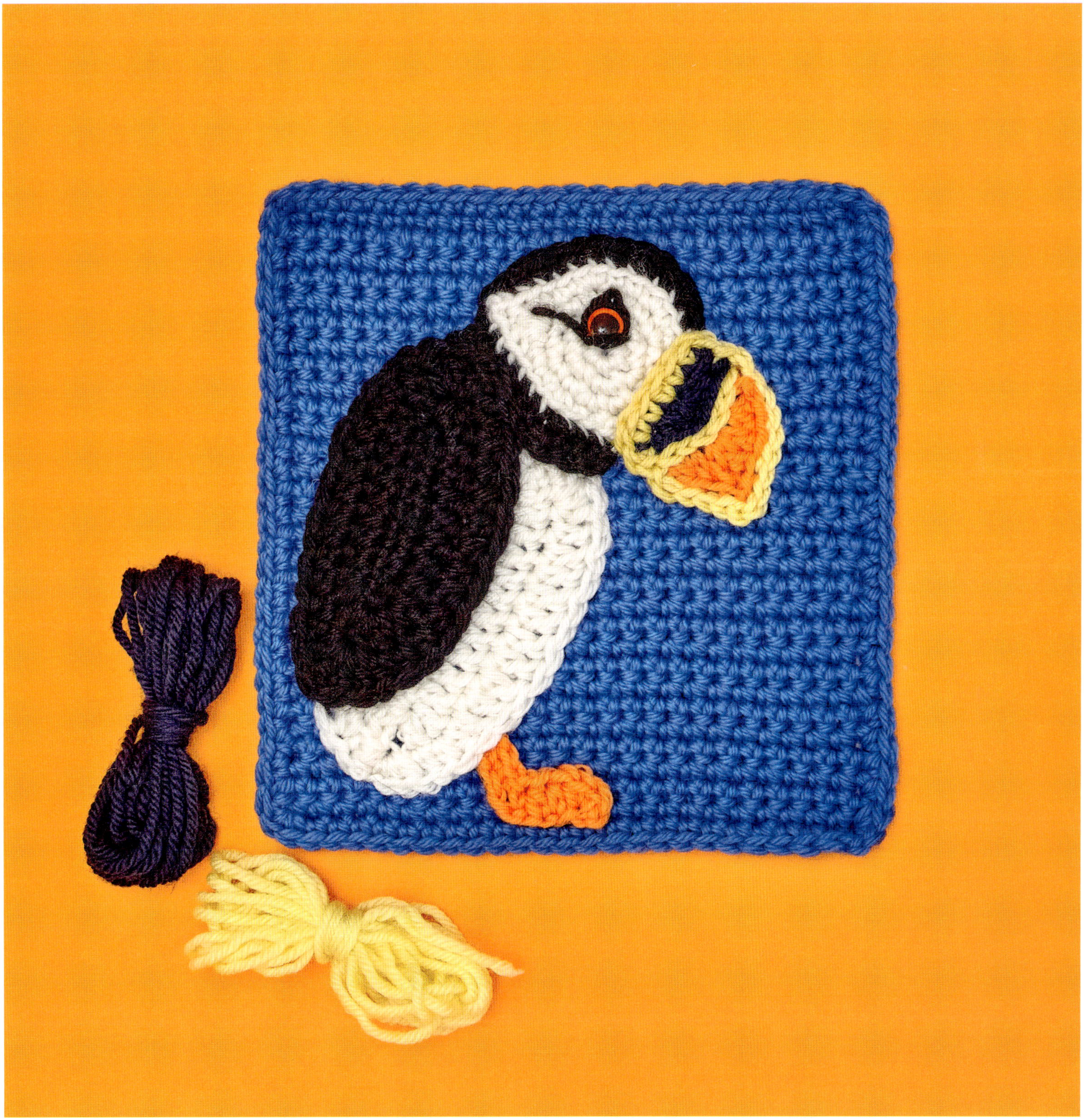

**Runde 3:** 3 Lm, 2 Stb in die obere der 3 Anf-Lm der Vor-Rd, 1 hStb in jede der folg 12 M, 5 Stb in die folg M, 1 hStb in jede der folg 12 M, 2 Stb in die obere der 3 Anf-Lm der Vor-Rd, 1 Km in die obere der 3 Anf-Lm (34 M).

Garn B abschneiden und durchziehen.

## Kopf

**Magischer Ring:** Mit Garn A einen Magischen Ring arb.

**Runde 1:** 1 Lm (zählt hier und im Folgenden nicht als 1. M), 6 fM in den Ring, 1 Km in die 1. M der Rd, Ring festziehen (6 M).

**Runde 2:** 1 Lm, 2 fM in jede der folg 6 M, 1 Km in die 1. M der Rd (12 M).

**Runde 3:** 1 Lm, (2 fM in die folg M, 1 fM in die folg M) x 6, 1 Km in die 1. M der Rd (18 M).

**Runde 4:** 1 Lm, (1 fM in jede der folg 2 M, 2 fM in die folg M) x 2, 1 fM in jede der folg 2 M, [1 hStb, 1 Stb, 2 Lm, 1 Km in die 2. Lm ab Nd, 1 Stb, 1 hStb] in die folg M, (1 fM in jede der folg 2 M, 2 fM in die folg M) x 3, 1 Km in die 1. M der Rd (26 M).

Garn A abschneiden und durchziehen.

**Reihe 5:** Garn B an die 1. M der Vor-Rd anfügen, 1 Lm, 1 fM in jede der folg 3 M, 2 fM in die folg M, 1 fM in jede der folg 7 M, 1 Lm, 1 fM in jede der folg 5 M, 2 fM in die folg M, 1 fM in jede der folg 2 M, 1 Km in die folg M, wenden (21 M).

**Reihe 6:** 1 Lm, 1 fM in jede der folg 7 M, 1 hStb in die folg M, 2 hStb in die folg M (10 M).

Garn B abschneiden und durchziehen.

## Schnabel

**Luftmaschenkette:** Mit Garn C 6 Lm anschl.

**Reihe 1:** 1 fM in die 2. Lm ab Nd, 1 hStb in die folg Lm, 3 Stb in die folg Lm, 1 hStb in die folg Lm, 1 fM in die letzte Lm (7 M).

Garn C abschneiden und durchziehen.

**Reihe 2:** Garn D an das hMgl der 1. M der Vor-R anfügen, 1 Lm, 2 fM zsm in das hMGl der 1. und der 2. M, 1 hStb in das hMgl der folg M, [1 Stb in das hMgl, 2 Lm, 1 Km in die 2. Lm ab Nd, 2 Stb in das hMgl] in die folg M, 1 hStb in das hMgl der folg M, 2 fM zsm in das hMGl der letzten 2 M (7 M).

Garn D abschneiden und durchziehen.

EINFASSUNG

Garn E an das hMgl der 1. 2 zsm gehäkelten fM der Vor-R anfügen, 1 Km in das hMgl jeder der folg 3 M, 1 Km in das hMgl der folg Lm, 1 Lm, 1 Km in das hMgl der folg Lm, 1 Km in das hMgl jeder der folg 4 M, 1 Km in das R-Ende von Reihe 2 und Reihe 1, 1 Lm, 1 fM in jede der folg 5 Lm der Lmk, 1 Lm, 1 Km in das R-Ende von Reihe 1, 1 Km in jede M von Reihe 1 auf der Oberfläche häkeln (5 fM, 20 Km).

Garn E abschneiden und durchziehen.

## Fuß

**Luftmaschenkette:** Mit Garn D 10 Lm anschl.

**Reihe 1:** [1 fM, 1 hStb] in die 2. Lm ab Nd, 1 hStb in jede der folg 2 Lm, 1 fM in die folg Lm, 2 Lm überg, 1 fM in jede der folg 3 Lm (8 M).

Garn D abschneiden und durchziehen.

## Hintergrund

**Luftmaschenkette:** Mit Garn F 26 Lm anschl.

**Reihe 1:** 1 fM in die 2. Lm ab Nd und in jede der folg 24 Lm, wenden (25 M).

**Reihe 2:** 1 Lm (zählt hier und im Folgenden nicht als 1. M), 1 fM in jede folg M bis R-Ende, wenden (25 M).

**Reihen 3–29:** Wie Reihe 2 arb, dabei nach Reihe 29 nicht wenden (25 M).

EINFASSUNG

**Runde 30:** 1 Lm, 3 fM in die letzte M der Vor-R, 23 fM gleichmäßig verteilt in die R-Enden arb, 3 fM in die 1. Lm der Lmk, 1 fM in jede der folg 23 Lm, 3 fM in die vorletzte Lm der Lmk, 23 fM gleichmäßig verteilt in die R-Enden arb, 3 fM in die folg M an der Ecke, 1 fM in jede der folg 23 M, 1 Km in die 1. M der Rd (104 M).

Garn F abschneiden und durchziehen.

## Fertigstellung

Zuerst die Körperteile des Papageitauchers nacheinander auf dem Hintergrund feststecken. Dann zunächst den Fuß mit dem Fadenende an den Körper nähen, dabei das obere Ende des Fußes leicht unter den Körper schieben. Anschließend den Körper mit Garn A und den Fuß mit Garn D auf dem Hintergrund festnähen. Flügel und Kopf mit Garn B, den Schnabel mit Garn E annähen. Das Sicherheitsauge nach Herstellerangaben befestigen und schließlich mit Garn B ein Dreieck um das Auge sticken. Alle Fadenenden vernähen und das fertige Granny Square spannen.

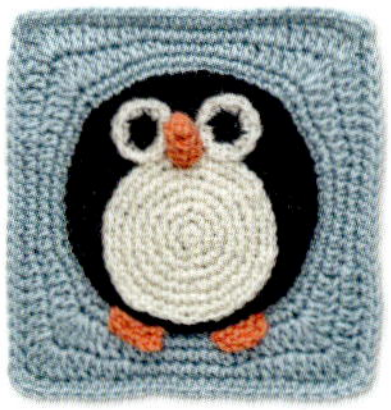

## Mix & Match

*Pinguin, siehe Seite 8*

# 31 Einhorn

LEVEL

Ja, es stimmt: Einhörner sind keine realen Tiere, aber ich konnte einfach nicht widerstehen. Das Einhorn wird nach demselben Prinzip wie das Pferd (siehe Seite 71) gehäkelt – plus magisches Horn und Regenbogenmähne!

## Das brauchen Sie

Farbe A (Malve): 32 m
Farbe B (Weiß): 20 m
Farbe C (helles Türkis): 1 m
Farbe D (Türkis): 1 m
Farbe E (Flieder): 1 m
Farbe F (helles Pink): 1 m
Farbe G (Rosa): 1 m
Farbe H (Koralle): 1 m
Farbe I (Hellgelb): 1 m
Farbe J (Schwarz): kleine Menge
Häkelnadel: 3,5 mm

## Hintergrund und Körper

**Luftmaschenkette:** Mit Garn A 26 Lm anschl.

**Reihe 1:** 1 fM in die 2. Lm ab Nd und in jede der folg 16 Lm, dabei bei der letzten M auf Garn B wechseln, 1 fM in jede der folg 8 Lm, wenden (25 M).

**Reihe 2:** 1 Lm (zählt hier und im Folgenden nicht als 1. M), 1 fM in jede der folg 8 M, dabei bei der letzten M auf Garn A wechseln, 1 fM in jede der folg 17 M, wenden (25 M).

**Reihe 3:** 1 Lm, 1 fM in jede der folg 16 M, dabei bei der letzten M auf Garn B wechseln, 1 fM in jede der folg 9 M, wenden.

**Reihe 4:** 1 Lm, 1 fM in jede der folg 9 M, dabei bei der letzten M auf Garn A wechseln, 1 fM in jede der folg 8 M, dabei bei der letzten M auf Garn B wechseln, 1 fM in jede der folg 2 M, dabei bei der letzten M auf Garn A wechseln, 1 fM in jede der folg 6 fM, wenden.

**Reihe 5:** 1 Lm, 1 fM in jede der folg 5 M, dabei bei der letzten M auf Garn B wechseln, 1 fM in jede der folg 4 M, dabei bei der letzten M auf Garn A wechseln, 1 fM in jede der folg 6 fM, dabei bei der letzten M auf Garn B wechseln, 1 fM in jede der folg 10 M, wenden.

**Reihe 6:** 1 Lm, 1 fM in jede der folg 10 M, dabei bei der letzten M auf Garn A wechseln, 1 fM in jede der folg 5 M, dabei bei der letzten M auf Garn B wechseln, 1 fM in jede der folg 6 fM, dabei bei der letzten M auf Garn A wechseln, 1 fM in jede der folg 4 M, wenden.

**Reihe 7:** 1 Lm, 1 fM in jede der folg 3 M, dabei bei der letzten M auf Garn B wechseln, 1 fM in jede der folg 8 M, dabei bei der letzten M auf Garn A wechseln, 1 fM in jede der folg 3 M, dabei bei der letzten M auf Garn B wechseln, 1 fM in jede der folg 11 M, wenden.

**Reihe 8:** 1 Lm, 1 fM in jede der folg 12 M, dabei bei der letzten M auf Garn A wechseln, 1 fM in jede der folg 2 M, dabei bei der letzten M auf Garn B wechseln, 1 fM in jede der folg 9 M, dabei bei der letzten M auf Garn A wechseln, 1 fM in jede der folg 2 M, wenden.

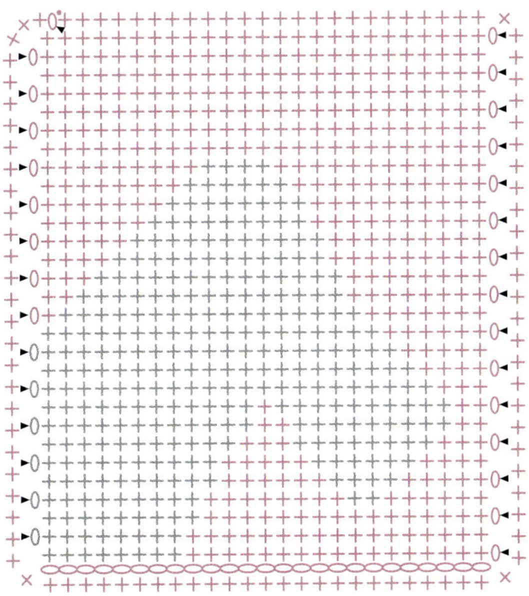

## Größe

15 x 15 cm

**HORN**

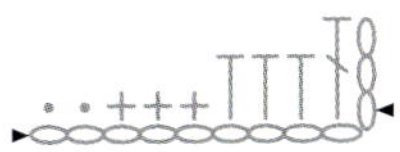

**Symbole:**

- ⬭ Luftmasche (Lm)
- • Kettmasche (Km)
- + feste Masche (fM)
- T halbes Stäbchen (hStb)
- Stäbchen (Stb)
- ◂ Reihen- bzw. Rundenbeginn

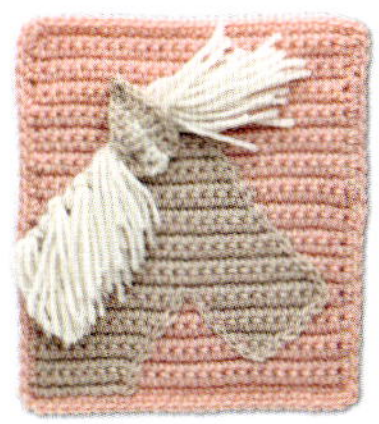

## Mix & Match

*Pferd, siehe Seite 71*

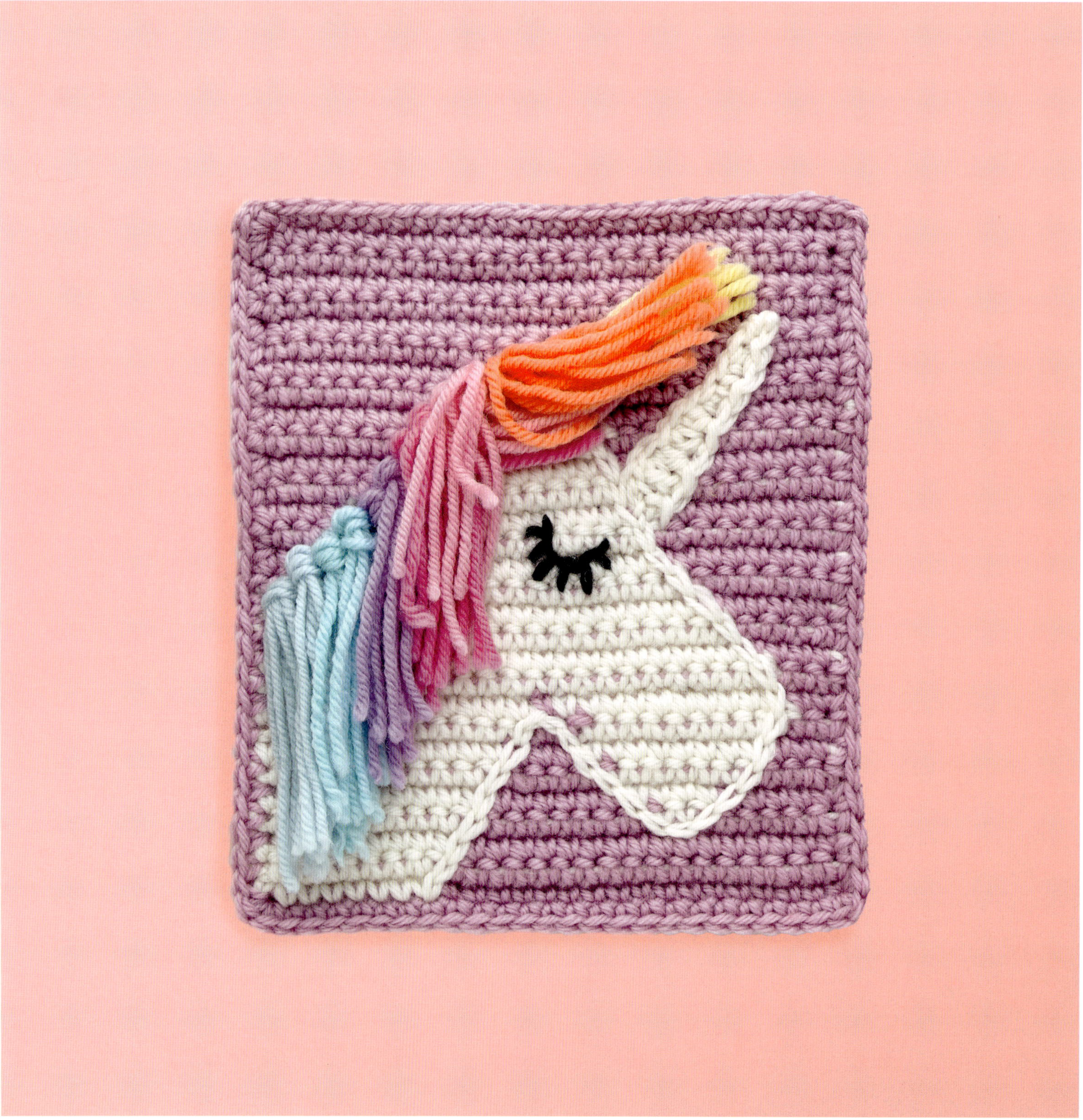

**Reihe 9:** 1 Lm, 1 fM in jede der folg 2 M, dabei bei der letzten M auf Garn B wechseln, 1 fM in jede der folg 10 M, dabei bei der letzten M auf Garn A wechseln, 1 fM in die folg M, dabei auf Garn B wechseln, 1 fM in jede der folg 12 M, wenden.

**Reihe 10:** 1 Lm, 1 fM in jede der folg 22 M, dabei bei der letzten M auf Garn A wechseln, 1 fM in jede der folg 3 M, wenden.

**Reihe 11:** 1 Lm, 1 fM in jede der folg 4 M, dabei bei der letzten M auf Garn B wechseln, 1 fM in jede der folg 21 M, wenden.

**Reihe 12:** 1 Lm, 1 fM in jede der folg 20 M, dabei bei der letzten M auf Garn A wechseln, 1 fM in jede der folg 5 M, wenden.

**Reihe 13:** 1 Lm, 1 fM in jede der folg 6 fM, dabei bei der letzten M auf Garn B wechseln, 1 fM in jede der folg 19 M, dabei bei der letzten M auf Garn A wechseln, wenden.

**Reihe 14:** 1 Lm, 1 fM in die letzte M der Vor-R, dabei auf Garn B wechseln, 1 fM in jede der folg 17 M, dabei bei der letzten M auf Garn A wechseln, 1 fM in jede der folg 7 M, wenden.

**Reihe 15:** 1 Lm, 1 fM in jede der folg 8 M, dabei bei der letzten M auf Garn B wechseln, 1 fM in jede der folg 15 M, dabei bei der letzten M auf Garn A wechseln, 1 fM in jede der folg 2 M, wenden.

**Reihe 16:** 1 Lm, 1 fM in jede der folg 3 M, dabei bei der letzten M auf Garn B wechseln, 1 fM in jede der folg 14 M, dabei bei der letzten M auf Garn A wechseln, 1 fM in jede der folg 8 M, wenden.

**Reihe 17:** 1 Lm, 1 fM in jede der folg 9 M, dabei bei der letzten M auf Garn B wechseln, 1 fM in jede der folg 12 M, dabei bei der letzten M auf Garn A wechseln, 1 fM in jede der folg 4 M, wenden.

**Reihe 18:** 1 Lm, 1 fM in jede der folg 5 M, dabei bei der letzten M auf Garn B wechseln, 1 fM in jede der folg 11 M, dabei bei der letzten M auf Garn A wechseln, 1 fM in jede der folg 9 M, wenden.

**Reihe 19:** 1 Lm, 1 fM in jede der folg 10 M, dabei bei der letzten M auf Garn B wechseln, 1 fM in jede der folg 9 M, dabei bei der letzten M auf Garn A wechseln, 1 fM in jede der folg 6 fM, wenden.

**Reihe 20:** 1 Lm, 1 fM in jede der folg 7 M, dabei bei der letzten M auf Garn B wechseln, 1 fM in jede der folg 8 M, dabei bei der letzten M auf Garn A wechseln, 1 fM in jede der folg 10 M, wenden.

**Reihe 21:** 1 Lm, 1 fM in jede der folg 11 M, dabei bei der letzten M auf Garn B wechseln, 1 fM in jede der folg 6 fM, dabei bei der letzten M auf Garn A wechseln, 1 fM in jede der folg 8 M, wenden.

**Reihe 22:** 1 Lm, 1 fM in jede der folg 9 M, dabei bei der letzten M auf Garn B wechseln, 1 fM in jede der folg 4 M, dabei bei der letzten M auf Garn A wechseln, 1 fM in jede der folg 12 M, wenden.

Garn B abschneiden und durchziehen und mit Garn A weiterhäkeln.

**Reihe 23:** 1 Lm, 1 fM in jede der folg 25 M, wenden.

**Reihen 24–29:** Wie Reihe 23 arb.

EINFASSUNG

**Runde 30:** 1 Lm, 3 fM in die letzte M der Vor-R, 23 fM gleichmäßig verteilt in die R-Enden arb, 3 fM in die 1. Lm der Lmk, 1 fM in jede der folg 23 Lm, 3 fM in die vorletzte Lm der Lmk, 23 fM gleichmäßig verteilt in die R-Enden arb, 3 fM in die folg M an der Ecke, 1 fM in jede der folg 23 M, 1 Km in die 1. M der Rd (104 M).

Garn A abschneiden und durchziehen.

UMRISS

Mit Garn B aus Kettmaschen auf der Oberfläche den Umriss des Einhorns nachhäkeln.

Garn B abschneiden und durchziehen.

## Horn

**Luftmaschenkette:** Mit Garn B 12 Lm anschl.

**Reihe 1:** 1 Stb in die 4. Lm ab Nd, 1 hStb in jede der folg 3 Lm, 1 fM in jede der folg 3 Lm, 1 Km in jede der folg 2 Lm.

Garn B abschneiden und durchziehen.

## Mähne

Je 6 etwa 14 cm lange Fäden von Garn C, Garn D, Garn E, Garn F, Garn G, Garn H und Garn I abschneiden und beginnend am unteren Ende des Halses an der linken Seite des Einhornkopfes eine Mähne daraus fertigen. Dafür je drei Fäden von Garn C der Hälfte nach falten, durch die erste Kettmasche auf der Oberfläche ziehen, die Enden durch die Schlaufen fädeln und festziehen. Für die folgende Kettmasche wiederholen. Nach diesem Prinzip in der oben angegebenen Garnreihenfolge jeweils zwei weitere Kettmaschen mit Fransen in einer Farbe versehen.

## Fertigstellung

Mit Garn J ein geschlossenes Auge und Wimpern auf den Kopf sticken, das Horn mit Garn B an den Kopf nähen. Die Fadenenden der Mähne nach Wunsch kürzen. Alle Fadenenden vernähen und das fertige Granny Square spannen.

# 32 Kuh

LEVEL

Diese Kuh ist nicht nur im Handumdrehen gehäkelt, sondern zaubert einem auch sofort ein Lächeln ins Gesicht – eine Decke aus einer ganzen Herde an lustigen Kühen sorgt da ganz sicher für noch mehr gute Laune! In Kombination mit Tieren wie dem Schaf (siehe Seite 22) und dem Schwein (siehe Seite 17) lassen sich zudem hübsche Bauernhofprojekte kreieren.

## Das brauchen Sie

Farbe A (Weiß): 36 m
Farbe B (Grün): 26 m
Farbe C (Rosa): 9 m
Farbe D (Schwarz): 3 m
Farbe E (dunkles Beige): 4 m
Häkelnadel: 3,5 mm
zwei aufnähbare Wackelaugen

## Kopf und Hintergrund

**Magischer Ring:** Mit Garn A einen Magischen Ring arb.

**Runde 1:** 1 Lm (zählt hier und im Folgenden nicht als 1. M), 6 fM in den Ring, 1 Km in die 1. M der Rd, Ring festziehen (6 M).

**Runde 2:** 1 Lm, 2 fM in jede der folg 6 M, 1 Km in die 1. M der Rd (12 M).

**Runde 3:** 1 Lm, (2 fM in die folg M, 1 fM in die folg M) x 6, 1 Km in die 1. M der Rd (18 M).

**Runde 4:** 1 Lm, (1 fM in jede der folg 2 M, 2 fM in die folg M) x 6, 1 Km in die 1. M der Rd (24 M).

**Runde 5:** 1 Lm, (2 fM in die folg M, 1 fM in jede der folg 3 M) x 6, 1 Km in die 1. M der Rd (30 M).

**Runde 6:** 1 Lm, (1 fM in jede der folg 3 M, 2 fM in die folg M, 1 fM in die folg M) x 6, 1 Km in die 1. M der Rd (36 M).

**Runde 7:** 1 Lm, (2 fM in die folg M, 1 fM in jede der folg 5 M) x 6, 1 Km in die 1. M der Rd (42 M).

**Runde 8:** 1 Lm, (1 fM in jede der folg 4 M, 2 fM in die folg M, 1 fM in jede der folg 2 M) x 6, 1 Km in die 1. M der Rd (48 M).

**Runde 9:** 1 Lm, (2 fM in die folg M, 1 fM in jede der folg 7 M) x 6, 1 Km in die 1. M der Rd (54 M).

**Runde 10:** 1 Lm, (1 fM in jede der folg 5 M, 2 fM in die folg M, 1 fM in jede der folg 3 M) x 6, 1 Km in die 1. M der Rd (60 M).

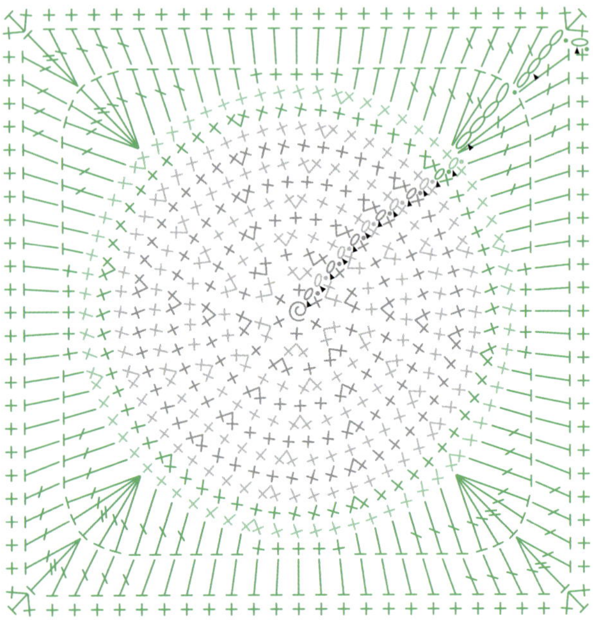

## Größe

15 x 15 cm

NASENLÖCHER

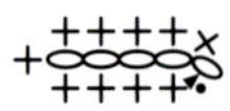

HÖRNER

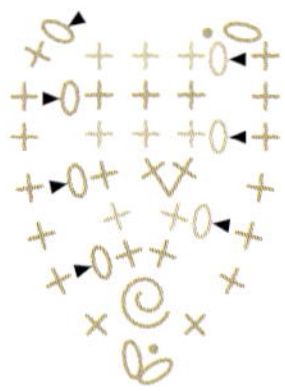

OHREN

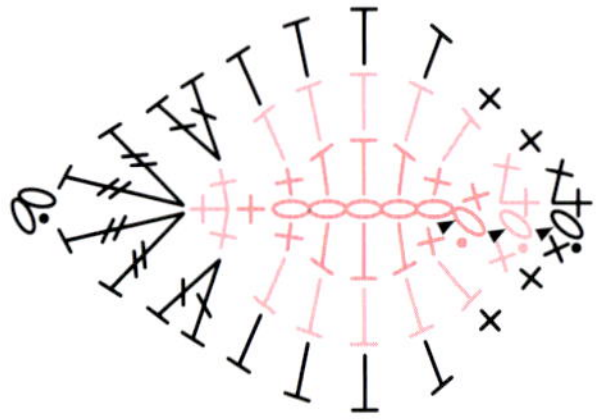

NASE

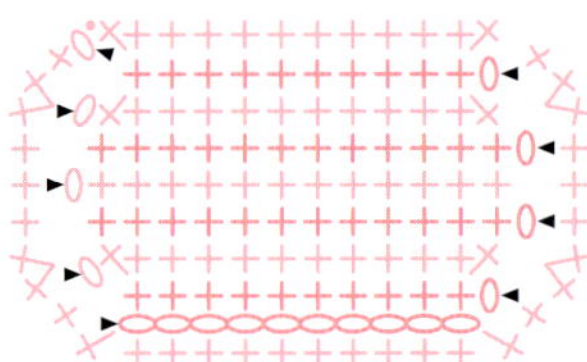

**Symbole:**

- Magischer Ring
- Luftmasche (Lm)
- Kettmasche (Km)
- feste Masche (fM)
- halbes Stäbchen (hStb)
- Stäbchen (Stb)
- Doppelstäbchen (DStb)
- 2 feste Maschen zusammenhäkeln (2 fM zsm)
- Reihen- bzw- Rundenbeginn

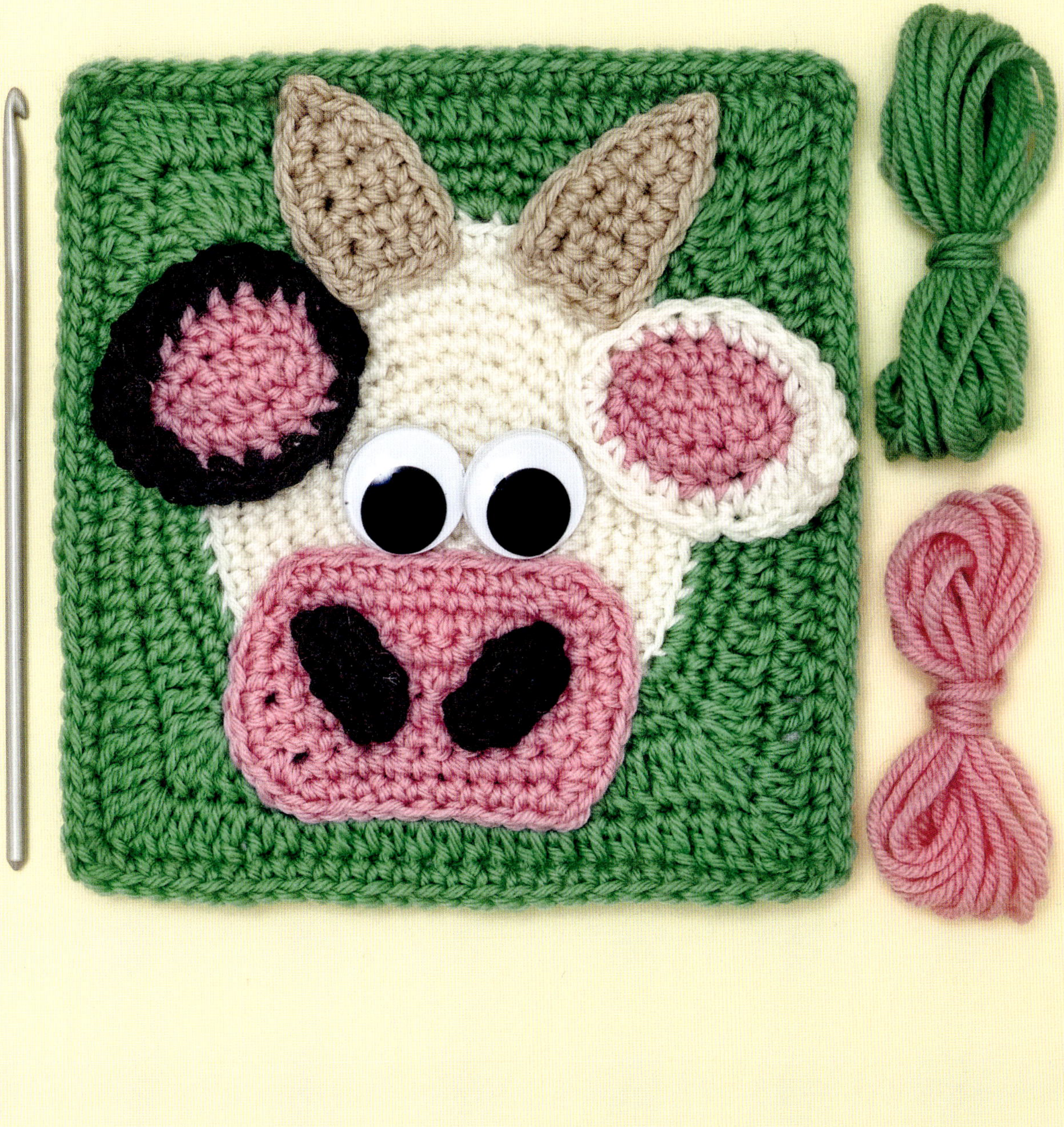

Garn A abschneiden und durchziehen.

**Runde 11:** Garn B anfügen, 1 Lm, (2 fM in die folg M, 1 fM in jede der folg 9 M) x 6, 1 Km in die 1. M der Rd (66 M).

**Runde 12:** 1 Lm, (1 fM in jede der folg 6 fM, 2 fM in die folg M, 1 fM in jede der folg 4 M) x 6, 1 Km in die 1. M der Rd (72 M).

**Runde 13:** 4 Lm (zählen hier und im Folgenden als 1 DStb), 2 Stb in die 1. M der Vor-Rd, (1 Stb in jede der folg 3 M, 1 hStb in jede der folg 3 M, 1 fM in jede der folg 5 M, 1 hStb in jede der folg 3 M, 1 Stb in jede der folg 3 M, [2 Stb, 1 DStb, 2 Stb] in die folg M) x 4, dabei bei der letzten Wdh vor der eckigen Klammer enden, 2 Stb in die 1. M der Vor-Rd, 1 Km in die obere der 4 Anf-Lm (88 M).

**Runde 14:** 4 Lm, 1 Stb in die obere der 4 Anf-Lm der Vor-Rd, (1 Stb in jede der folg 3 M, 1 hStb in jede der folg 15 M, 1 Stb in jede der folg 3 M, [1 Stb, 1 DStb, 1 Stb] in die folg M) x 4, dabei bei der letzten Wdh vor der eckigen Klammer enden, 1 Stb in die obere der 4 Anf-Lm der Vor-Rd, 1 Km in die obere der 4 Anf-Lm (96 M).

**Runde 15:** 1 Lm, ([1 fM, 1 hStb, 1 fM] in das Eck-DStb, 1 fM in jede der folg M bis zum folg Eck-DStb) x 4, 1 Km in die 1. M der Rd (104 M).

Garn B abschneiden und durchziehen.

## Ohren (1 x mit Garn C und Garn A, 1 x mit Garn C und Garn D)

**Luftmaschenkette:** Mit Garn C 6 Lm anschl.

**Runde 1:** 2 fM in die 2. Lm ab Nd, 1 hStb in jede der folg 3 Lm, 3 fM in die folg Lm, wenden und nun entlang der gegenüberliegenden Seite der Lmk arb, 1 hStb in jede der folg 3 Lm, 1 fM in die vorletzte Lm, 1 Km in die 1. M der Rd (12 M).

**Runde 2:** 1 Lm, 2 fM in die 1. M der Vor-Rd, 1 hStb in jede der folg 5 M, 3 fM in die folg M, 1 hStb in jede der folg 5 M, 1 fM in die 1. M der Vor-Rd, 1 Km in die 1. M der Rd.

Garn C abschneiden und durchziehen.

**Runde 3:** Garn A oder Garn D anfügen, 1 Lm, 2 fM in die 1. M der Vor-Rd, 1 fM in jede der folg 2 M, 1 hStb in jede der folg 4 M, 2 Stb in die folg M, [2 DStb, 2 Lm, 1 Km in die 2. Lm ab Nd, 2 DStb] in die folg M, 2 Stb in die folg M, 1 hStb in jede der folg 4 M, 1 fM in jede der folg 2 M, 1 fM in die 1. M der Vor-Rd, 1 Km in die 1. M der Rd (23 M).

Garn A oder Garn D abschneiden und durchziehen.

## Nase

**Luftmaschenkette:** Mit Garn C 11 Lm anschl.

**Reihe 1:** 1 fM in die 2. Lm ab Nd, 1 fM in jede der folg 9 Lm, wenden (10 M).

**Reihe 2:** 1 Lm (zählt hier und im Folgenden nicht als 1. M), 2 fM in die letzte M der Vor-R, 1 fM in jede der folg 8 M, 2 fM in die letzte M, wenden (12 M).

**Reihen 3–5:** 1 Lm, 1 fM in jede der folg 12 M, wenden.

**Reihe 6:** 1 Lm, 2 fM zsm in die 1. 2 M, 1 fM in jede der folg 8 M, 2 fM zsm in die letzten 2 M, wenden (10 M).

**Reihe 7:** 1 Lm, 1 fM in jede der folg 10 M nicht wenden.

EINFASSUNG

**Runde 8:** 1 Lm, 1 fM in das folg R-Ende, 2 fM in das folg R-Ende, 1 fM in jedes der folg 3 R-Enden, 2 fM in das folg R-Ende, 1 fM in das folg R-Ende, wenden und nun entlang der Lmk arb, 2 fM in die 1. Lm, 1 fM in jede der folg 8 Lm, 2 fM in die vorletzte Lm der Lmk, wenden und nun entlang der folg Kante arb, 1 fM in das folg R-Ende, 2 fM in das folg R-Ende, 1 fM in jedes der folg 3 R-Enden, 2 fM in das folg R-Ende, 1 fM in das folg R-Ende, wenden und nun entlang der folg Kante arb, 2 fM in die 1. M, 1 fM in jede der folg 8 M, 2 fM in die letzte M, 1 Km in die 1. M der Rd (42 M).

Garn C abschneiden und durchziehen.

## Nasenlöcher (x 2)

**Luftmaschenkette:** Mit Garn D 5 Lm anschl.

**Reihe 1:** 2 fM in die 2. Lm ab Nd, 1 fM in jede der folg 2 Lm, 3 fM in die folg Lm, wenden und nun entlang der gegenüberliegenden Seite der Lmk arb, 1 fM in jede der folg 2 Lm, 1 fM in dieselbe Lm wie die 1. 2 fM, 1 Km in die 1. M der Rd (10 M).

Garn D abschneiden und durchziehen.

## Hörner (x 2)

**Magischer Ring:** Mit Garn E einen Magischen Ring arb.

**Reihe 1 (LS):** 1 Lm (zählt hier und im Folgenden nicht als 1. M), 2 fM in den Ring, Ring festziehen, wenden (2 M).

**Reihe 2 (RS):** 1 Lm, 1 fM in jede der folg 2 M, wenden.

**Reihe 3:** 1 Lm, 1 fM in die letzte M der Vor-R, 2 fM in die folg M, wenden (3 M).

**Reihen 4–5:** 1 Lm, 1 fM in jede der folg 3 M, wenden.

**Reihe 6:** 1 Lm, 1 fM in jede der folg 3 M.

EINFASSUNG

**Runde 7:** 1 Lm, 1 fM in jedes der folg 6 R-Enden, [1 fM, 2 Lm, 1 Km in die 2. Lm ab Nd, 1 fM] in den Ring, 1 fM in jedes der folg 6 R-Enden, 1 Lm, 1 Km in die folg M.

Garn E abschneiden und durchziehen.

## Fertigstellung

Die Nasenlöcher mit Garn D auf die Nase und die Nase mit Garn C auf den Kopf nähen. Mit Garn A und Garn D die Ohren und mit Garn E die Hörner auf den Kopf nähen. Schließlich zwei große Wackelaugen auf den Kopf nähen. Alle Fadenenden vernähen und das fertige Granny Square spannen.

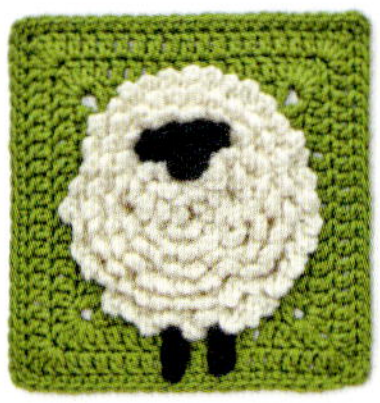

### Mix & Match

*Schaf, siehe Seite 22*

# 33 Hund

LEVEL

Ich habe die Ohren bei diesem fröhlichen Vierbeiner rundherum festgenäht, man kann sie aber auch nur oben am Kopf annähen, sodass kleine Finger mit ihnen spielen können. Und falls man ein Projekt für ein kleineres Kind fertigt, kann man statt Wackelaugen auch Augen aufsticken.

## Das brauchen Sie

Farbe A (Hellgelb): 34 m
Farbe B (dunkles Türkis): 26 m
Farbe C (Schwarz): 2 m
Farbe D (Cremeweiß): 4 m
Häkelnadel: 3,5 mm
zwei aufnähbare Wackelaugen

## Größe

15 x 15 cm

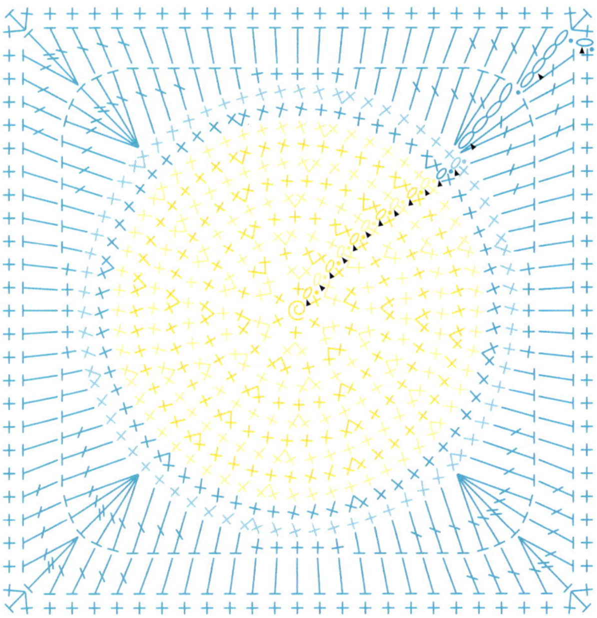

## Kopf und Hintergrund

**Magischer Ring:** Mit Garn A einen Magischen Ring arb.

**Runde 1:** 1 Lm (zählt hier und im Folgenden nicht als 1. M), 6 fM in den Ring, 1 Km in die 1. M der Rd, Ring festziehen (6 M).

**Runde 2:** 1 Lm, 2 fM in jede der folg 6 M, 1 Km in die 1. M der Rd (12 M).

**Runde 3:** 1 Lm, (2 fM in die folg M, 1 fM in die folg M) x 6, 1 Km in die 1. M der Rd (18 M).

**Runde 4:** 1 Lm, (1 fM in jede der folg 2 M, 2 fM in die folg M) x 6, 1 Km in die 1. M der Rd (24 M).

**Runde 5:** 1 Lm, (2 fM in die folg M, 1 fM in jede der folg 3 M) x 6, 1 Km in die 1. M der Rd (30 M).

**Runde 6:** 1 Lm, (1 fM in jede der folg 3 M, 2 fM in die folg M, 1 fM in die folg M) x 6, 1 Km in die 1. M der Rd (36 M).

**Runde 7:** 1 Lm, (2 fM in die folg M, 1 fM in jede der folg 5 M) x 6, 1 Km in die 1. M der Rd (42 M).

**Runde 8:** 1 Lm, (1 fM in jede der folg 4 M, 2 fM in die folg M, 1 fM in jede der folg 2 M) x 6, 1 Km in die 1. M der Rd (48 M).

**Runde 9:** 1 Lm, (2 fM in die folg M, 1 fM in jede der folg 7 M) x 6, 1 Km in die 1. M der Rd (54 M).

**Runde 10:** 1 Lm, (1 fM in jede der folg 5 M, 2 fM in die folg M, 1 fM in jede der folg 3 M) x 6, 1 Km in die 1. M der Rd (60 M).

Garn A abschneiden und durchziehen.

**Runde 11:** Garn B anfügen, 1 Lm, (2 fM in die folg M, 1 fM in jede der folg 9 M) x 6, 1 Km in die 1. M der Rd (66 M).

SCHNAUZE

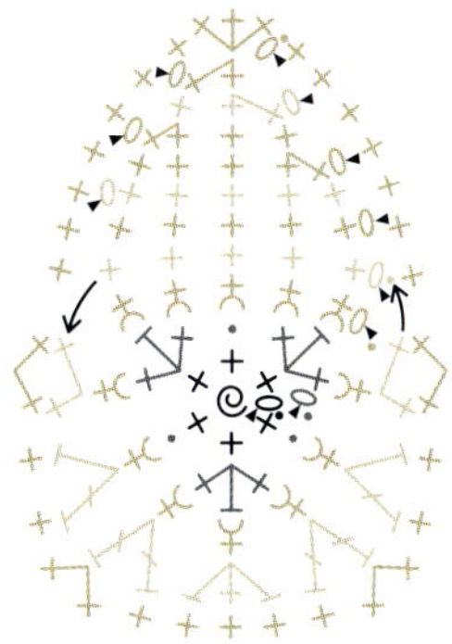

LINKES OHR

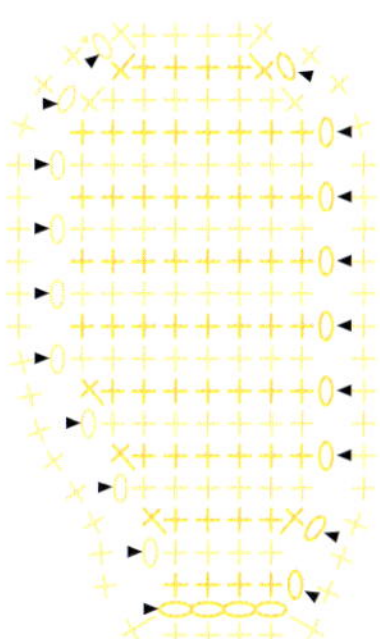

RECHTES OHR

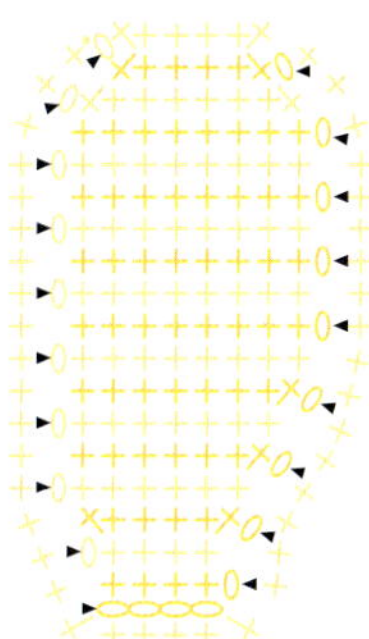

**Symbole:**

- Magischer Ring
- Luftmasche (Lm)
- Kettmasche (Km)
- feste Masche (fM)
- 2 feste Maschen zusammenhäkeln (2 fM zsm)
- halbes Stäbchen (hStb)
- Stäbchen (Stb)
- Doppelstäbchen (DStb)
- hinteres Maschenglied (hMgl)
- Reihen- bzw. Rundenbeginn

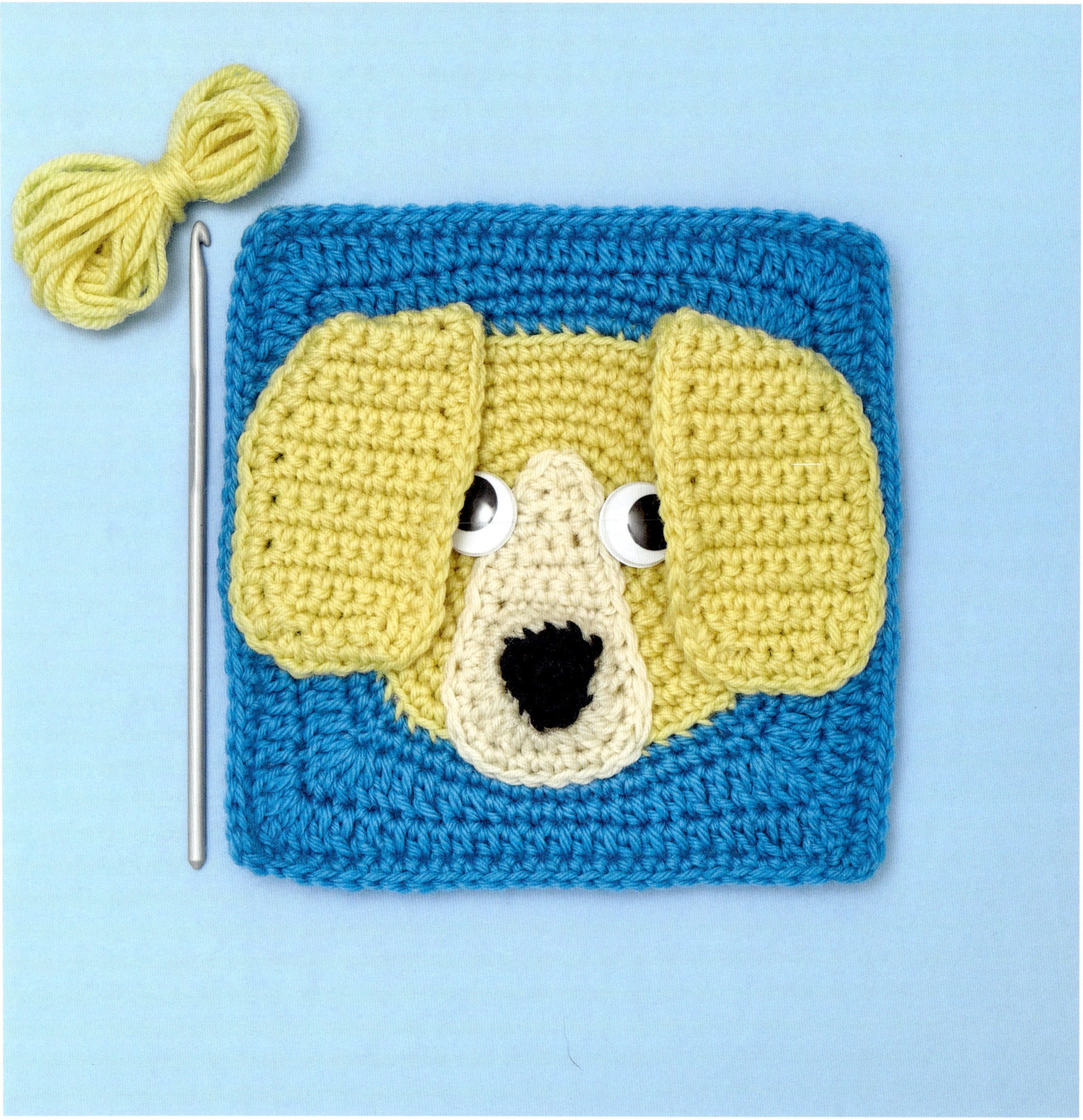

**Runde 12:** 1 Lm, (1 fM in jede der folg 6 fM, 2 fM in die folg M, 1 fM in jede der folg 4 M) x 6, 1 Km in die 1. M der Rd (72 M).

**Runde 13:** 4 Lm (zählen hier und im Folgenden als 1 DStb), 2 Stb in die 1. M der Vor-Rd, (1 Stb in jede der folg 3 M, 1 hStb in jede der folg 3 M, 1 fM in jede der folg 5 M, 1 hStb in jede der folg 3 M, 1 Stb in jede der folg 3 M, [2 Stb, 1 DStb, 2 Stb] in die folg M) x 4, dabei bei der letzten Wdh vor der eckigen Klammer enden, 2 Stb in die 1. M der Vor-Rd, 1 Km in die obere der 4 Anf-Lm (88 M).

**Runde 14:** 4 Lm, 1 Stb in die obere der 4 Anf-Lm der Vor-Rd, (1 Stb in jede der folg 3 M, 1 hStb in jede der folg 15 M, 1 Stb in jede der folg 3 M, [1 Stb, 1 DStb, 1 Stb] in die folg M) x 4, dabei bei der letzten Wdh vor der eckigen Klammer enden, 1 Stb in die obere der 4 Anf-Lm der Vor-Rd, 1 Km in die obere der 4 Anf-Lm (96 M).

**Runde 15:** 1 Lm, ([1 fM, 1 hStb, 1 fM] in das Eck-DStb, 1 fM in jede der folg M bis zum folg Eck-DStb) x 4, 1 Km in die 1. M der Rd (104 M).

Garn B abschneiden und durchziehen.

## Schnauze

**Magischer Ring:** Mit Garn C einen Magischen Ring arb.

**Runde 1:** 1 Lm (zählt hier und im Folgenden nicht als 1. M), 6 fM in den Ring, Ring festziehen, 1 Km in die 1. M der Rd (6 M).

**Runde 2:** 1 Lm, ([1 fM, 1 hStb, 1 fM] in die folg M, 1 Km in die folg M) x 3, 1 Km in die 1. M der Rd (12 M).

Garn C abschneiden und durchziehen.

**Runde 3:** Garn D an das hMgl eines hStb anfügen, 1 Lm, 1 fM in das hMgl jeder der folg 12 M, 1 Km in die 1. M der Rd.

**Runde 4:** 1 Lm, 1 fM in jede der folg 5 M, 2 fM in die folg M, [1 hStb, 1 Stb] in die folg M, 2 Stb in die folg M, [1 hStb, 1 fM, 1 hStb] in die folg M, 2 Stb in die folg M, [1 Stb, 1 hStb] in die folg M, 2 fM in die folg M, 1 Km in die 1. M der Rd (20 M).

**Reihe 5:** 1 Lm, 1 fM in jede der folg 5 M, wenden (5 M).

**Reihe 6:** 1 Lm, 1 fM in jede der folg 5 M, wenden.

**Reihe 7:** 1 Lm, 2 fM zsm in die 1. 2 M, 1 fM in jede der folg 3 M, wenden (4 M).

**Reihe 8:** 1 Lm, 2 fM zsm in die 1. 2 M, 1 fM in jede der folg 2 M, wenden (3 M).

**Reihe 9:** 1 Lm, 2 fM zsm in die 1. 2 M, 1 fM in die letzte M, wenden (2 M).

**Reihe 10:** 1 Lm, 2 fM zsm.

EINFASSUNG

**Runde 11:** 1 Lm, 3 fM in die letzte M der Vor-Rd, 1 fM in jedes der folg 7 R-Enden, 2 fM zsm in die folg 2 M, 1 fM in jede der folg 2 M, 2 fM in die folg M, 1 fM in jede der folg 5 M, 2 fM in die folg M, 1 fM in jede der folg 2 M, 2 fM zsm in die folg 2 M, 1 fM in jedes der folg 7 R-Enden, 1 Km in die 1. M der Rd (32 M).

Garn D abschneiden und durchziehen.

## Linkes Ohr

**Luftmaschenkette:** Mit Garn A 5 Lm anschl.

**Reihe 1:** 1 fM in die 2. Lm ab Nd, 1 fM in jede der folg 3 Lm, wenden (4 M).

**Reihe 2:** 1 Lm (zählt hier und im Folgenden nicht als 1. M), 1 fM in jede der folg 4 M, wenden.

**Reihe 3:** 1 Lm, 2 fM in die letzte M der Vor-R, 1 fM in jede der folg 2 M, 2 fM in die letzte M, wenden (6 M).

**Reihe 4:** 1 Lm, 1 fM in jede folg M bis R-Ende, wenden.

**Reihe 5:** 1 Lm, 1 fM in jede der folg 5 M, 2 fM in die letzte M, wenden (7 M).

**Reihe 6:** 1 Lm, 1 fM in jede folg M bis R-Ende, wenden.

**Reihe 7:** 1 Lm, 1 fM in jede der folg 6 fM, 2 fM in die letzte M, wenden (8 M).

**Reihen 8–15:** 1 Lm, 1 fM in jede folg M bis R-Ende, wenden.

**Reihe 16:** 1 Lm, 2 fM zsm in die 1. 2 M, 1 fM in jede der folg 4 M, 2 fM zsm in die letzten 2 M, wenden (6 M).

**Reihe 17:** 1 Lm, 2 fM zsm in die 1. 2 M, 1 fM in jede der folg 2 M, 2 fM zsm in die letzten 2 M, wenden (4 M).

EINFASSUNG

**Reihe 18:** 1 Lm, 2 fM in die letzte M der Vor-Rd, 1 fM in jede der folg 2 M, 2 fM in die folg M, 1 fM in jedes der folg 17 R-Enden, 2 fM in die folg Lm der Lmk, 1 fM in jede der folg 2 Lm der Lmk, 2 fM in die folg Lm der Lmk, 1 fM in jedes der folg 17 R-Enden, 1 Km in die 1. M der Rd (46 M).

Garn A abschneiden und durchziehen.

## Rechtes Ohr

**Luftmaschenkette:** Mit Garn A 5 Lm anschl.

**Reihe 1:** 1 fM in die 2. Lm ab Nd, 1 fM in jede der folg 3 Lm, wenden (4 M).

**Reihe 2:** 1 Lm (zählt hier und im Folgenden nicht als 1. M), 1 fM in jede der folg 4 M, wenden.

**Reihe 3:** 1 Lm, 2 fM in die letzte M der Vor-R, 1 fM in jede der folg 2 M, 2 fM in die letzte M, wenden (6 M).

**Reihe 4:** 1 Lm, 1 fM in jede folg M bis R-Ende, wenden.

**Reihe 5:** 1 Lm, 2 fM in die letzte M der Vor-R, 1 fM in jede der folg 5 M, wenden (7 M).

**Reihe 6:** 1 Lm, 1 fM in jede folg M bis R-Ende, wenden.

**Reihe 7:** 1 Lm, 2 fM in die letzte M der Vor-R, 1 fM in jede der folg 6 fM, wenden (8 M).

**Reihen 8–15:** 1 Lm, 1 fM in jede folg M bis R-Ende, wenden.

**Reihe 16:** 1 Lm, 2 fM zsm in die 1. 2 M, 1 fM in jede der folg 4 M, 2 fM zsm in die letzten 2 M, wenden (6 M).

**Reihe 17:** 1 Lm, 2 fM zsm in die 1. 2 M, 1 fM in sjede der folg 2 M, 2 fM zsm in die letzten 2 M, wenden (4 M).

EINFASSUNG

**Reihe 18:** 1 Lm, 2 fM in die letzte M der Vor-Rd, 1 fM in jede der folg 2 M, 2 fM in die folg M, 1 fM in jedes der folg 17 R-Enden, 2 fM in die folg Lm der Lmk, 1 fM in jede der folg 2 Lm der Lmk, 2 fM in die folg Lm der Lmk, 1 fM in jedes der folg 17 R-Enden, 1 Km in die 1. M der Rd (46 M).

Garn A abschneiden und durchziehen.

## Fertigstellung

Die Schnauze mit Garn D und die Ohren mit Garn A auf den Kopf nähen. Schließlich die Wackelaugen festnähen. Alle Fadenenden vernähen und das fertige Granny Square spannen.

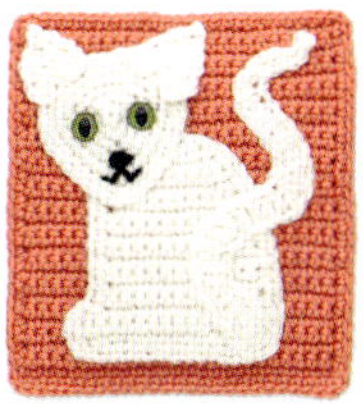

## Mix & Match

*Katze, siehe Seite 36*

# 34 Gecko

LEVEL

Geckos besitzen von allen Tieren die wohl mit Abstand faszinierendsten und praktischsten Füße, und genau die kommen auch hier besonders gut zur Geltung. Der in einem kräftigen Hellgrün gearbeitete Gecko sieht außerdem auch einzeln als Applikation toll aus.

## Das brauchen Sie

Farbe A (Hellgrün): 26 m
Farbe B (mittleres Grau): 44 m
Häkelnadel: 3,5 mm
zwei kleine schwarze Sicherheitsaugen

## Größe

15 x 15 cm

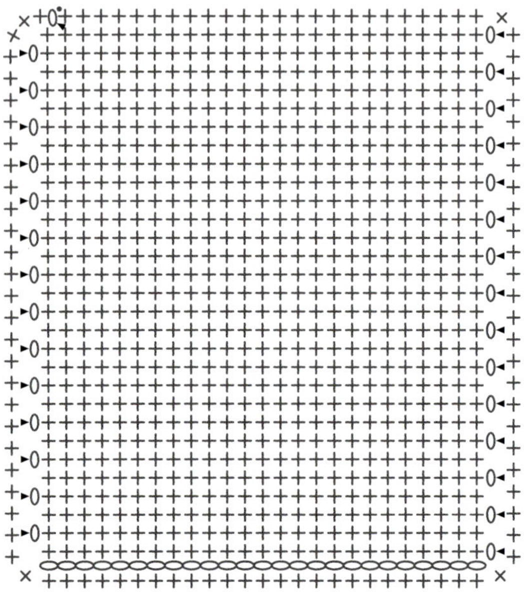

## Körper

**Luftmaschenkette:** Mit Garn A 36 Lm anschl.

**Runde 1:** 2 fM in die 2. Lm ab Nd, 1 hStb in die folg Lm, 1 Stb in jede der folg 2 Lm, 2 Lm, 1 Km in die folg Lm, 2 Lm, 1 Stb in jede der folg 11 Lm, 1 hStb in jede der folg 5 Lm, 1 fM in jede der folg 5 Lm, 2 fM in die folg Lm, 1 fM in jede der folg 4 Lm, 2 fM zsm in die folg 2 Lm, 1 Km in jede der folg 2 Lm, 2 Lm, 1 Km in die 2. Lm ab Nd, wenden und nun entlang der gegenüberliegenden Seite der Lmk arb, 1 Km in die folg Lm, 2 fM in jede der folg 2 Lm, 1 fM in jede der folg 4 Lm, 2 fM zsm in die folg 2 Lm, 1 fM in jede der folg 5 Lm, 1 hStb in jede der folg 5 Lm, 1 Stb in jede der folg 11 Lm, 2 Lm, 1 Km in die folg Lm, 2 Lm, 1 Stb in jede der folg 2 Lm, 1 hStb in die folg Lm, 1 fM in die folg Lm, 1 Km in die 1. M der Rd (64 M).

Garn A abschneiden und durchziehen.

**Reihe 2:** Garn A an die vorletzte Km der Vor-Rd anfügen, 2 Lm, 2 fM in jedes der folg 2 Stb, 1 fM in jede der folg 5 M, 2 fM in jedes der folg 2 Stb, 2 Lm, 1 Km in die 1. Km (13 M).

Garn A abschneiden und durchziehen.

FÜSSE

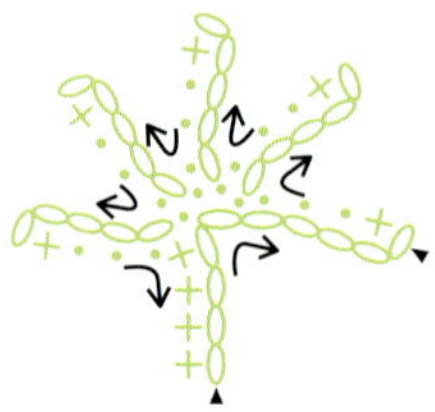

## Füße (x 4)

**Luftmaschenkette:** Mit Garn A 10 Lm anschl.

**Reihe 1:** 1 fM in die 2. Lm ab Nd, 1 Km in jede der folg 4 Lm, (5 Lm, 1 fM in die 2. Lm ab Nd, 1 Km

KÖRPER

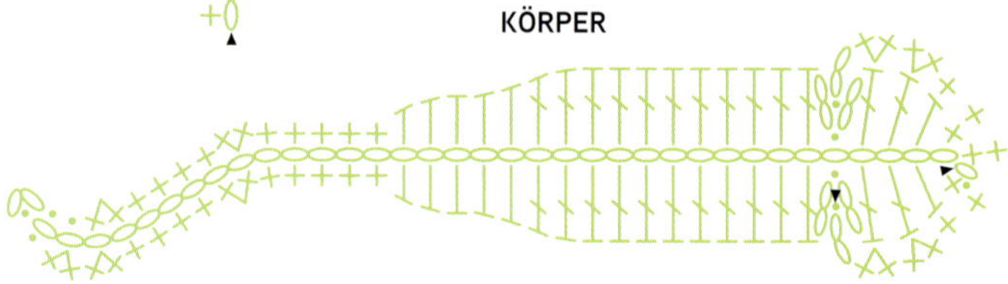

**Symbole:**

- Luftmasche (Lm)
- Kettmasche (Km)
- feste Masche (fM)
- halbes Stäbchen (hStb)
- Stäbchen (Stb)
- 2 feste Maschen zusammenhäkeln (2 fM zsm)
- Reihen- bzw. Rundenbeginn

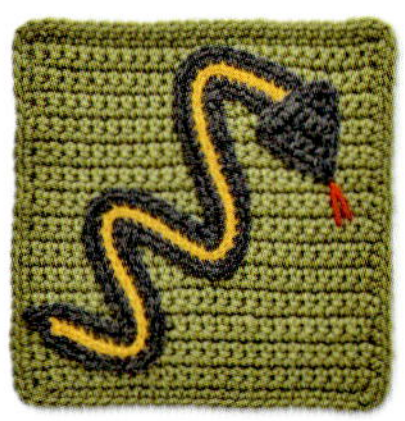

## Mix & Match

*Schlange, siehe Seite 48*

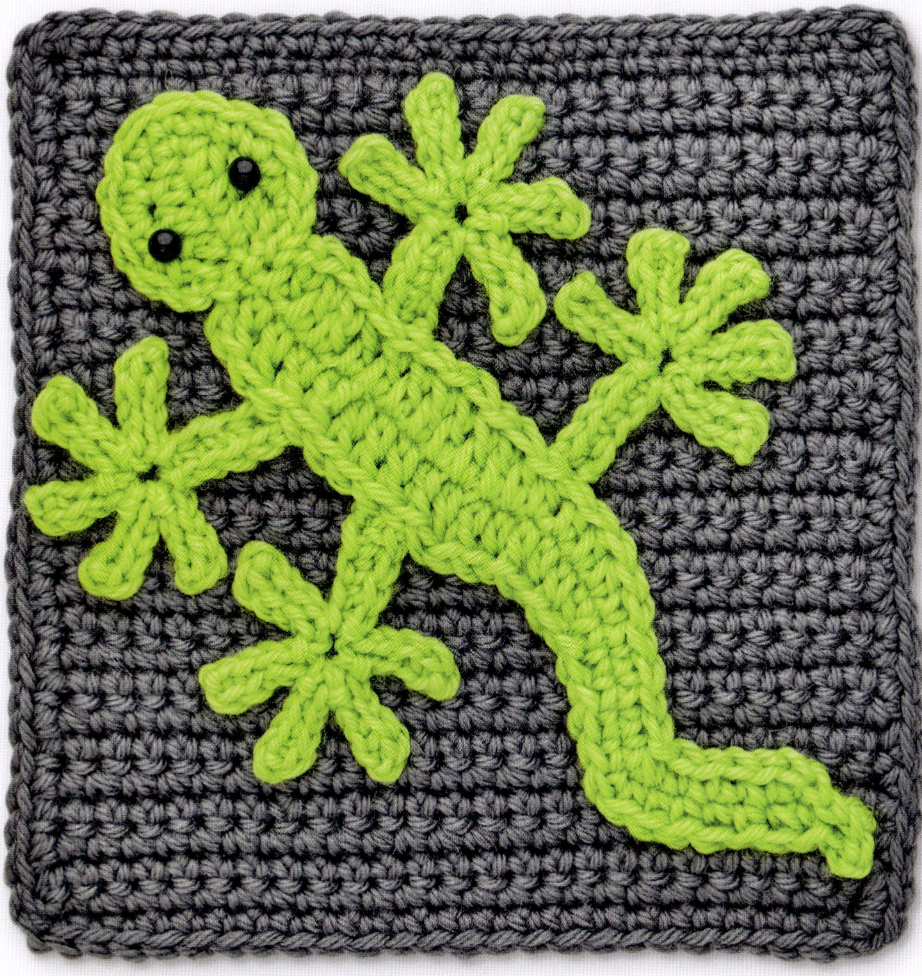

in jede der folg 4 Lm) x 4, 1 fM in jede der folg 4 Lm.

Garn A abschneiden und durchziehen.

## Hintergrund

**Luftmaschenkette:** Mit Garn B 26 Lm anschl.

**Reihe 1:** 1 fM in die 2. Lm ab Nd und in jede der folg 24 Lm, wenden (25 M).

**Reihe 2:** 1 Lm (zählt hier und im Folgenden nicht als 1. M), 1 fM in jede folg M bis R-Ende, wenden (25 M).

**Reihen 3–29:** Wie Reihe 2 arb, dabei nach Reihe 29 nicht wenden (25 M).

EINFASSUNG

**Runde 30:** 1 Lm, 3 fM in die letzte M der Vor-R, 23 fM gleichmäßig verteilt in die R-Enden arb, 3 fM in die 1. Lm der Lmk, 1 fM in jede der folg 23 Lm, 3 fM in die vorletzte Lm der Lmk, 23 fM gleichmäßig verteilt in die R-Enden arb, 3 fM in die folg M an der Ecke, 1 fM in jede der folg 23 M, 1 Km in die 1. M der Rd (104 M).

Garn B abschneiden und durchziehen.

## Fertigstellung

Die Füße am Körper feststecken, dabei die Enden der Füße leicht unter den Körper schieben, und festnähen. Anschließend den Gecko mit Garn A auf den Hintergrund nähen. Die Sicherheitsaugen nach Herstellerangaben befestigen. Alle Fadenenden vernähen und das fertige Granny Square spannen.

# 35 Maus

LEVEL

Diese süße kleine Maus ist wunderbar einfach zu häkeln. Statt des Sicherheitsauges kann man auch ein Auge häkeln, und wenn man braunes oder beiges Garn verwendet und den Schwanz kürzer arbeitet, wird aus der Maus im Handumdrehen ein Hamster.

## Das brauchen Sie

Farbe A (Grau): 14 m
Farbe B (helles Lachs): 8 m
Farbe C (Cremeweiß): 44 m
Häkelnadel: 3,5 mm
ein kleines schwarzes Sicherheitsauge

## Größe

15 x 15 cm

## Körper

**Magischer Ring:** Mit Garn A einen Magischen Ring arb.

**Reihe 1:** 1 Lm (zählt hier und im Folgenden nicht als 1. M), 3 fM in den Ring, Ring festziehen, wenden (3 M).

**Reihe 2:** 1 Lm, 1 fM in jede der folg 3 M, wenden.

**Reihe 3:** 1 Lm, 1 fM in jede der folg 2 M, 2 fM in die letzte M, wenden (4 M).

**Reihe 4:** 1 Lm, 1 fM in jede der folg 4 M, wenden.

**Reihe 5:** 1 Lm, 1 fM in jede der folg 3 M, 2 fM in die letzte M, wenden (5 M).

**Reihe 6:** 1 Lm, 2 fM in die letzte M der Vor-R, 1 fM in jede der folg 4 M, wenden (6 M).

**Reihe 7:** 1 Lm, 1 fM in jede der folg 5 M, 2 fM in die letzte M, wenden (7 M).

**Reihe 8:** 1 Lm, 2 fM in die letzte M der Vor-R, 1 fM in jede der folg 6 fM, wenden (8 M).

**Reihe 9:** 1 Lm, 1 fM in jede der folg 7 M, 2 fM in die letzte M, wenden (9 M).

**Reihe 10:** 1 Lm, 2 fM in die letzte M der Vor-R, 1 fM in jede der folg 8 M, wenden (10 M).

**Reihen 11–15:** 1 Lm, 1 fM in jede der folg 10 M, wenden.

**Reihe 16:** 1 Lm, 2 fM zsm in die 1. 2 M, 1 fM in jede der folg 8 M, wenden (9 M).

**Reihe 17:** 1 Lm, 1 fM in jede der folg 7 M, 2 fM zsm in die letzten 2 M, wenden (8 M).

**Reihe 18:** 1 Lm, 1 fM in jede der folg 8 M, wenden.

**Reihe 19:** 1 Lm, 1 fM in jede der folg 6 fM, 2 fM in die letzten 2 M, wenden (7 M).

**Reihe 20:** 1 Lm, 2 fM zsm in die 1. 2 M, 1 fM in jede der folg 3 M, 2 fM zsm in die letzten 2 M, wenden (5 M).

**Reihe 21:** 1 Lm, 2 fM zsm in die 1. 2 M, 1 fM in die folg M, 2 fM zsm in die letzten 2 M, wenden (3 M).

**Reihe 22:** 1 Lm, 2 fM zsm in die 1. 2 M, 1 fM in die letzte M, wenden (2 M).

**Reihe 23:** 1 Lm, 2 fM zsm, nicht wenden (1 M).

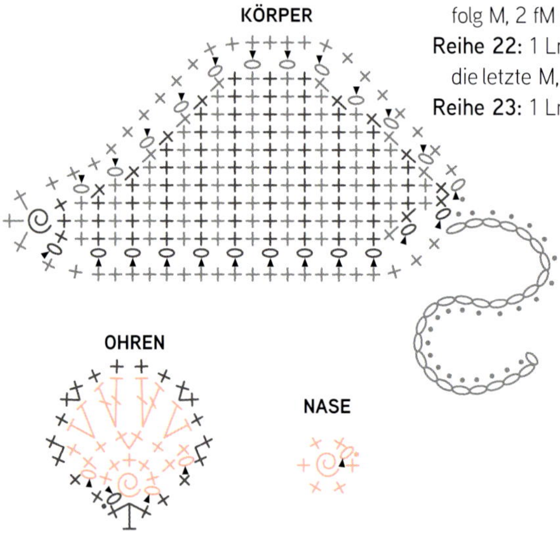


**Symbole:**

- Magischer Ring
- Luftmasche (Lm)
- Kettmasche (Km)
- feste Masche (fM)
- halbes Stäbchen (hStb)
- Stäbchen (Stb)
- 2 feste Maschen zusammenhäkeln (2 fM z
- Reihe- bzw. Rundenbeginn

EINFASSUNG

**Runde 24:** 1 Lm, 1 fM in jedes der folg 23 R-Enden, 3 fM in den Ring, 1 fM in jedes der folg 22 R-Enden, 26 Lm, 1 Km in die 2. Lm ab Nd und jede der folg 24 Lm, 1 Km in die letzte M des Körpers, 1 Km in die 1. M der Rd (48 M).

Garn A abschneiden und durchziehen.

## Ohr

**Magischer Ring:** Mit Garn B einen Magischen Ring arb.

**Reihe 1:** 1 Lm, 5 fM in den Ring, Ring festziehen, wenden (5 M).

**Reihe 2:** 1 Lm, 1 fM in jede der folg 2 M, 2 fM in die folg M, 1 fM in jede der folg 2 M, wenden (6 M).

**Reihe 3:** 1 Lm, 1 fM in die letzte M der Vor-R, 2 hStb in die folg M, 2 Stb in jede der folg 2 M, 2 hStb in die folg M, 1 fM in die letzte M (10 M).

Garn B abschneiden und durchziehen.

EINFASSUNG

**Runde 1:** Garn A an den Ring anfügen, 1 Lm, [1 fM, 1 hStb, 1 fM] in den Ring, 1 fM in jedes der folg 2 R-Enden, 2 fM in die folg M, 1 fM in die folg M, 2 fM in die folg M, 1 fM in jede der folg 4 M, 2 fM in die folg M, 1 fM in die folg M, 2 fM in die folg M, 1 fM in jedes der folg 2 R-Enden, 1 Km in die 1. M der Rd (21 M).

Garn A abschneiden und durchziehen.

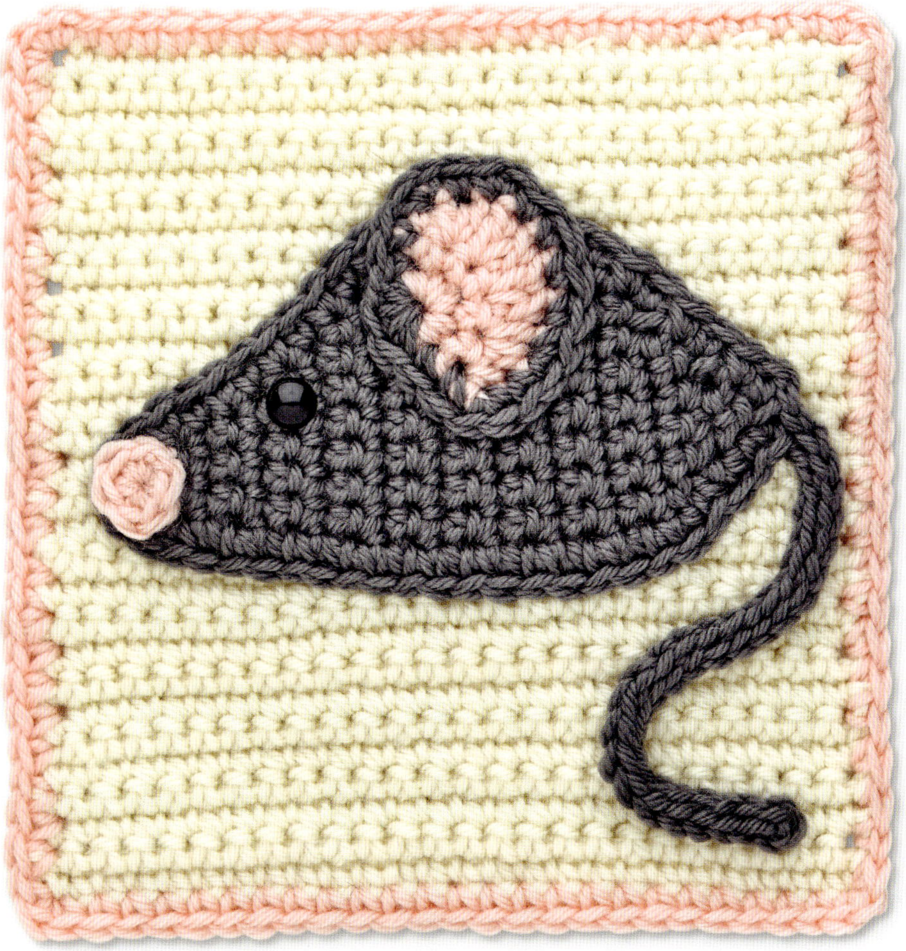

## Nase

**Magischer Ring:** Mit Garn B einen Magischen Ring arb.

**Runde 1:** 1 Lm, 6 fM in den Ring, Ring festziehen, 1 Km in die 1. M der Rd (6 M).

Garn B abschneiden und durchziehen.

## Hintergrund

**Luftmaschenkette:** Mit Garn C 26 Lm anschl.

**Reihe 1:** 1 fM in die 2. Lm ab Nd und in jede der folg 24 Lm, wenden (25 M).

**Reihe 2:** 1 Lm (zählt hier und im Folgenden nicht als 1. M), 1 fM in jede folg M bis R-Ende, wenden (25 M).

**Reihen 3–29:** Wie Reihe 2 arb, dabei nach Reihe 29 nicht wenden (25 M).

Garn C abschneiden und durchziehen.

EINFASSUNG

**Runde 30:** Garn B anfügen, 1 Lm, 3 fM in die letzte M der Vor-R, 23 fM gleichmäßig verteilt in die R-Enden arb, 3 fM in die 1. Lm der Lmk, 1 fM in jede der folg 23 Lm, 3 fM in die vorletzte Lm der Lmk, 23 fM gleichmäßig verteilt in die R-Enden arb, 3 fM in die folg M an der Ecke, 1 fM in jede der folg 23 M, 1 Km in die 1. M der Rd (104 M).

Garn B abschneiden und durchziehen.

## Fertigstellung

Den Körper auf dem Hintergrund feststecken, dabei den Schwanz nach Belieben positionieren, und dann mit Garn A festnähen. Die Nase mithilfe des Fadenendes und das Ohr mit Garn A annähen. Das Sicherheitsauge nach Herstellerangaben befestigen. Alle Fadenenden vernähen und das fertige Granny Square spannen.

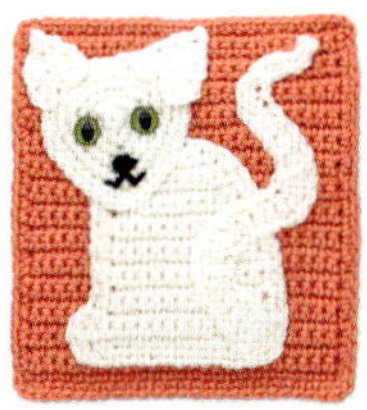

## Mix & Match

*Katze, siehe Seite 36*

# 36 Eule

LEVEL

Man kann diese weise Eule auch seitlich arbeiten, indem man nur einen Flügel häkelt und den Kopf leicht gedreht auf den Hintergrund näht. Außerdem kann man ihr auch noch Füße wie jene des Papageitauchers (siehe Seite 76) spendieren.

## Das brauchen Sie

Farbe A (Braun): 24 m
Farbe B (Dunkelbraun): 10 m
Farbe C (dunkles Beige): 4 m
Farbe D (Moosgrün): 44 m
Farbe E (Gelb): kleine Menge
Häkelnadel: 3,5 mm
zwei Sicherheitsaugen

## Größe

15 x 15 cm

## Körper

**Luftmaschenkette:** Mit Garn A 13 Lm anschl.

**Runde 1:** 2 Stb in die 4. Lm ab Nd, 1 Stb in jede der folg 8 M, 5 Stb in die folg Lm, wenden und nun entlang der gegenüberliegenden Seite der Lmk arb, 1 Stb in jede der folg 8 Lm, 2 Stb in die fol Lm, 1 Km in die 13. Lm der Lmk (26 M).

**Runde 2:** 3 Lm (zählen als 1 Stb), 2 Stb in die 13. Lm der Lmk, 1 Stb in die folg M, 2 Stb in die folg M, 1 Stb in jede der folg 8 M, 2 Stb in die folg M, 1 Stb in die folg M, 5 Stb in die folg M, 1 Stb in die folg M, 2 Stb in die folg M, 1 Stb in jede der folg 8 M, 2 Stb in die folg M, 1 Stb in die folg M, 2 Stb in die 13 Lm der Lmk, 1 Km in die obere der 3 Anf-Lm (38 M).

KÖRPER

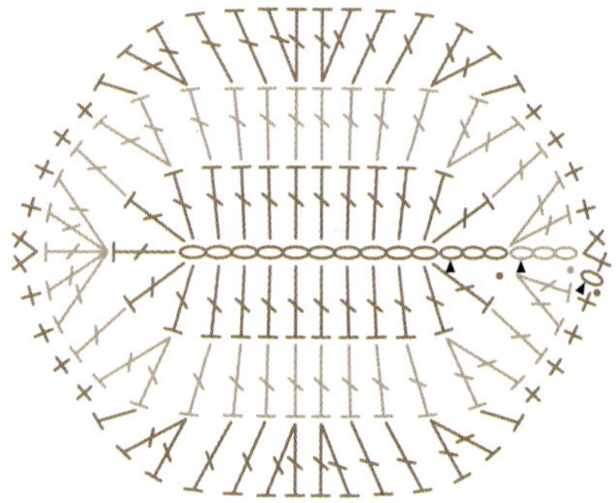

KOPF

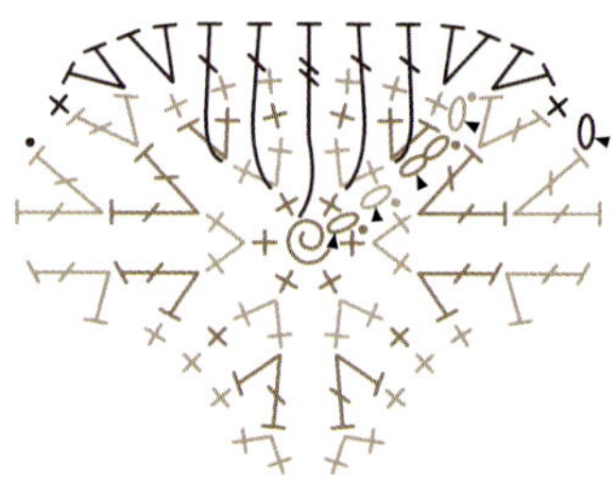

FLÜGEL

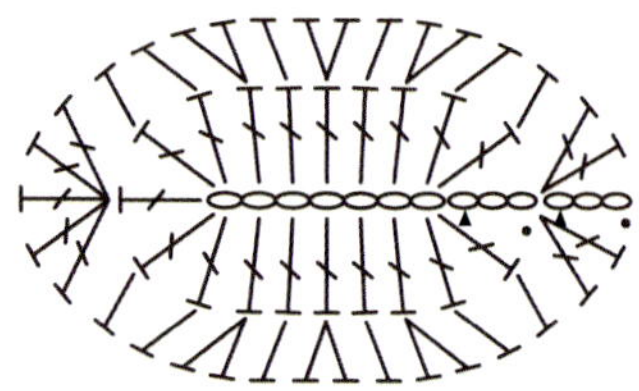

LINKES AUGE

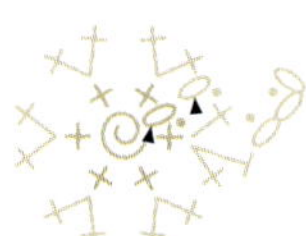

RECHTES AUGE

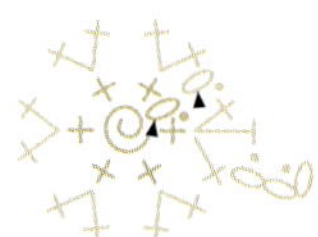

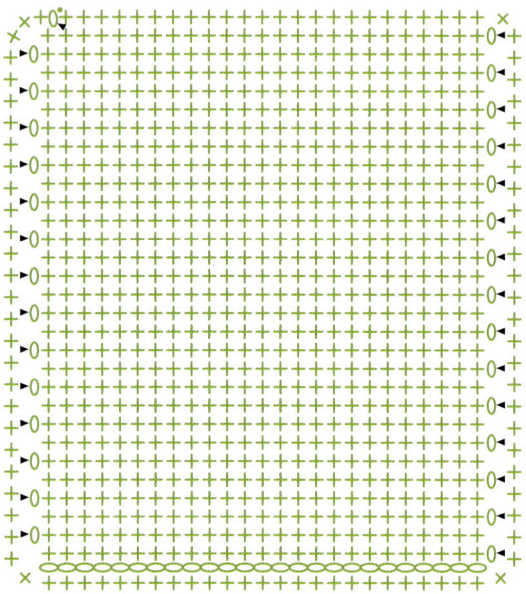

**Symbole:**

- Magischer Ring
- Luftmasche (Lm)
- Kettmasche (Km)
- feste Masche (fM)
- halbes Stäbchen (hStb)
- Stäbchen (Stb)
- Doppelstäbchen (DStb)
- tiefgestochenes Stäbchen (tStb)
- tiefgestochenes Doppelstäbchen (tDStb)
- Reihen- bzw. Rundenbeginn

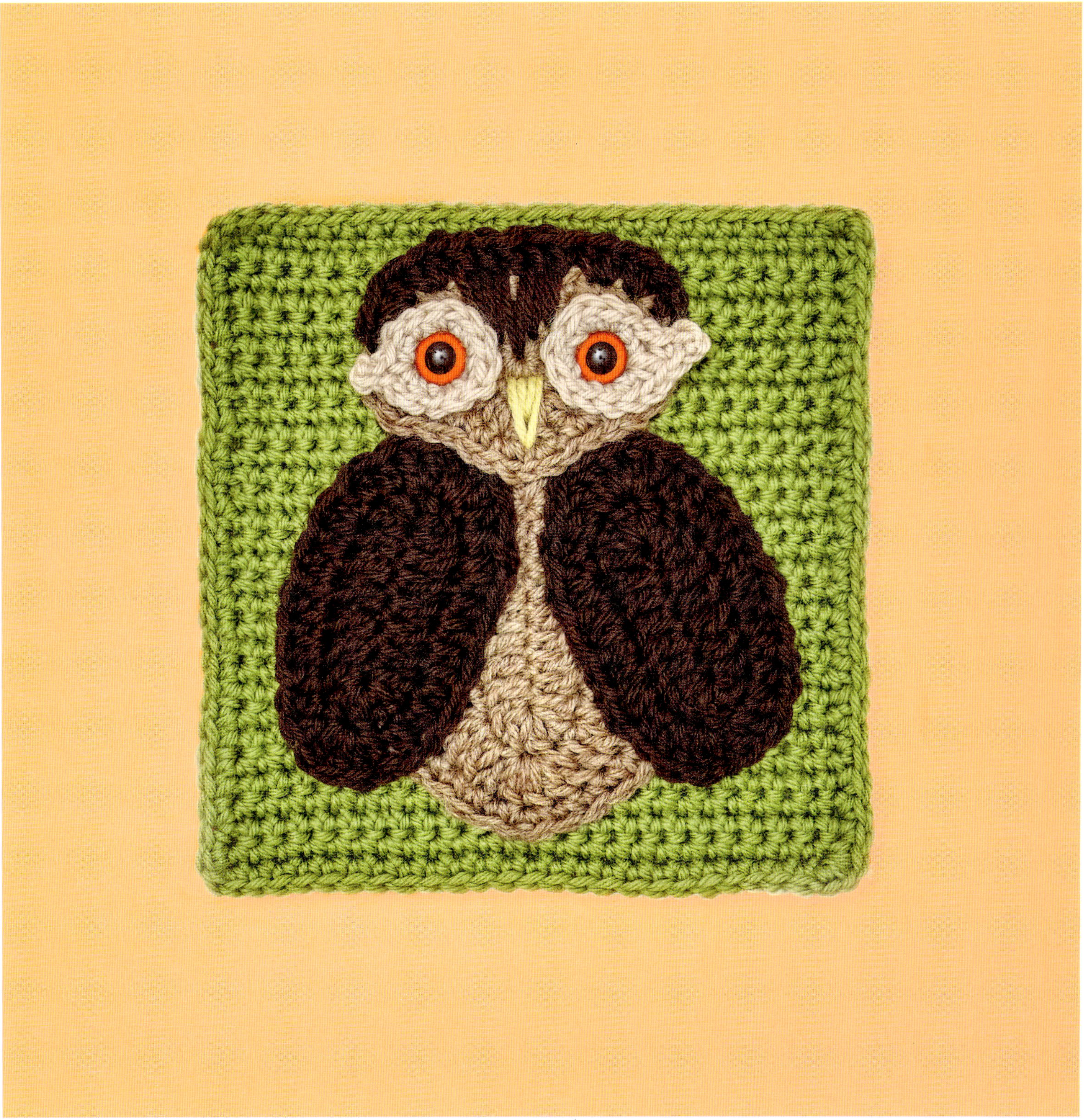

EINFASSUNG

**Runde 3:** 1 Lm (zählt hier und im Folgenden nicht als 1. M), 2 fM in die obere der 3 Anf-Lm der Vor-Rd, (1 fM in jede der folg 4 M, 1 hStb in die folg M, 2 Stb in die folg M, 1 Stb in jede der folg 2 M, 2 Stb in jede der folg 2 M, 1 Stb in jede der folg 2 M, 2 Stb in die folg M, 1 hStb in die folg M, 1 fM in jede der folg 4 M, 2 fM in die folg M) x 2, dabei bei der letzten Wdh vor den letzten 2 fM enden, 1 Km in die 1. M der Rd (48 M).

Garn A abschneiden und durchziehen.

## Kopf

**Magischer Ring:** Mit Garn A einen Magischen Ring arb.

**Runde 1:** 1 Lm, 6 fM in den Ring, Ring festziehen, 1 Km in die 1. M der Rd (6 M).

**Runde 2:** 1 Lm, 2 fM in jede folg M bis Rd-Ende, 1 Km in die 1. M der Rd (12 M).

**Runde 3:** 2 Lm (zählt nicht als 1. M), [1 hStb, 1 fM] in die 1. M der Vor-Rd, 1 fM in jede der folg 2 M, [1 fM, 1 hStb] in die folg M, 2 Stb in die folg M, [1 Stb, 1 hStb] in die folg M, 1 fM in die folg M, [1 hStb, 1 Stb] in die folg M, [1 Stb, 1 hStb] in die folg M, 1 fM in die folg M, [1 hStb, 1 Stb] in die folg M, 2 Stb in die folg M, 1 Km in das 1. hStb der Rd (20 M).

**Runde 4:** 1 Lm, 1 fM in jede der folg 6 fM, [1 hStb, 1 Stb] in die folg M, 2 Stb in die folg M, [1 Stb, 1 hStb] in die folg M, 1 fM in jede der folg 3 M, 2 fM in jede der folg 2 M, 1 fM in jede der folg 3 M, [1 hStb, 1 Stb] in die folg M, 2 Stb in die folg M, [1 Stb, 1 hStb] in die folg M, 1 Km in die 1. M der Rd (28 M).

Garn A abschneiden und durchziehen.

**Reihe 5:** Garn B an die 3. M rechts neben der letzten M der Vor-Rd anfügen, 1 Lm, 1 fM in die folg M, 2 hStb in jede der folg 2 M, folg 4 M überg, 1 tStb in das untere Ende der folg M in Reihe 3, 1 tStb in das untere Ende der folg M in Reihe 2, 1 tDStb in den Ring, 1 tStb in das untere Ende der folg M in Reihe 2, 1 tStb in das untere Ende der folg M in Reihe 3, 2 hStb in jede der folg 2 M in Reihe 4, 1 fM in die folg M, 1 Km in die folg M (15 M).

Garn B abschneiden und durchziehen.

## Flügel (x 2)

**Luftmaschenkette:** Mit Garn B 10 Lm anschl.

**Runde 1:** 2 Stb in die 4. Lm ab Nd, 1 Stb in jede der folg 5 Lm, 5 Stb in die folg Lm, wenden und nun entlang der gegenüberliegenden Seite der Lmk arb, 1 Stb in jede der folg 5 Lm, 2 in die folg Lm, 1 Km in die 10. Lm der Lmk (20 M).

**Runde 2:** 3 Lm (zählen als 1 Stb), 2 Stb in de 10. Lm der Lmk, 1 hStb in jede der folg 2 M, (2 hStb in die folg M, 1 hStb in die folg M) x 3, 1 hStb in die folg M, 5 Stb in die folg M, 1 hStb in jede der folg 2 M, (2 hStb in die folg M, 1 hStb in die folg M) x 3, 1 hStb in die folg M, 2 Stb in die 10. Lm der Lmk, 1 Km in die obere der 3 Anf-Lm (34 M).

Garn B abschneiden und durchziehen.

## Rechtes Auge

**Luftmaschenkette:** Mit Garn C einen Magischen Ring arb.

**Runde 1:** 1 Lm, 6 fM in den Ring, Ring festziehen, 1 Km in die 1. M der Rd (6 M).

**Runde 2:** 1 Lm, 2 fM in jede der folg 5 M, [1 fM, 3 Lm, 1 Km in die 2. und 3. Lm ab Nd, 1 hStb, 1 fM] in die folg M, 1 Km in die 1. M der Rd (13 M).

Garn C abschneiden und durchziehen.

## Linkes Auge

**Luftmaschenkette:** Mit Garn C einen Magischen Ring arb.

**Runde 1:** 1 Lm, 6 fM in den Ring, Ring festziehen, 1 Km in die 1. M der Rd (6 M).

**Runde 2:** 1 Lm, 2 fM in jede der folg 5 M, [1 fM, 1 hStb, 3 Lm, 1 Km in die 2. und 3. Lm ab Nd, 1 fM] in die folg M, 1 Km in die 1. M der Rd (13 M).

Garn C abschneiden und durchziehen.

## Hintergrund

**Luftmaschenkette:** Mit Garn D 26 Lm anschl

**Reihe 1:** 1 fM in die 2. Lm ab Nd und in jede der folg 24 Lm, wenden (25 M).

**Reihe 2:** 1 Lm (zählt hier und im Folgenden nicht als 1. M), 1 fM in jede folg M bis R-Ende, wenden (25 M).

**Reihen 3–29:** Wie Reihe 2 arb, dabei nach Reihe 29 nicht wenden (25 M).

EINFASSUNG

**Runde 30:** 1 Lm, 3 fM in die letzte M der Vor-R, 23 fM gleichmäßig verteilt in die R-Enden arb, 3 fM in die 1. Lm der Lmk, 1 fM in jede der folg 23 Lm, 3 fM in die vorletzte Lm der Lmk, 23 fM gleichmäßig verteilt in die R-Enden arb, 3 fM in die folg M an der Ecke, 1 fM in jede der folg 23 M, 1 Km in die 1. M der Rd (104 M).

Garn D abschneiden und durchziehen.

## Fertigstellung

Mit Garn C die Augen auf den Kopf nähen und mit Garn E einen Schnabel aufsticken. Den Kopf mit Garn A auf den Körper nähen und dann die Flügel mit Garn B annähen. Die Eule mit Garn A und Garn B auf den Hintergrund nähen und die Sicherheitsaugen nach Herstellerangaben befestigen. Alle Fadenenden vernähen und das fertige Granny Square spannen.

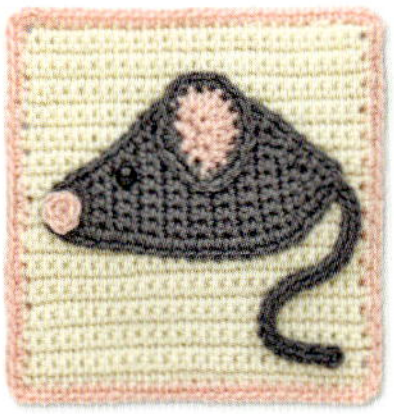

## Mix & Match

*Maus, siehe Seite 90*

# 37 Roter Panda

LEVEL

Der Rote Panda ist mit Abstand mein Lieblingsbär. Für eine etwas flauschigere Optik kann man ein dickeres Garn verwenden, und statt der gehäkelten Augen eignen sich auch Sicherheitsaugen.

### Das brauchen Sie

Farbe A (Dunkelrot): 20 m
Farbe B (Weiß): 6 m
Farbe C (Schwarz): 2 m
Farbe D (Grasgrün): 44 m
Häkelnadel: 3,5 mm

## Kopf

**Luftmaschenkette:** Mit Garn A 16 Lm anschl.

**Reihe 1:** 1 fM in die 2. Lm ab Nd und in jede der folg 14 Lm, wenden (15 M).

**Reihe 2:** 1 Lm (zählt hier und im Folgenden nicht als 1. M), 1 fM in jede folg M bis R-Ende, wenden.

**Reihen 3–8:** Wie Reihe 2 arb.

**Reihe 9:** 1 Lm, 2 fM zsm in die 1. 2 M, 1 fM in jede der folg 11 M, 2 fM zsm in die letzten 2 M, wenden (13 M).

**Reihe 10:** Wie Reihe 2 arb.

**Reihe 11:** 1 Lm, 2 fM zsm in die 1. 2 M, 1 fM in jede der folg 9 M, 2 fM zsm in die letzten 2 M, wenden (11 M).

**Reihe 12:** Wie Reihe 2 arb.

**Reihe 13:** 1 Lm, 2 fM zsm in die 1. 2 M, 1 fM in jede der folg 7 M, 2 fM zsm in die letzten 2 M, wenden (9 M).

**Reihe 14:** Wie Reihe 2 arb.

## Größe

15 x 15 cm

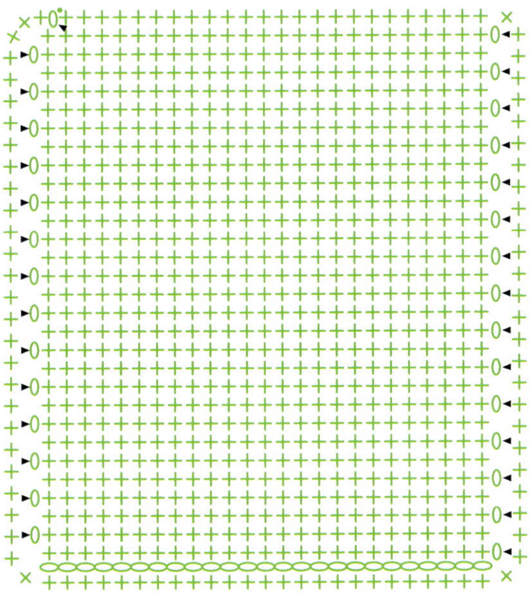

SCHNAUZE

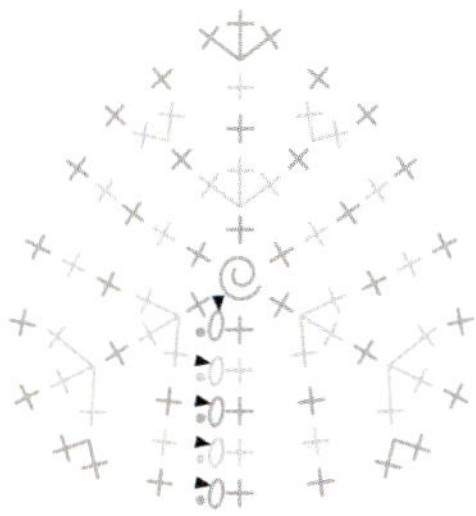

OHREN

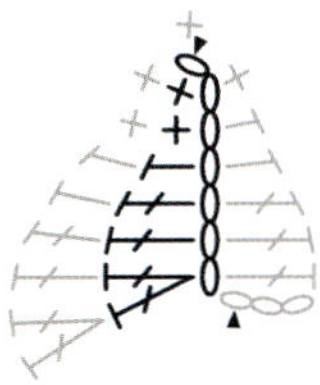

KOPF

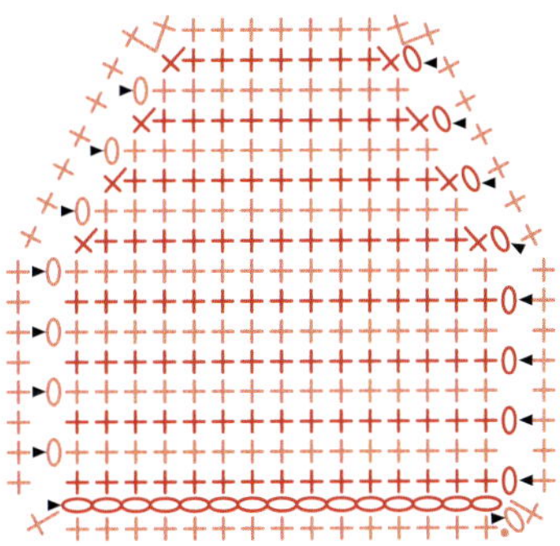

LINKES AUGE

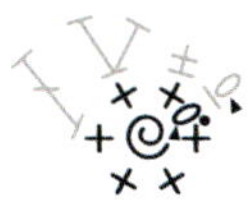

RECHTES AUGE

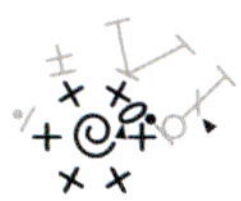

STREIFEN

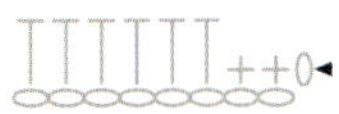

**Symbole:**

- Magischer Ring
- Luftmasche (Lm)
- Kettmasche (Km)
- feste Masche (fM)
- 2 feste Maschen zusammenhäkeln (2 fM zsm)
- halbes Stäbchen (hStb)
- Stäbchen (Stb)
- stehendes Stäbchen (stStb)
- horizontales Maschenglied (horMgl)
- Reihe- bzw. Rundenbeginn

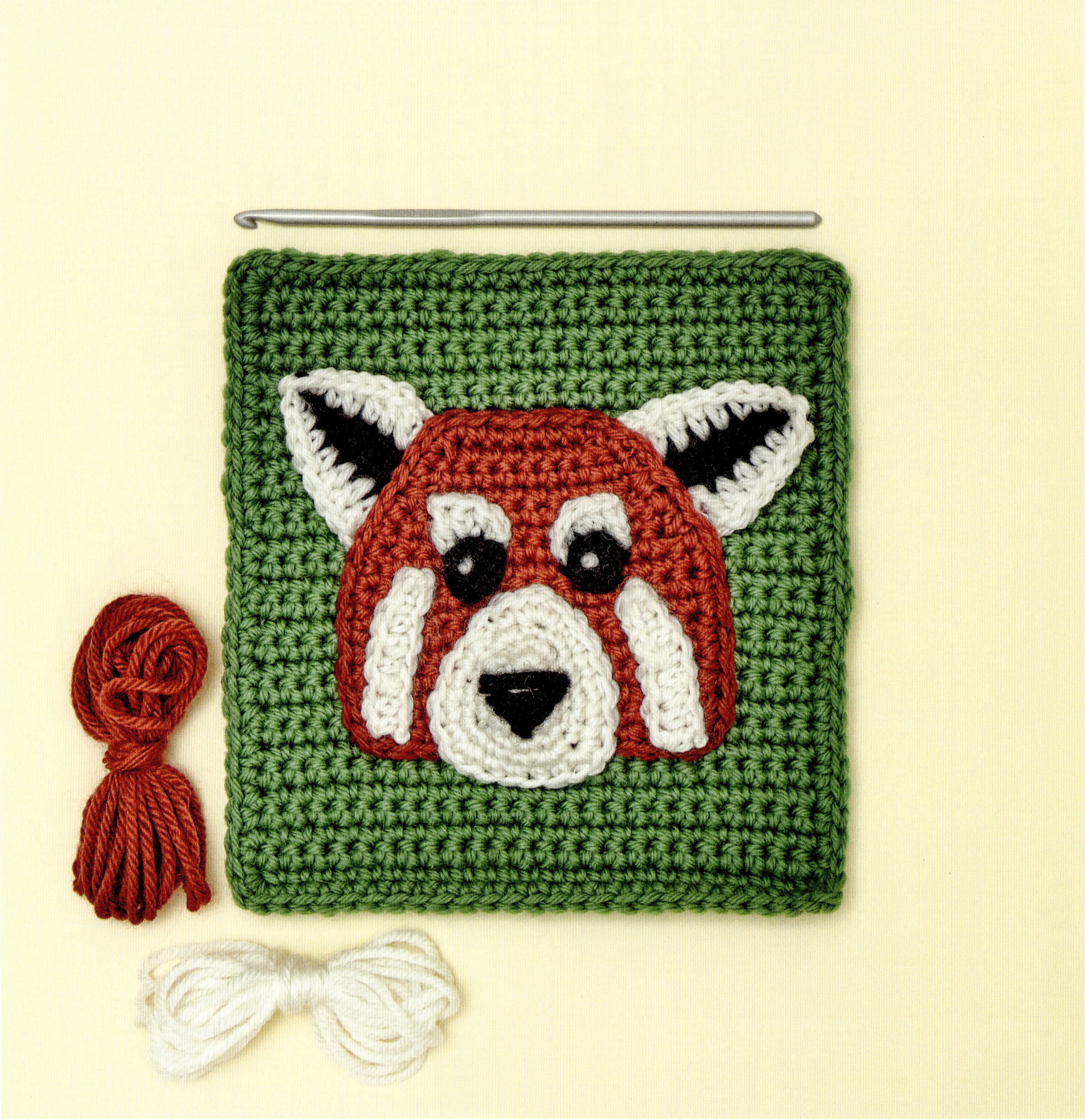

**Reihe 15:** 1 Lm, 2 fM zsm in die 1. 2 M, 1 fM in jede der folg 5 M, 2 fM zsm in die letzten 2 M, wenden (7 M).

Garn A abschneiden und durchziehen.

EINFASSUNG

**Runde 16:** Garn A an die letzte Lm der Lmk am Beginn von Reihe 1 anfügen, 1 Lm, 2 fM in die letzte Lm der Lmk am Beginn von Reihe 1, 1 fM in jedes der folg 13 R-Enden, 2 fM in das folg R-Ende, 1 fM in jede der folg 7 M, 2 fM in das folg R-Ende, 1 fM in jedes der folg 13 R-Enden, 3 fM in das folg R-Ende / die folg Lm der Lmk, 1 fM in jede der folg 13 Lm der Lmk, 1 fM in die letzte Lm der Lmk am Beginn von Reihe 1, 1 Km in die 1. M der Rd (56 M).

Garn A abschneiden und durchziehen.

## Ohren (x 2)

**Luftmaschenkette:** Mit Garn C 7 Lm anschl

**Reihe 1:** 1 fM in die 2. Lm ab Nd, 1 fM in die folg Lm, 1 hStb in die folg Lm, 1 Stb in jede der folg 2 Lm, 2 Stb in die letzte Lm (7 M).

Garn C abschneiden und durchziehen.

**Reihe 2:** Wenden und Garn B an die 1. Lm der Lmk anfügen, 3 Lm (zählen als 1 Stb), 1 Stb in die 1. Lm der Lmk, 1 Stb in jede der folg 2 Lm, 1 hStb in jede der folg 2 Lm, 1 fM in jede der folg 2 Lm, 1 fM in jede der folg 2 M, 1 hStb in jede der folg 2 M, 1 Stb in jede der folg 2 M, 2 Stb in die letzte M (16 M).

Garn B abschneiden und durchziehen.

## Schnauze

**Magischer Ring:** Mit Garn B einen Magischen Ring arb.

**Runde 1:** 1 Lm (zählt hier und im Folgenden nicht als 1. M), 6 fM in den Ring, Ring festziehen, 1 Km in die 1. M der Rd (6 M).

**Runde 2:** 1 Lm, (1 fM in die folg M, 3 fM in die folg M) x 3, 1 Km in die 1. M der Rd (12 M).

**Runde 3:** 1 Lm, 1 fM in jede folg M bis Rd-Ende, 1 Km in die 1. M der Rd (12 M).

**Runde 4:** 1 Lm, 1 fM in jede der folg 2 M, 3 fM in die folg M, 1 fM in jede der folg 2 M, 2 fM in die folg M, 1 fM in die folg M, 2 fM in die folg M, 1 fM in jede der folg 2 M, 3 fM in die folg M, 1 fM in die letzte M, 1 Km in die 1. M der Rd (18 M).

**Runde 5:** 1 Lm, 1 fM in jede der folg 2 M, 2 fM in die folg M, 1 fM in jede der folg 6 M, 3 fM in die folg M, 1 fM in jede der folg 6 M, 2 fM in die folg M, 1 fM in die folg M, 1 Km in die 1. M der Rd (24 M).

Garn B abschneiden und durchziehen.

## Streifen (x 2)

**Luftmaschenkette:** Mit Garn B 9 Lm anschl.

**Reihe 1:** 1 fM in die 2. Lm ab Nd, 1 fM in die folg M, 1 hStb in jede der folg 6 M (8 M).

Garn B abschneiden und durchziehen.

## Linkes Auge

**Magischer Ring:** Mit Garn C einen Magischen Ring arb.

**Runde 1:** 1 Lm (zählt hier und im Folgenden nicht als 1. M), 6 fM in den Ring, Ring festziehen, 1 Km in die 1. M der Rd (6 M).

Garn C abschneiden und durchziehen.

**Runde 2:** Garn B an das horMgl der 1. M der Vor-Rd anfügen, 1 Lm, 1 fM in das horMgl der folg M, 2 hStb in das horMgl der folg M, 1 Stb in das horMgl der folg M (4 M).

Garn B abschneiden und durchziehen.

## Rechtes Auge

**Magischer Ring:** Mit Garn C einen Magischen Ring arb.

**Runde 1:** 1 Lm (zählt hier und im Folgenden nicht als 1. M), 6 fM in den Ring, Ring festziehen, 1 Km in die 1. M der Rd (6 M).

Garn C abschneiden und durchziehen.

**Runde 2:** Garn B mit einem stStb an das horMgl einer beliebigen M der Vor-Rd anfügen, 2 hStb in das horMgl der folg M, 1 fM in das horMgl der folg M, 1 Km in das horMgl der folg M (4 M).

Garn B abschneiden und durchziehen.

## Hintergrund

**Luftmaschenkette:** Mit Garn D 26 Lm anschl

**Reihe 1:** 1 fM in die 2. Lm ab Nd und in jede der folg 24 Lm, wenden (25 M).

**Reihe 2:** 1 Lm (zählt hier und im Folgenden nicht als 1. M), 1 fM in jede folg M bis R-Ende, wenden (25 M).

**Reihen 3–29:** Wie Reihe 2 arb, dabei nach Reihe 29 nicht wenden (25 M).

EINFASSUNG

**Runde 30:** 1 Lm, 3 fM in die letzte M der Vor-R, 23 fM gleichmäßig verteilt in die R-Enden arb, 3 fM in die 1. Lm der Lmk, 1 fM in jede der folg 23 Lm, 3 fM in die vorletzte Lm der Lmk, 23 fM gleichmäßig verteilt in die R-Enden arb, 3 fM in die folg M an der Ecke, 1 fM in jede der folg 23 M, 1 Km in die 1. M der Rd (104 M).

Garn D abschneiden und durchziehen.

## Fertigstellung

Mit Garn C eine große dreieckige Nase auf die Schnauze sticken und diese anschließend auf den Kopf nähen. Mit Garn B die Streifen links und rechts der Schnauze festnähen. Die Augen mithilfe der Fadenenden festnähen und mit Garn B eine Reflexion auf jedes Auge sticken. Die Ohren mithilfe der Fadenenden oder Garn B festnähen, dabei die unteren Kanten leicht unter den Kopf schieben. Mit Garn A den Kopf auf den Hintergrund nähen. Alle Fadenenden vernähen und das fertige Granny Square spannen.

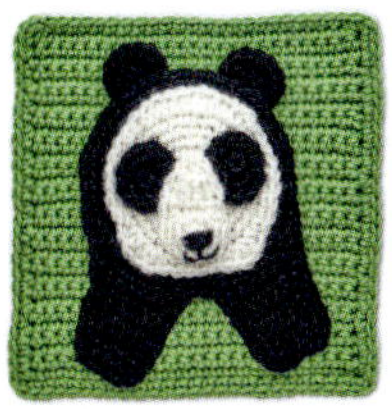

## Mix & Match

*Panda, siehe Seite 50*

# 38 Babyrobbe

LEVEL

Babyrobben sind die mit Abstand süßesten Tierbabys – und diese hier ist noch dazu im Handumdrehen gehäkelt. Für die Augen kann man merzerisierte Baumwolle (oder ein anderes glänzendes Garn) verwenden, so erzielt man die typische glänzende Optik der Kulleraugen. Und für noch mehr Kuschelfaktor sorgt ein flauschiges weißes Garn!

## Das brauchen Sie

Farbe A (Weiß): 34 m
Farbe B (Hellblau): 26 m
Farbe C (Schwarz): 2 m
Häkelnadel: 3,5 mm

## Größe

15 x 15 cm

## Kopf und Hintergrund

**Magischer Ring:** Mit Garn A einen Magischen Ring arb.

**Runde 1:** 1 Lm (zählt hier und im Folgenden nicht als 1. M), 6 fM in den Ring, 1 Km in die 1. M der Rd, Ring festziehen (6 M).

**Runde 2:** 1 Lm, 2 fM in jede der folg 6 M, 1 Km in die 1. M der Rd (12 M).

**Runde 3:** 1 Lm, (2 fM in die folg M, 1 fM in die folg M) x 6, 1 Km in die 1. M der Rd (18 M).

**Runde 4:** 1 Lm, (1 fM in jede der folg 2 M, 2 fM in die folg M) x 6, 1 Km in die 1. M der Rd (24 M).

**Runde 5:** 1 Lm, (2 fM in die folg M, 1 fM in jede der folg 3 M) x 6, 1 Km in die 1. M der Rd (30 M).

**Runde 6:** 1 Lm, (1 fM in jede der folg 3 M, 2 fM in die folg M, 1 fM in die folg M) x 6, 1 Km in die 1. M der Rd (36 M).

**Runde 7:** 1 Lm, (2 fM in die folg M, 1 fM in jede der folg 5 M) x 6, 1 Km in die 1. M der Rd (42 M).

**Runde 8:** 1 Lm, (1 fM in jede der folg 4 M, 2 fM in die folg M, 1 fM in jede der folg 2 M) x 6, 1 Km in die 1. M der Rd (48 M).

**Runde 9:** 1 Lm, (2 fM in die folg M, 1 fM in jede der folg 7 M) x 6, 1 Km in die 1. M der Rd (54 M).

**Runde 10:** 1 Lm, (1 fM in jede der folg 5 M, 2 fM in die folg M, 1 fM in jede der folg 3 M) x 6, 1 Km in die 1. M der Rd (60 M).

Garn A abschneiden und durchziehen.

**Runde 11:** Garn B anfügen, 1 Lm, (2 fM in die folg M, 1 fM in jede der folg 9 M) x 6, 1 Km in die 1. M der Rd (66 M).

**Runde 12:** 1 Lm, (1 fM in jede der folg 6 fM, 2 fM in die folg M, 1 fM in jede der folg 4 M) x 6, 1 Km in die 1. M der Rd (72 M).

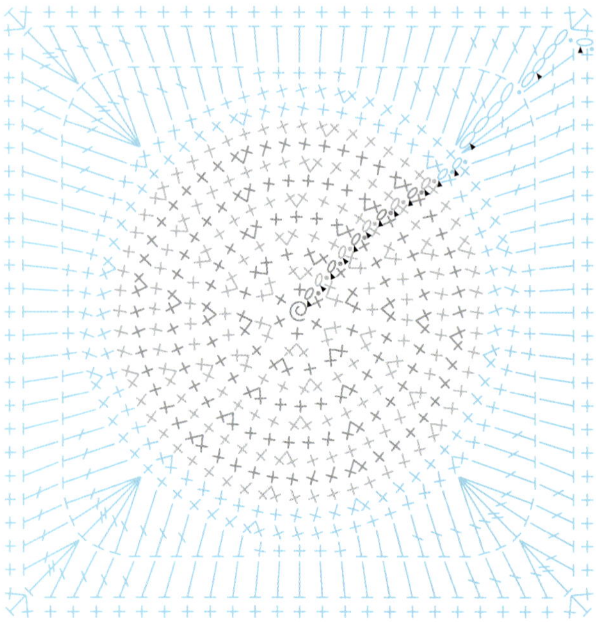

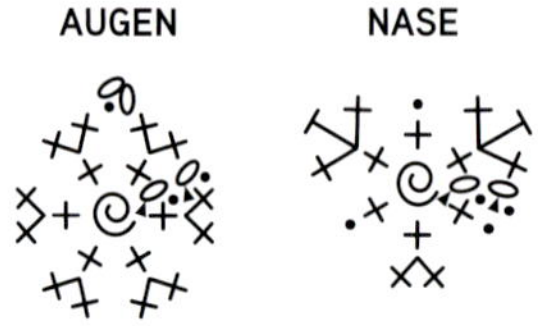


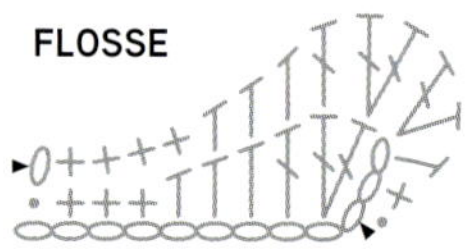


**Symbole:**

- Magischer Ring
- Luftmasche (Lm)
- Kettmasche (Km)
- feste Masche (fM)
- halbes Stäbchen (hStb)
- Stäbchen (Stb)
- Doppelstäbchen (DStb)
- Reihen- bzw. Rundenbeginn

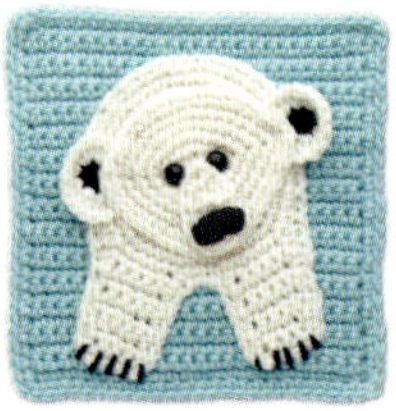

## Mix & Match

*Eisbär, siehe Seite 26*

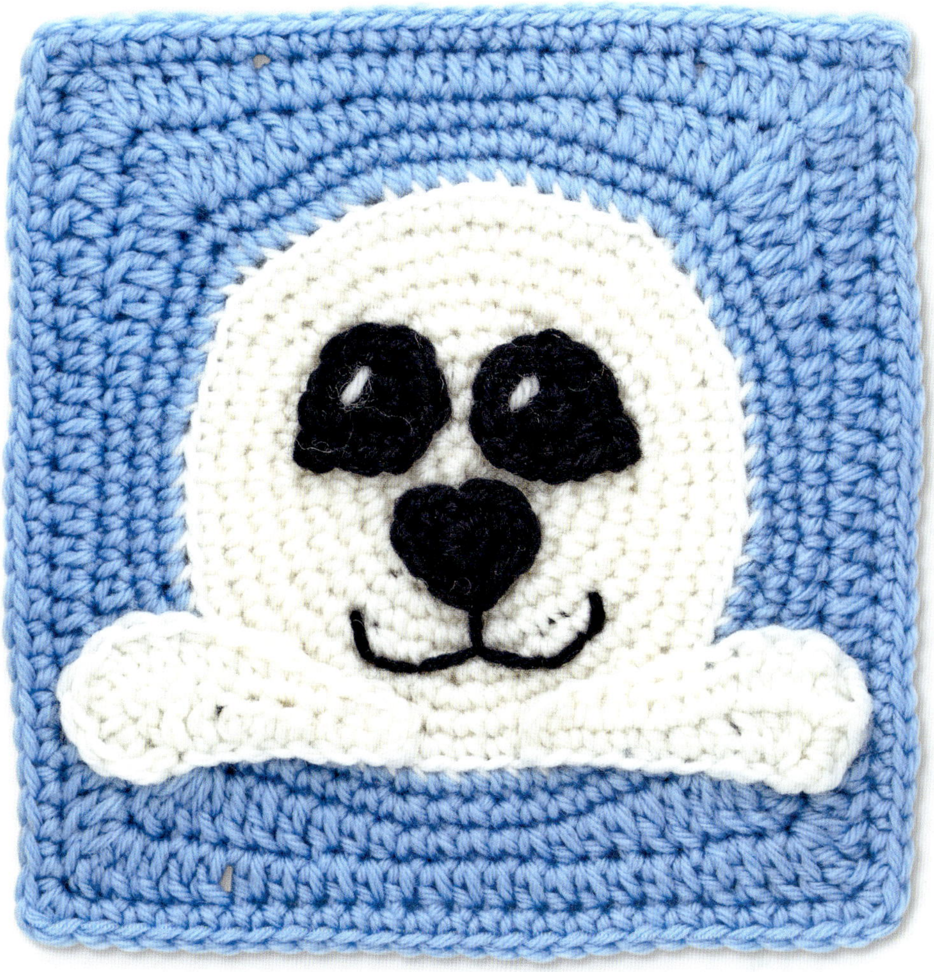

**Runde 13:** 4 Lm (zählen hier und im Folgenden als 1 DStb), 2 Stb in die 1. M der Vor-Rd, (1 Stb in jede der folg 3 M, 1 hStb in jede der folg 3 M, 1 fM in jede der folg 5 M, 1 hStb in jede der folg 3 M, 1 Stb in jede der folg 3 M, [2 Stb, 1 DStb, 2 Stb] in die folg M) x 4, dabei bei der letzten Wdh vor der eckigen Klammer enden, 2 Stb in die 1. M der Vor-Rd, 1 Km in die obere der 4 Anf-Lm (88 M).

**Runde 14:** 4 Lm, 1 Stb in die obere der 4 Anf-Lm der Vor-Rd, (1 Stb in jede der folg 3 M, 1 hStb in jede der folg 15 M, 1 Stb in jede der folg 3 M, [1 Stb, 1 DStb, 1 Stb] in die folg M) x 4, dabei bei der letzten Wdh vor der eckigen Klammer enden, 1 Stb in die obere der 4 Anf-Lm der Vor-Rd, 1 Km in die obere der 4 Anf-Lm (96 M).

**Runde 15:** 1 Lm, ([1 fM, 1 hStb, 1 fM] in das Eck-DStb, 1 fM in jede der folg M bis zum folg Eck-DStb) x 4, 1 Km in die 1. M der Rd (104 M).

Garn B abschneiden und durchziehen.

## Augen (x 2)

**Magischer Ring:** Mit Garn C einen Magischen Ring arb.

**Runde 1:** 1 Lm (zählt hier und im Folgenden nicht als 1. M), 6 fM in den Ring, Ring festziehen, 1 Km in die 1. M der Rd (6 M).

**Runde 2:** 1 Lm, 2 fM in die 1. M der Vor-Rd, 2 Lm, 1 Km in die 2. Lm ab Nd, 2 fM in jede der folg 5 M, 1 Km in die 1. M der Rd (12 M).

Garn C abschneiden und durchziehen.

## Nase

**Magischer Ring:** Mit Garn C einen Magischen Ring arb.

**Runde 1:** 1 Lm (zählt hier und im Folgenden nicht als 1. M), 6 fM in den Ring, Ring festziehen, 1 Km in die 1. M der Rd (6 M).

**Runde 2:** 1 Lm, [1 fM, 1 hStb, 1 fM] in die 1. M der Vor-Rd, 1 Km in die folg M, [1 fM, 1 hStb, 1 fM] in die folg M, 1 Km in die folg M, 2 fM in die folg M, 1 Km in die folg M, 1 Km in die 1. M der Rd (8 M).

Garn C abschneiden und durchziehen.

## Flossen (x 2)

**Luftmaschenkette:** Mit Garn A 12 Lm anschl.

**Reihe 1:** 2 Stb in die 4. Lm ab Nd, 1 Stb in die folg Lm, 1 hStb in jede der folg 3 Lm, 1 fM in jede der folg 3 Lm, 1 Km in die letzte Lm, wenden (10 M).

**Reihe 2:** 1 Lm, 1 Km überg, 1 fM in jede der folg 4 M, 1 hStb in jede der folg 3 M, 1 Stb in die folg M, 2 Stb in die folg M, wenden und nun entlang der gegenüberliegenden Seite der Lmk arb, [1 Stb, 1 hStb] in die folg Lm, 1 hStb in die folg Lm, 1 fM in die folg Lm, 1 Km in die folg Lm der Lmk (14 M).

Garn A abschneiden und durchziehen.

## Fertigstellung

Mit Garn A die Flossen auf den Hintergrund nähen. Nase und Augen mit Garn C annähen, mit Garn A auf jedes Auge eine Reflexion und mit Garn C ein breites Lachen aufsticken. Alle Fadenenden vernähen und das fertige Granny Square spannen.

# 39 Hai

LEVEL

Dem Weißen Hai eilt zwar ein furchtbarer Ruf voraus, aber Haie sind faszinierende Tiere und unverzichtbar für das Gleichgewicht unserer Ozeane. Ich habe meinem Hai ein kleines Lächeln verpasst, man kann ihn aber natürlich auch richtig gefährlich aussehen lassen.

## Das brauchen Sie

Farbe A (Weiß): 2 m
Farbe B (Grau): 10 m
Farbe C (dunkles Blau-Grün): 44 m
Farbe D (Rot): kleine Menge
Farbe E (Schwarz): kleine Menge
Häkelnadel: 3,5 mm
ein kleines schwarzes Sicherheitsauge

## Körper

**Luftmaschenkette:** Mit Garn A 16 Lm anschl.

**Reihe 1:** 2 fM in die 2. Lm ab Nd, 1 fM in jede der folg 13 Lm, 2 fM in die letzte Lm, wenden (17 M).

**Reihe 2:** 1 Lm (zählt hier und im Folgenden nicht als 1. M), 2 fM in die letzte M der Vor-R, 1 fM in jede folg M bis zur letzten M, 2 fM in die letzte M, wenden (19 M).

**Reihe 3:** Wie Reihe 2 arb (21 M).

Garn A abschneiden und durchziehen.

**Reihe 4:** Garn B an die 1. M der Vor-R anfügen, 1 Lm, 2 fM in die 1. M der Vor-R, 1 fM in jede folg M bis zur letzten M, 2 fM in die letzte M, wenden (23 M).

**Reihe 5:** 1 Lm, 2 fM zsm in die 1. 2 M, 1 fM in jede der folg 4 M, 1 hStb in jede der folg 9 M, 1 fM in jede der folg 6 fM, 1 Km in jede der folg 2 M wenden (20 M).

**Reihe 6:** 1 Lm, 1 Km überg, 1 Km in die folg Km und die folg fM, 1 fM in jede der folg 5 M, 1 hStb in jede der folg 7 M, 1 fM in jede der folg 3 M, 1 Km in die folg M (15 M).

Garn B abschneiden und durchziehen.

**Reihe 7:** Garn B an das 3. hStb der Vor-R anfügen, 1 Lm, 1 fM in jede der folg 5 M, wenden (5 M).

**Reihe 8:** 1 Lm, 1 fM in jede der folg 5 M, wenden (5 M).

**Reihe 9:** 1 Lm, 1 fM in jede der folg 3 M, 2 fM zsm in die letzten 2 M, wenden (4 M).

**Reihe 10:** 1 Lm, 2 fM zsm in die 1. 2 M, 1 fM in die folg M, 2 fM in die letzte M, wenden (4 M).

**Reihe 11:** 1 Lm, 1 fM in jede der folg 2 M, 2 fM zsm in die letzten 2 M, wenden (3 M).

**Reihe 12:** 1 Lm, 2 fM zsm in die 1. 2 M, fM in die letzte M wenden (2 M).

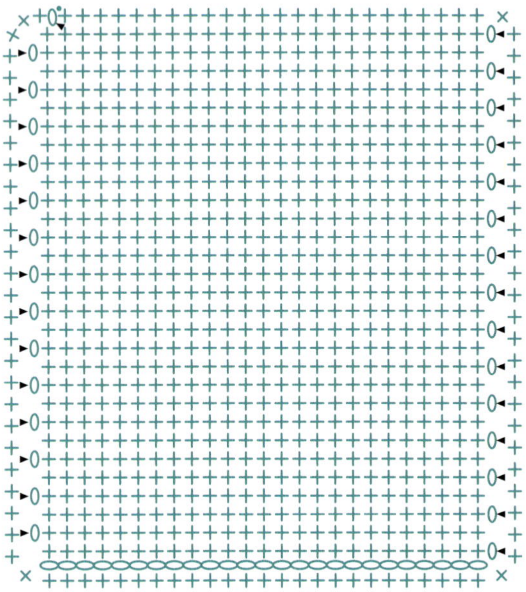

## Größe

15 x 15 cm

KÖRPER

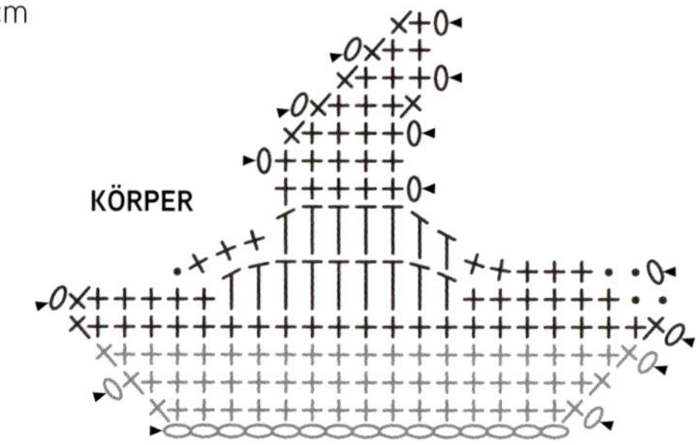

FLOSSE

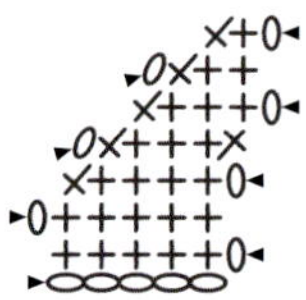

SCHWANZFLOSSE

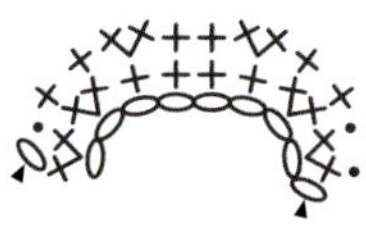

**Symbole:**

- ⬭ Luftmasche (Lm)
- • Kettmasche (Km)
- + feste Masche (fM)
- T halbes Stäbchen (hStb)
- XX 2 feste Maschen zusammenhäkeln (2 fM zsm)
- ◂ Reihen- bzw. Rundenbeginn

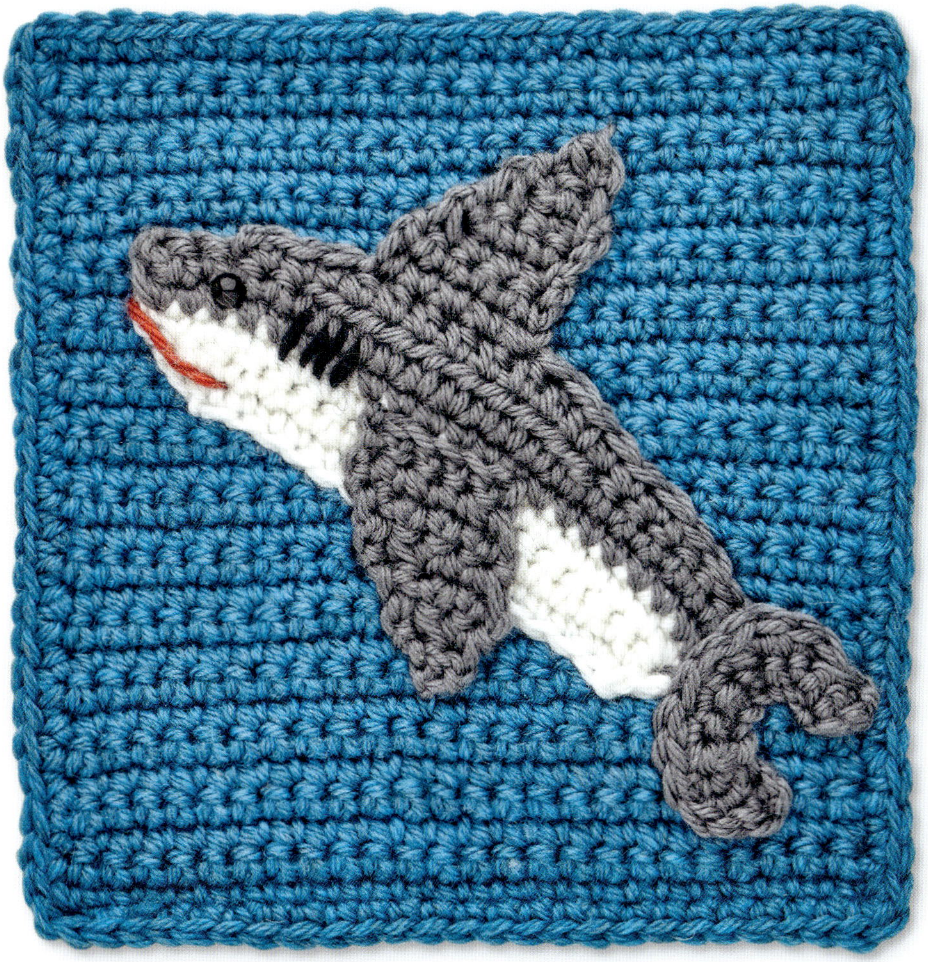

Reihe 13: 1 Lm, 2 fM zsm (1 M).
Garn B abschneiden und durchziehen.

## Flosse

**Luftmaschenkette:** Mit Garn B 6 Lm anschl.

**Reihe 1:** 1 fM in die 2. Lm ab Nd, 1 fM in jede der folg 4 Lm, wenden (5 M).

**Reihe 2:** 1 Lm, 1 fM in jede der folg 5 M, wenden (5 M).

**Reihe 3:** 1 Lm, 1 fM in jede der folg 3 M, 2 fM zsm in die letzten 2 M, wenden (4 M).

**Reihe 4:** 1 Lm, 2 fM zsm in die 1. 2 M, 1 fM in die folg M, 2 fM in die letzte M, wenden (4 M).

**Reihe 5:** 1 Lm, 1 fM in jede der folg 2 M, 2 fM zsm in die letzten 2 M, wenden (3 M).

**Reihe 6:** 1 Lm, 2 fM zsm in die 1. 2 M, 1 fM in die letzten M, wenden (2 M).

**Reihe 7:** 1 Lm, 2 fM zsm (1 M).

Garn B abschneiden und durchziehen.

## Schwanzflosse

**Luftmaschenkett**e: Mit Garn B 9 Lm anschl.

**Reihe 1:** 2 fM in die 2. Lm ab Nd, 2 fM in die folg Lm, 1 fM in jede der folg 4 Lm, 2 fM in jede der folg 2 Lm, wenden (12 M).

**Reihe 2:** 1 Lm, 1. M überg, 1 Km in die folg M, (1fM in jede der folg 2 M, 2 fM in die folg M) x 2, 1 fM in jede der folg 2 M, 1 Km in jede der folg 2 M (10 M).

Garn B abschneiden und durchziehen

## Hintergrund

**Luftmaschenkette:** Mit Garn C 26 Lm anschl.

**Reihe 1:** 1 fM in die 2. Lm ab Nd und in jede der folg 24 Lm, wenden (25 M).

**Reihe 2:** 1 Lm (zählt hier und im Folgenden nicht als 1. M), 1 fM in jede folg M bis R-Ende, wenden (25 M).

**Reihen 3–29:** Wie Reihe 2 arb, dabei nach Reihe 29 nicht wenden (25 M).

EINFASSUNG

**Runde 30:** 1 Lm, 3 fM in die letzte M der Vor-R, 23 fM gleichmäßig verteilt in die R-Enden arb, 3 fM in die 1. Lm der Lmk, 1 fM in jede der folg 23 Lm, 3 fM in die vorletzte Lm der Lmk, 23 fM gleichmäßig verteilt in die R-Enden arb, 3 fM in die folg M an der Ecke, 1 fM in jede der folg 23 M, 1 Km in die 1. M der Rd (104 M).

Garn C abschneiden und durchziehen.

## Fertigstellung

Mit Garn D einen Mund und mit Garn E Kiemen auf den Körper sticken. Mit Garn B die Schwanzflosse auf den Körper nähen, sodass diese leicht über dem hinteren Ende des Körpers platziert ist. Die obere Seite des Körpers mit Garn B die Bauchseite mit Garn A auf den Hintergrund nähen. Zum Schluss die Flosse annähen und das Sicherheitsauge nach Herstellerangaben befestigen. Alle Fadenenden vernähen und das fertige Granny Square spannen.

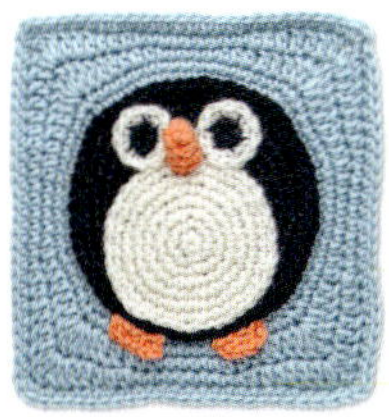

## Mix & Match

*Pinguin, siehe Seite 8*

# 40 Eichhörnchen

LEVEL

Das Eichhörnchen ist ein besonders fleißiger – und süßer – Baumbewohner. Man kann das ganze Eichhörnchen oder nur den Schwanz auch in einem flauschigeren Garn arbeiten, und dazu passt ein zweiter Waldbewohner, etwa der Braunbär (siehe Seite 10).

## Das brauchen Sie

Farbe A (Rotbraun): 15 m
Farbe B (dunkles Beige): 44 m
Häkelnadel: 3,5 mm
ein aufnähbares Wackelauge

## Größe

15 x 15 cm

## Körper

**Luftmaschenkette:** Mit Garn A 9 Lm anschl.

**Reihe 1:** 1 fM in die 2. Lm ab Nd und in jede der folg 7 M (8 M).

**Reihen 2–4:** 1 Lm (zählt hier und im Folgenden nicht als 1. M), 1 fM in jede folg M bis R-Ende (8 M).

**Reihe 5:** 1 Lm, 1 fM in jede der folg 8 M, 5 Lm, wenden.

**Reihe 6:** 1 fM in die 3. Lm ab Nd und in jede der folg 2 Lm, 1 fM in jede der folg 6 fM, 2 fM zsm in die letzten 2 M, wenden (10 M).

**Reihe 7:** 1 Lm, 2 fM zsm in die 1. 2 M, 1 fM in jede der folg 7 M, 1 Km in die folg M, wenden (8 M).

**Reihe 8:** 1 Lm, 1 M überg, 2 fM zsm in die folg 2 M, 1 fM in jede der folg 3 M, 2 fM zsm in die letzten 2 M, wenden (5 M).

**Reihe 9:** 1 Lm, 2 fM zsm in die 1. 2 M, 1 fM in jede der folg 3 M, wenden (4 M).

**Reihe 10:** 1 Lm, 1 fM in jede der folg 2 M, 2 fM zsm in die letzten 2 M, wenden (3 M).

**Reihe 11:** 1 Lm, 1 fM in jede der folg 3 M, nicht wenden (3 M).

EINFASSUNG

**Runde 12:** 1 Lm, 1 fM in jedes der folg 3 R-Enden, 2 fM zsm in die folg 2 R-Enden, 1 Km in jedes der folg 2 R-Enden, 3 Lm, 1 Km in die 2. Lm ab Nd und in die folg Lm, 1 fM in jede der folg 3 Lm, 2 fM zsm in die folg Lm und das folg R-Ende, 1 fM in jedes der folg 4 R-Enden, 2 fM in die folg Lm der Lmk, 1 fM in jede der folg Lm der Lmk, 2 fM in die

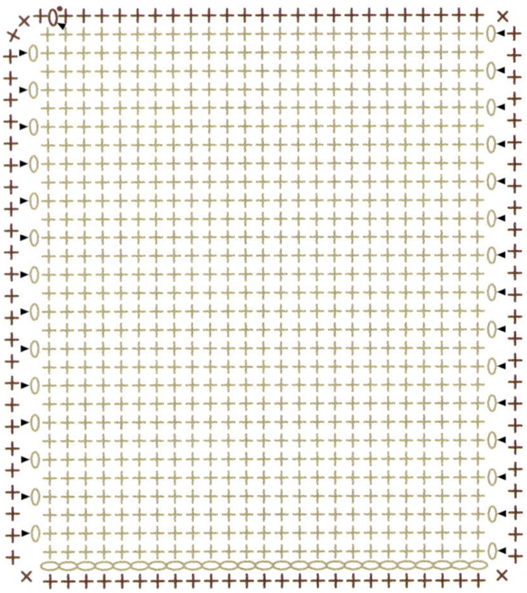

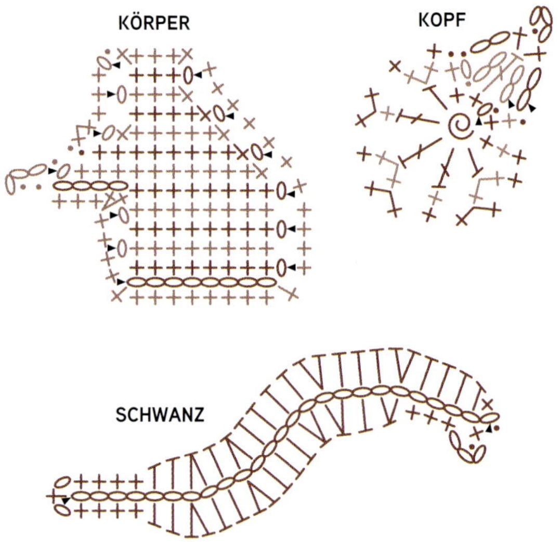


**Symbole:**

- Magischer Ring
- Luftmasche (Lm)
- Kettmasche (Km)
- feste Masche (fM)
- 2 feste Maschen zusammenhäkeln (2 fM zsm)
- halbes Stäbchen (hStb)
- 2 halbe Stäbchen zusammenhäkeln (2 hStb zsm)
- Stäbchen (Stb)
- Reihen- bzw. Rundenbeginn

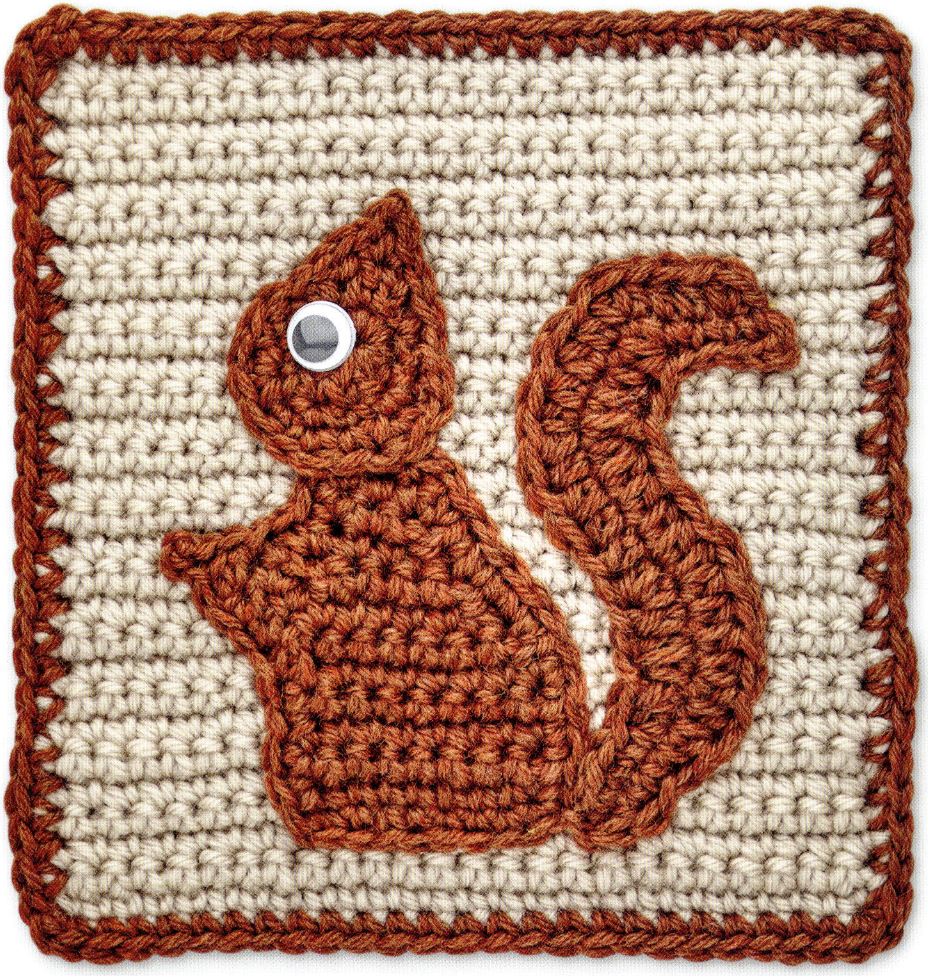

vorletzte Lm der Lmk, 1 fM in jedes der folg 11 R-Enden, 2 fM in die folg M, 1 fM in die folg M, 2 fM in die letzte M, 1 Km in die 1. M der Rd (38 M).
Garn A abschneiden und durchziehen.

## Kopf

**Magischer Ring:** Mit Garn A einen Magischen Ring arb.
**Runde 1:** 1 Lm, [2 fM, 1 hStb, 3 Stb, 1 hStb, 2 fM] in den Ring, Ring festziehen, 1 Km in die 1. M der Rd (9 M).
**Runde 2:** [2 Lm, 1 Stb] in die 1. M der Vor-Rd, 2 Lm, [1 Km, 1 Lm, 1 fM] in die folg M, (2 fM in die folg M, 1 fM in die folg M) x 3, 1 fM in die letzte M, keine Km (12 M).
**Runde 3:** 2 Lm, [1 fM, 3 Lm, 1 Km in die 3. Lm ab Nd, 1 fM] in das folg Stb, 2 Lm, 1 Km in die folg Km und die folg fM, 1 fM in jede der folg 2 M, (2 fM in die folg M, 1 fM in die folg M) x 3, 1 fM in die folg M, 1 Km in die letzte M (14 M).
Garn A abschneiden und durchziehen

## Schwanz

**Luftmaschenkette:** Mit Garn A 25 Lm anschl.
**Runde 1:** [1 fM, 1 hStb] in die 2. Lm ab Nd, (1 hStb in jede der folg 3 Lm, 2 hStb in die folg Lm) x 2, 1 hStb in jede der folg 4 Lm, 2 hStb zsm in die folg 2 Lm, 1 hStb in die folg Lm, 2 hStb zsm in die folg 2 Lm, 1 hStb in jede der folg 2 Lm, 1 fM in jede der folg 4 Lm, 1 Lm, [1 fM, 1 Lm, 1 fM] in die folg Lm, 1 fM in jede der folg 3 Lm, (1 hStb in jede der folg 2 Lm, 2 hStb in die folg Lm) x 2, 1 hStb in jede der folg 3 Lm, (2 hStb zsm in die folg 2 Lm) x 2, 1 hStb in die folg Lm, 2 hStb zsm in die folg 2 Lm, 1 fM in jede der folg 3 Lm, 3 Lm, 1 Km in die 2. Lm ab Nd, 1 fM in die folg Lm, 1 Km in die 1. M der Rd (49 M).
Garn A abschneiden und durchziehen.

## Hintergrund

**Luftmaschenkette:** Mit Garn B 26 Lm anschl.
**Reihe 1:** 1 fM in die 2. Lm ab Nd und in jede der folg 24 Lm, wenden (25 M).
**Reihe 2:** 1 Lm (zählt hier und im Folgenden nicht als 1. M), 1 fM in jede folg M bis R-Ende, wenden (25 M).
**Reihen 3–29:** Wie Reihe 2 arb, dabei nach Reihe 29 nicht wenden (25 M).
Garn B abschneiden und durchziehen.

EINFASSUNG

**Runde 30:** Garn A anfügen, 1 Lm, 3 fM in die letzte M der Vor-R, 23 fM gleichmäßig verteilt in die R-Enden arb, 3 fM in die 1. Lm der Lmk, 1 fM in jede der folg 23 Lm, 3 fM in die vorletzte Lm der Lmk, 23 fM gleichmäßig verteilt in die R-Enden arb, 3 fM in die folg M an der Ecke, 1 fM in jede der folg 23 M, 1 Km in die 1. M der Rd (104 M).
Garn A abschneiden und durchziehen

## Fertigstellung

Körper, Schwanz und Kopf mit Garn A auf den Hintergrund nähen, sodass der Kopf den Körper leicht überlappt, und anschließend das Wackelauge annähen. Alle Fadenenden vernähen und das fertige Granny Square spannen.

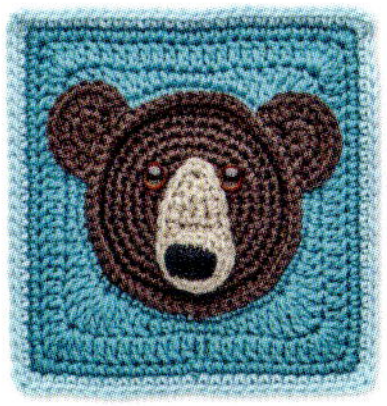

## Mix & Match

*Braunbär, siehe Seite 10*

# Katzenkissen

LEVEL

Dieses süße Kissen ist das perfekte Geschenk für Katzenliebhaber. Nach Wunsch kann man die Katzen und die Streifen am Rand auch in anderen Farben arbeiten und zusätzlich an den Ecken des Kissens Quasten hinzufügen.

## Das brauchen Sie

Cascade 220 Superwash DK (Light Worsted): 200 m / 100 g
Farbe A (kräftiges Gelb): 143 m
Farbe B (Dunkelgrau): 140 m
Farbe C (Beige): 392 m
Häkelnadel: 3,5 mm
Innenkissen: 40 x 40 cm

## Größe

41 x 41 cm

## Katzen (x 2)

Nach der Anleitung auf Seite 36 eine Katze in Garn A (Katze 1) und eine in Garn B (Katze 2) häkeln. Dabei die Einfassung für den Körper von Katze 2 wie folgt arbeiten:

EINFASSUNG KÖRPER KATZE 2

**Runde 17:** 1 Lm, 1 fM in jede der folg 15 Lm der Lmk, 1 Lm, 1 fM in jedes der folg 2 R-Enden, 1 Lm, 1 fM in die folg M, 2 fM zsm in die folg 2 M, 1 fM in jedes der folg 13 R-Enden, 1 Lm, 1 fM in jede der folg 7 M, 2 fM zsm in die folg 2 R-Enden, 1 fM in jedes der folg 14 R-Enden, 2 fM in das letzte R-Ende, 1 Km in die 1. M der Rd (56 M).

Garn B abschneiden und durchziehen.

## Kissenseite (x 2)

**Luftmaschenkette:** Mit Garn C 51 Lm anschl.

**Reihe 1:** 1 fM in die 2. Lm ab Nd, 1 fM in jede der folg 49 Lm, wenden (50 M).

**Reihen 2–56:** 1 Lm (zählt hier und im Folgenden nicht als 1. M), 1 fM in jede der folg 50 M, dabei am Ende von Reihe 56 nicht wenden.

EINFASSUNG

**Runde 1:** 1 Lm, 3 fM in die letzte M der Vor-R, 1 fM in jedes folg R-Ende bis zur nächsten Ecke, 3 fM in die Ecke, 1 fM in jede folg M bis zur nächsten Ecke, 3 fM in die Ecke, 1 fM in jedes folg R-Ende bis zur nächsten Ecke, 3 fM in die Ecke, 1 fM in jede M bis zum Rd-Beginn, 1 Km in die 1. M der Rd.

Garn C abschneiden und durchziehen.

**Runde 2:** Garn A an die mittlere einer der 3 fM an einer Ecke anfügen, 1 Lm, 2 fM in die mittlere der 3 fM, (1 fM in jede folg M bis zur nächsten Ecke, 3 fM in die Ecke) x 3, 1 fM in jede M bis zum Rd-Beginn, 1 fM in die mittlere der 3 fM an der 1. Ecke, 1 Km in die 1. M der Rd.

**Runde 3:** 1 Lm, 2 fM in die 1. M der Vor-Rd, (1 fM in jede folg M bis zur nächsten Ecke, 3 fM in die Ecke) x 3, 1 fM in jede M bis zum Rd-Beginn, 1 fM in die 1. M der Vor-Rd, 1 Km in die 1. M der Rd.

Garn A abschneiden und durchziehen.

**Runden 4 und 5:** Mit Garn B wie Runden 2 und 3 arb.

**Runden 6 und 7:** Mit Garn C wie Runden 2 und 3 arb.

**Runden 8 und 9:** Mit Garn B wie Runden 2 und 3 arb.

**Runden 10 und 11:** Mit Garn A wie Runden 2 und 3 arb.

Garn A abschneiden und durchziehen.

## Fertigstellung

Alle Fadenenden vernähen und die Kissenseiten spannen.

Die Katzenteile wie auf dem Foto rechts auf einer Kissenseite feststecken und mit den passenden Garnen festnähen. Augen und Nase von Katze 1 mit Garn B und von Katze 2 mit Garn C aufsticken.

Die Kissenseiten links auf links zusammenlegen und mit Garn C und festen Maschen zusammenhäkeln, dabei je 1 fM in die M entlang den Kanten und je 3 fM in die M an den Ecken arb. Vor der letzten Kante das Innenkissen in die Kissenhülle geben und am Schluss alle Fadenenden vernähen.

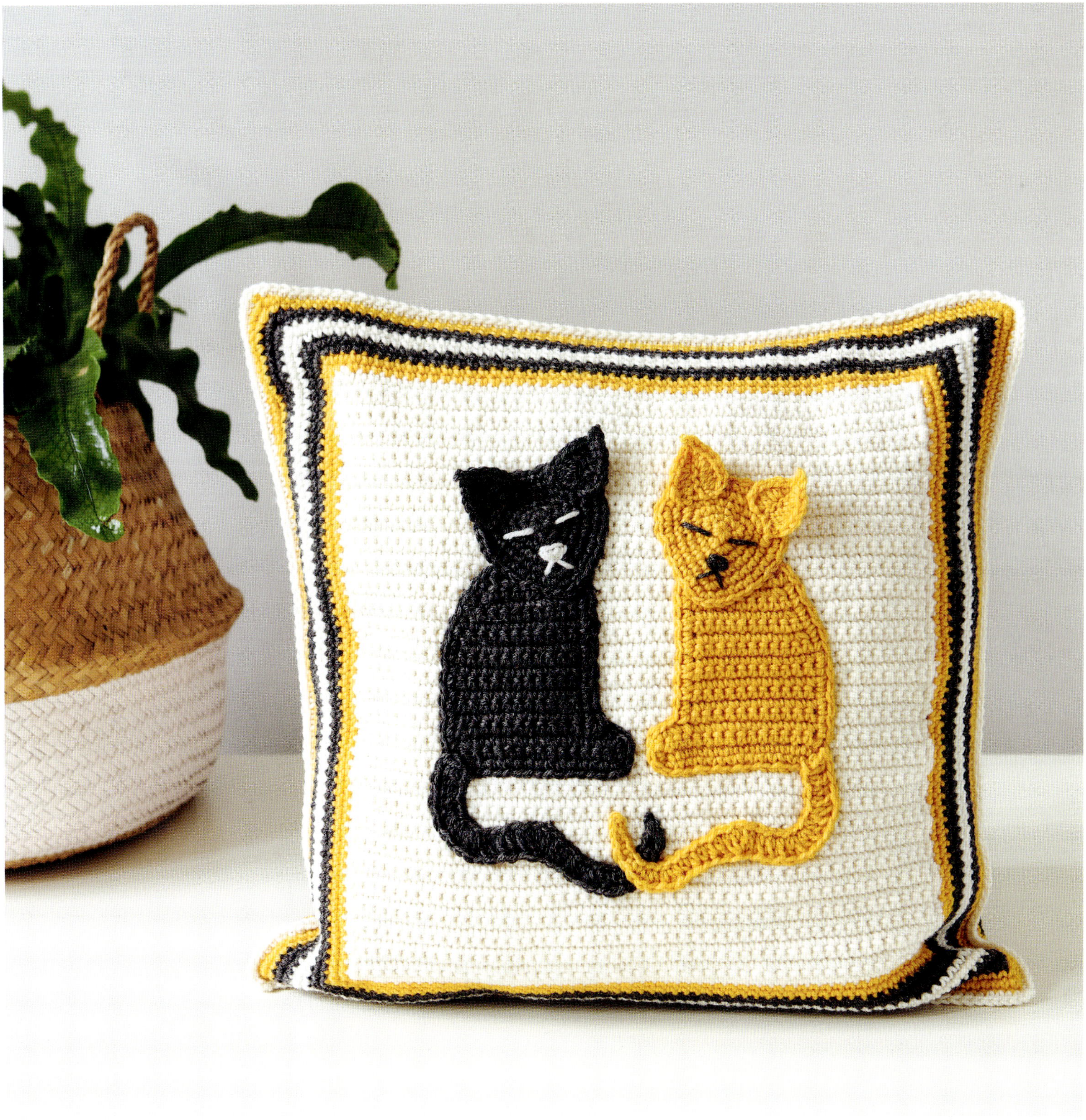

# Buch des Meeres

LEVEL

Dieses farbenfrohe gehäkelte Buch, das zum Erkunden und Greifen anregt, ist perfekt für kleine Tierfreunde. Wenn Sie das Greifbuch für kleinere Kinder arbeiten, empfiehlt es sich, die Augen von Oktopus, Hai und Seepferdchen aufzusticken, statt Sicherheitsaugen zu verwenden – auf Seite 125 finden Sie Hinweise zum Aufsticken von Details.

## Das brauchen Sie

Cascade 220 Superwash DK
(Light Worsted): 200 m / 100 g
je 44 m in:
Farbe A (dunkles Türkis)
Farbe B (Blau-Türkis)
Farbe C (Blau-Grün)
Farbe D (dunkles Blau-Grün)
Farbe E (Blau)
Farbe F (helles Türkis)
Farbe G (Rot-Orange): 24 m
Farbe H (Hellgelb): 6 m
Farbe I (Orange): 36 m
Farbe J (Grau): 10 m
Farbe K (Weiß): 10 m
Farbe L (helles Pink): 8 m
Farbe M (Flieder): 4 m
Farbe N (Dunkelblau): 7 m
Häkelnadel: 3,5 mm
ein aufnähbares Wackelauge
zwei kleine schwarze
Sicherheitsaugen

## Größe

15 x 15 cm

## Granny Squares

Insgesamt sechs Granny Squares arbeiten:

OKTOPUS
Nach der Anleitung auf Seite 74 ein Oktopus-Granny-Square häkeln, dabei den Hintergrund in Garn A und den Oktopus in Garn G arbeiten und zum Schluss das Wackelauge annähen.

KRABBEN
Nach der Anleitung auf Seite 34 zwei Krabben-Granny-Squares häkeln, dabei den Hintergrund einmal in Garn B und einmal in Garn C und die Krabben jeweils in Garn I arbeiten.

SEEPFERDCHEN
Nach der Anleitung auf Seite 46 ein Seepferdchen-Granny-Square häkeln, dabei den Hintergrund in Garn D und das Seepferdchen in Garn H arbeiten und zum Schluss ein Sicherheitsauge nach Herstellerangaben befestigen.

HAI
Nach der Anleitung auf Seite 100 ein Hai-Granny-Square häkeln, dabei den Hintergrund in Garn E und den Hai in Garn J und K arbeiten und zum Schluss ein Sicherheitsauge nach Herstellerangaben befestigen.

QUALLE
Nach der Anleitung auf Seite 12 ein Quallen-Granny-Square häkeln, dabei den Hintergrund in Garn F und die Qualle in Garn L, Garn K und Garn M (in dieser Reihenfolge) arbeiten.

## Fertigstellung

Die Granny Squares paarweise links auf links zusammenlegen und mit Garn N mit festen Maschen wie folgt zusammenhäkeln: Garn N an die mittlere einer der 3 fM an einer Ecke anfügen, 1 Lm, 3 fM in die mittlere der 3 fM, (1 fM in jede folg M bis zur nächsten Ecke, 3 fM in die Ecke) x 3, 1 fM in jede M bis zum Rd-Beginn, 1 Km in die 1. M der Rd (112 M).
Garn N abschneiden und durchziehen.

Nun die zusammengehäkelten Granny Squares aufeinanderlegen und entlang der linken Seitenkanten mit Garn N und festen Maschen zusammenhäkeln, dabei Garn N doppelt nehmen und wie folgt arb: Garn N an die mittlere einer von 3 fM an einer Ecke anfügen, 1 Lm, 1 fM in die mittlere der 3 fM, 1 fM in jede folg M bis zur nächsten Ecke, 1 fM in die mittlere der 3 fM an der Ecke (28 M).
Garn N abschneiden und durchziehen.

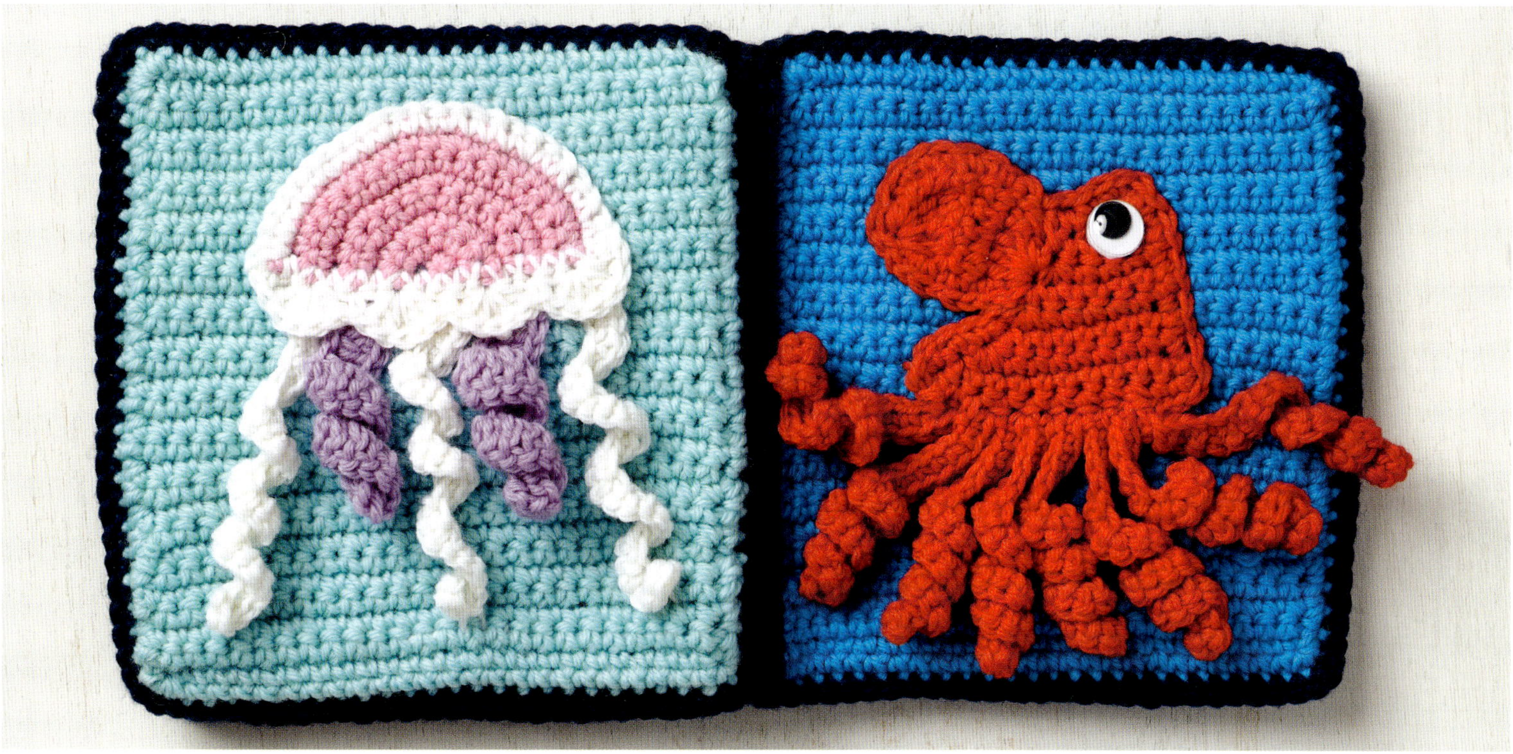

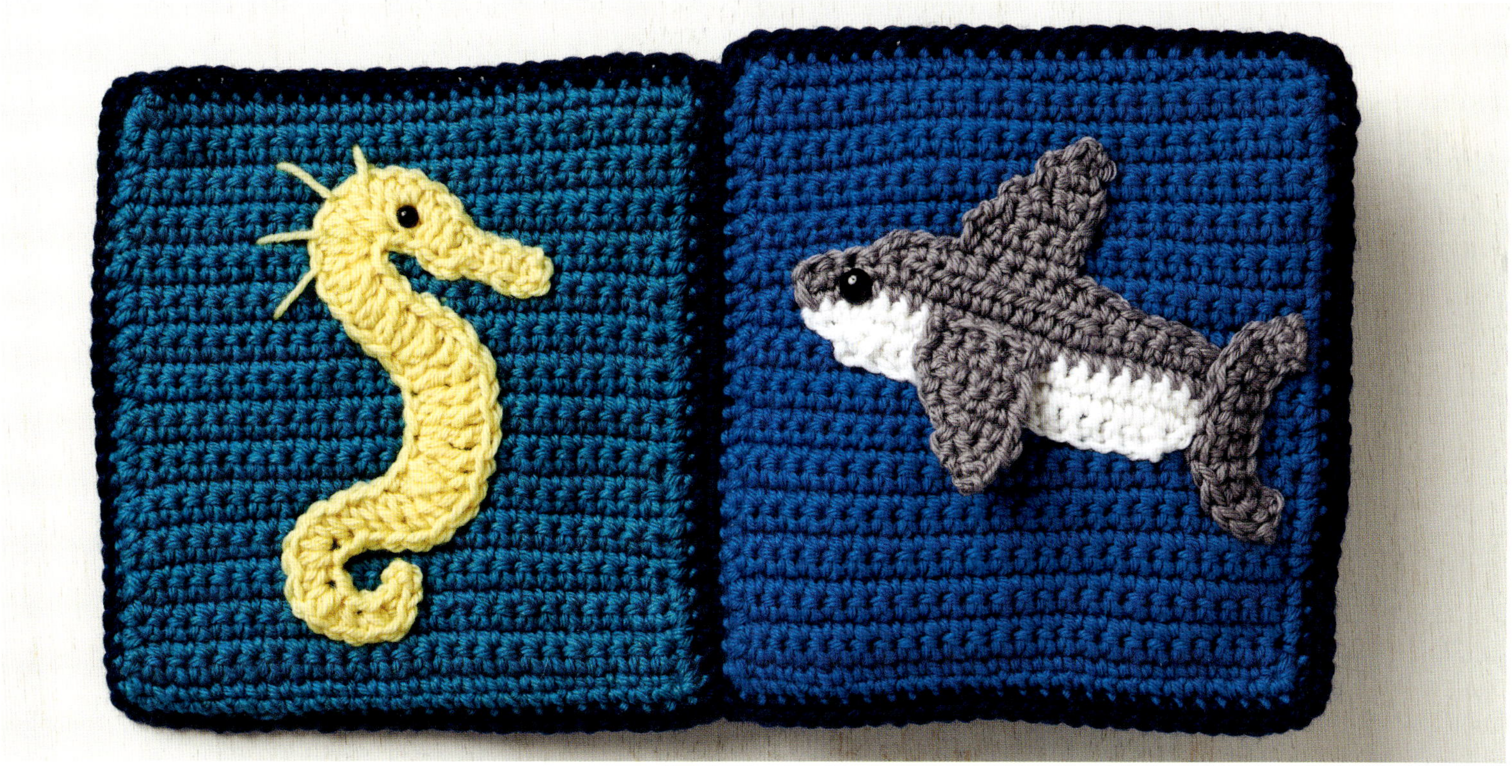

# Einhorn-Wandbehang

LEVEL

Dieser zauberhafte Wandbehang ist die perfekte Zimmerdeko für kleine – und große – Einhorn-Fans! Dabei handelt es sich im Grunde um eine etwas größere Version des Einhorn-Granny-Squares auf Seite 79, das für eine extraflauschige Optik mit doppelt genommenem Chunky-Garn gearbeitet wird.

## Das brauchen Sie

Cascade 128 Superwash Chunky (bulky): 117 m / 100 g
Farbe A (Periwinkle): 184 m
Farbe B (Weiß): 82 m
Cascade 220 Superwash DK (Light Worsted): 200 m / 100 g
je 8 m in:
- Farbe C (helles Türkis)
- Farbe D (Türkis)
- Farbe E (Flieder)
- Farbe F (helles Pink)
- Farbe G (Rosa)
- Farbe H (Koralle)
- Farbe I (Hellgelb)

Häkelnadel: 8 mm
runder Holzstab oder Ast: mind. 33 cm lang

## Größe

30 x 75 cm inklusive Quasten

## Granny Square

Nach der Anleitung auf Seite 79 mit Garn A und Garn B ein Einhorn-Granny-Square häkeln, dabei die Garne jeweils doppelt nehmen.
Alle Fadenenden abschneiden, durchziehen und vernähen.

EINFASSUNG UNTEN

**Reihe 1:** Garn A doppelt genommen an die mittlere der 3 fM an der unteren rechten Ecke anfügen, 1 Lm, 1 fM in dieselbe M, (1 fM in die folg M, 3 M überg, [2 Stb, 1 DStb, 1 Lm, 1 DStb, 2 Stb] in die folg M, 3 M überg) x 3, 1 fM in jede der folg 2 M.
Garn A abschneiden und durchziehen.

## Horn

Mit Garn B doppelt genommen ein Horn nach der Anleitung auf Seite 81 häkeln.

## Fertigstellung

Das Horn am Kopf des Einhorns feststecken und mit Garn B annähen.

**Symbole:**

- Luftmasche (Lm)
- Kettmasche (Km)
- feste Masche (fM)
- Stäbchen (Stb)
- Doppelstäbchen (DStb)
- Reihen- bzw. Rundenbeginn

MÄHNE

2 je 20 cm lange Quasten (siehe Seite 126, 20 x umwickelt) in den Farben C, D, E, F, G, H und I anfertigen.

Beginnend am unteren Ende des Halses an der linken Seite des Einhornkopfes aus den Quasten eine Mähne fertigen. Dafür je eine Quaste aus Garn C an die erste und zweite Kettmasche auf der Oberfläche nähen. Nach diesem Prinzip in der oben angegebenen Reihenfolge jeweils zwei weitere Kettmaschen mit Quasten versehen.

LANGE QUASTEN UNTEN

Mit Garn A drei je 36 cm lange Quasten (siehe Seite 126, 20 x umwickelt) anfertigen. Die Quasten mit Garn B einmal oben und zweimal nach jeweils 8,5 cm abbinden. Die Quasten mit je einem kurzen Stück von Garn A an die drei Luftmaschenzwischenräume der Einfassung knoten.

Alle Fadenenden vernähen und das fertige Granny Square spannen.

Den Wandbehand mit Garn A an dem Stock oder einem Ast festnähen.

**EINFASSUNG UNTEN**

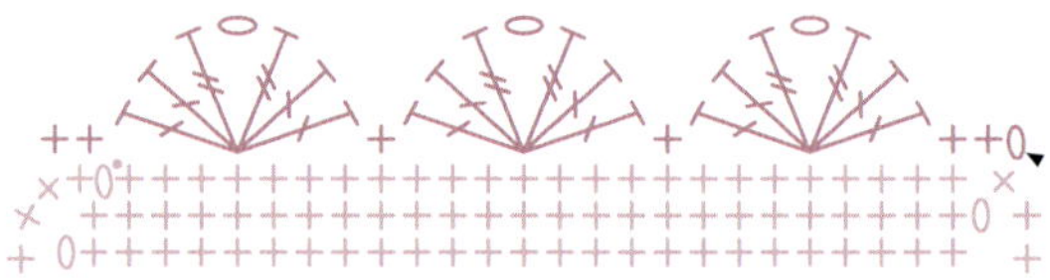

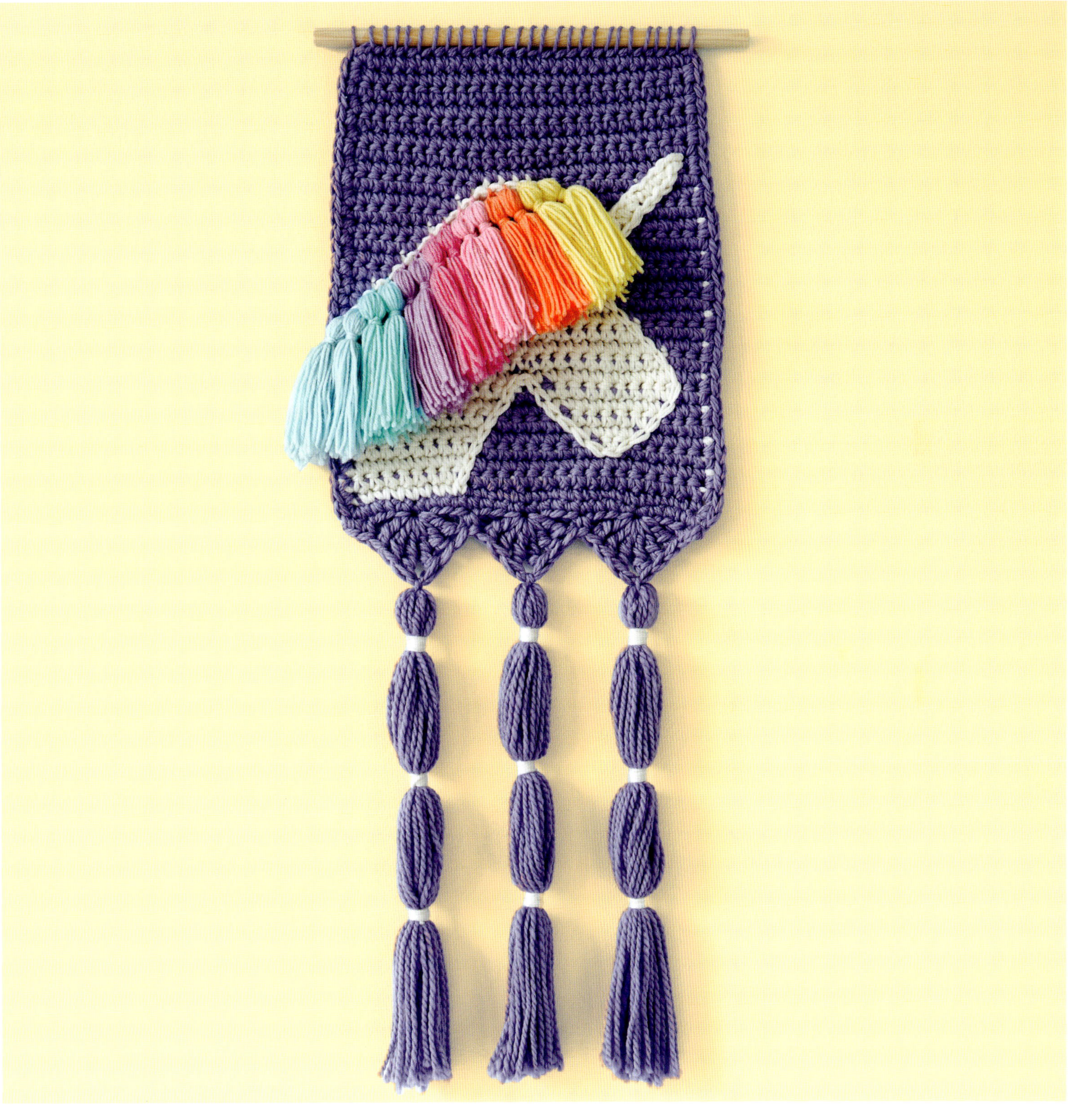

# Pinguin-Taschen-Schal

LEVEL

Dieser Schal sieht nicht nur toll aus, sondern ist auch wirklich praktisch: In den Taschen bleiben kleine Finger wunderbar warm. Außerdem zaubern einem die süßen Pinguine dabei verlässlich ein Lächeln auf die Lippen – selbst wenn es draußen kalt ist wie am Südpol!

## Das brauchen Sie

Cascade 220 Superwash DK (Light Worsted): 200 m / 100 g
Farbe A (Schwarz): 32 m
Farbe B (Türkis): 168 m
Farbe C (Weiß): 254 m
Farbe D (Orange): 8 m
Häkelnadel: 3,5 mm
Sticknadel

## Größe

16 x 129 cm inklusive Quasten

## Taschen

Nach der Anleitung auf Seite 8 zwei Pinguin-Granny-Squares häkeln.

## Schal

**Luftmaschenkette:** Mit Garn C 26 Lm anschl.
**Reihe 1:** 1 fM in die 2. Lm ab Nd, 1 fM in jede der folg 24 Lm, wenden (25 M).
**Reihen 2–45:** 1 Lm (zählt hier und im Folgenden nicht als 1. M), 1 fM in jede der folg 25 M, wenden.
Garn C abschneiden und durchziehen.
**Reihen 46–60:** Garn B anfügen und wie Reihe 2 arb.
Garn B abschneiden und durchziehen.
**Reihen 61–77:** Garn C anfügen und wie Reihe 2 arb.
Garn C abschneiden und durchziehen.
Reihen 46–77 noch 3 x wdh, dann Reihen 46–60 noch 1 x wdh.
Garn C anfügen und Reihen 2–45 noch 1 x wdh, Garn nicht abschneiden.
**Letzte Reihe:** 1 Lm, 1 fM in jede folg M bis R-Ende, nicht wenden.

EINFASSUNG

**Runde 1:** 1 Lm, 3 fM in die letzte M der Vor-R, 1 fM in jedes folg R-Ende bis zur nächsten Ecke, 3 fM in die Ecke, 1 fM in jede folg M bis zur nächsten Ecke, 3 fM in die Ecke, 1 fM in jedes folg R-Ende bis zur nächsten Ecke, 3 fM in die Ecke, 1 fM in jede M bis zum Rd-Beginn, 1 Km in die 1. M der Rd.
Garn C abschneiden und durchziehen.

## Fertigstellung

Alle Fadenenden vernähen und den Schal spannen.

Jeweils ein Pinguin-Granny-Square mit den Pinguinfüßen nach unten an ein Ende des Schals nähen, dabei die obere Kante offen lassen, sodass kleine Taschen entstehen.

QUASTEN

Mit Garn C vier und mit Garn B sechs je 8 cm lange Quasten (siehe Seite 126, 10 x umwickelt) anfertigen.

Je fünf Quasten farblich abwechselnd, beginnend mit Garn B, an die unteren Kanten des Schals nähen.

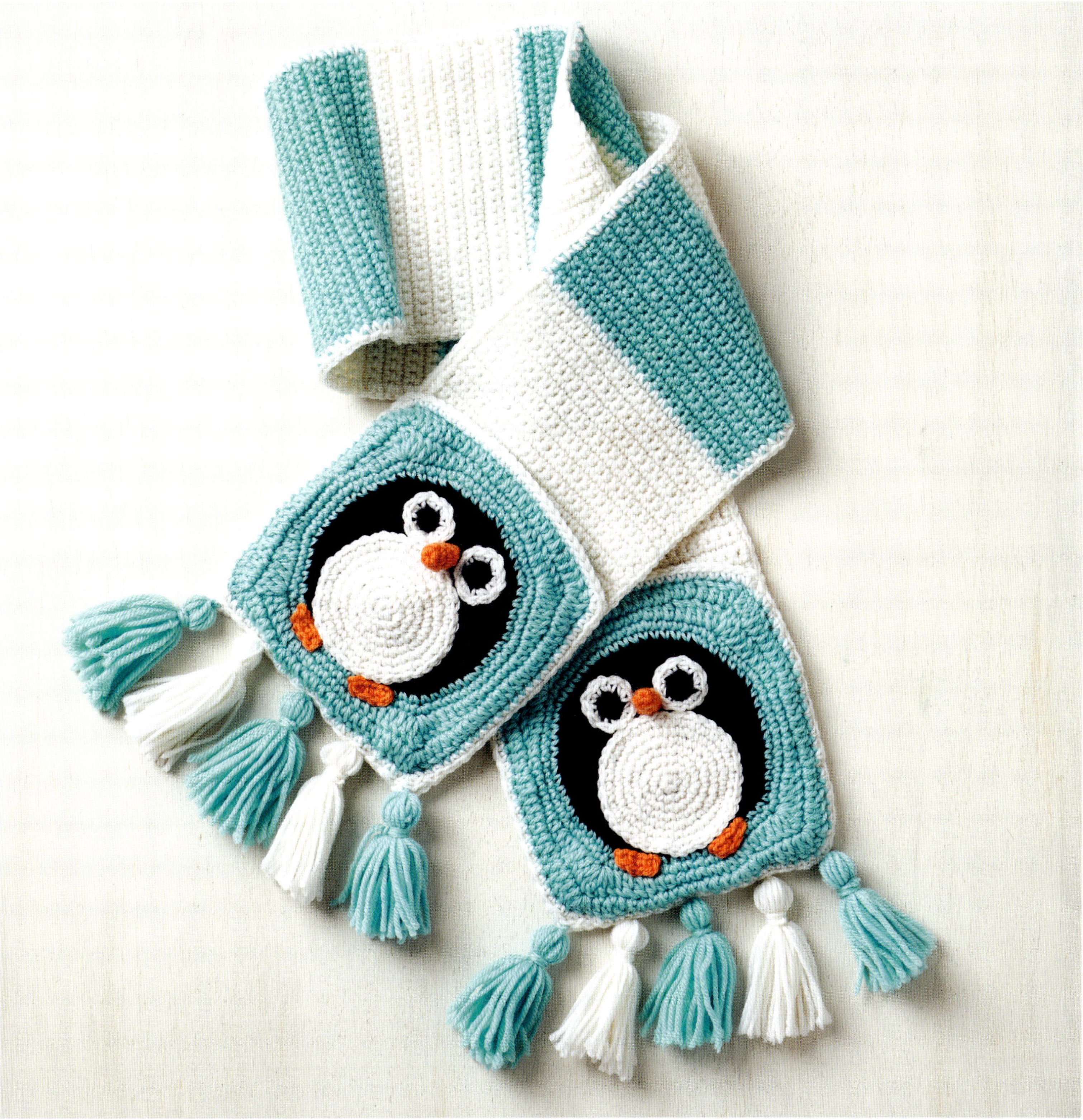

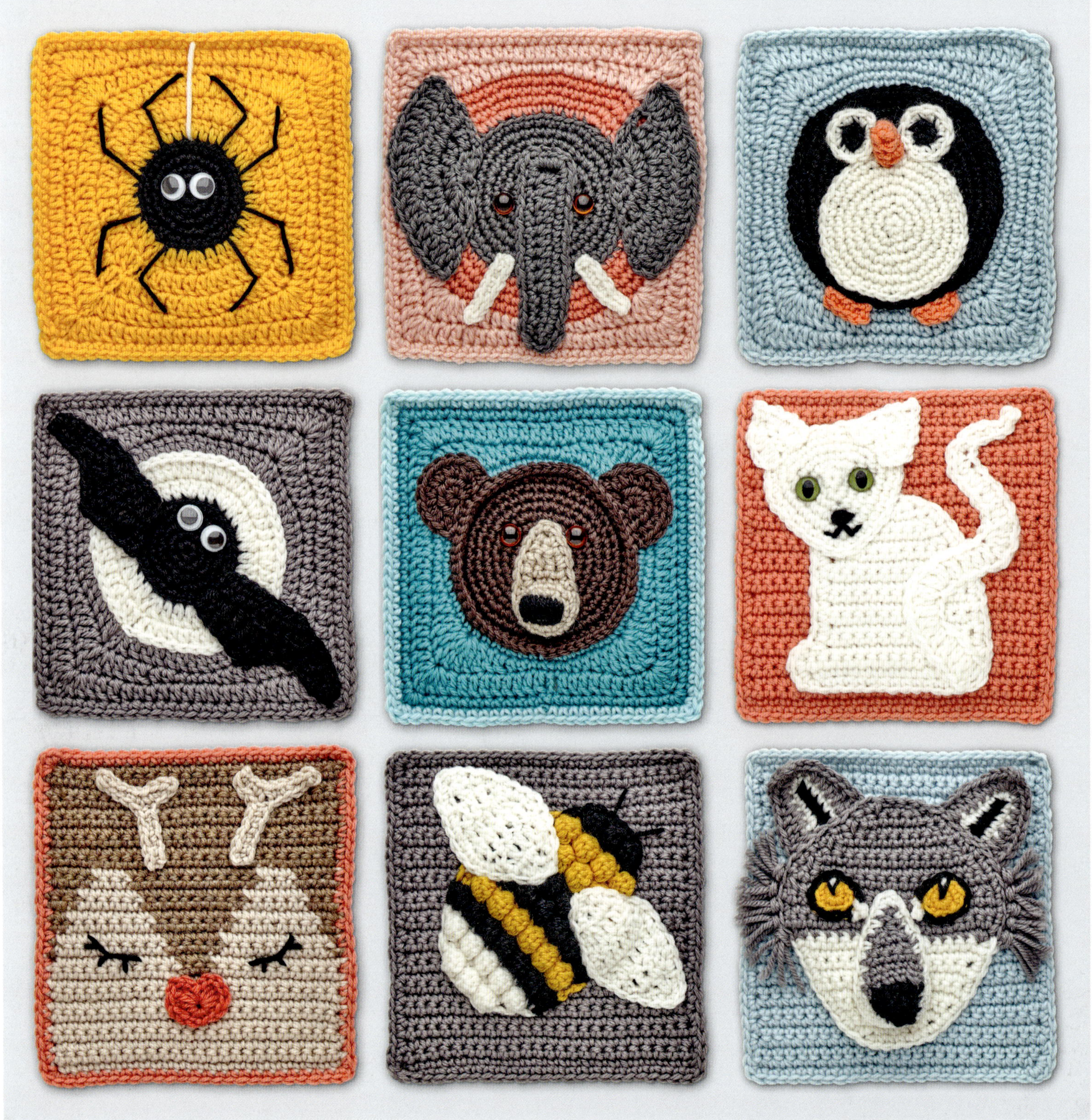

# Maschen & Techniken

# Material und Zubehör

Betritt man zum ersten Mal ein Garngeschäft, ist die Auswahl an wunderschönen Garnen in tollen Farben, verschiedenen Stärken und allen Arten von Strukturen überwältigend und etwas überfordernd – und das gilt gleichermaßen für Häkelnadeln und Zubehör. Auf den folgenden Seiten finden Sie daher einen Überblick über alles, was Sie für den Einstieg brauchen.

## Das richtige Garn

Zum Häkeln geeignete Garne reichen von feinen Baumwoll- bis zu dicken Wollgarnen. Meist lassen sich Garne mit glatter Struktur und mittlerer bis hoher Drehung am einfachsten verarbeiten. Für Decken und Kissen sind Garne mittlerer Stärke perfekt, da sie sich gut verarbeiten lassen, toll fallen, ein klares Maschenbild ergeben und Wärme spenden. Alle Granny Squares in diesem Buch wurden mit DK-/Light-Worsted-Garn gehäkelt.

Ein weiterer Punkt, den man bedenken sollte, wenn man ein Garn auswählt, ist der Fasergehalt sowie der Fall, den man für das Projekt erreichen möchte. Bevor Sie das ganze Garn für ein Projekt kaufen, empfiehlt es sich, zunächst nur ein Probeknäuel zu kaufen. Häkeln Sie ein Probestück, waschen Sie es nach den Anweisungen auf der Banderole und spannen Sie es, um zu sehen, ob sich das Garn gut verarbeiten lässt und das Endprodukt so aussieht, wie Sie es sich vorgestellt haben (siehe Seite 123).

## Garnarten

Es gibt Garne aus einer Reihe von unterschiedlichen Fasern und Faserkombinationen.

### BAUMWOLL- UND BAUMWOLLMISCHGARNE

Die Granny Squares in diesem Buch wurden mit Baumwoll- bzw. Baumwollmischgarnen gehäkelt, die es in vielen schönen Farben gibt. Diese Garne können anfangs ein wenig steif wirken, aber die Maschen sind dafür klar definiert und sehen sehr sauber aus. Baumwollmischgarne sind etwas besser zu verarbeiten, und man erzielt auch mit ihnen ein tolles Maschenbild. Baumwoll- und Baumwollmischgarne sind widerstandsfähig und langlebig.

### ACRYLGARNE

Acrylgarne sind bei Häkelfans allgemein sehr beliebt und die perfekte Wahl für Anfänger. Sie eignen sich hervorragend zum Üben von Maschen und Techniken und zum Experimentieren mit verschiedenen Farbkombinationen.

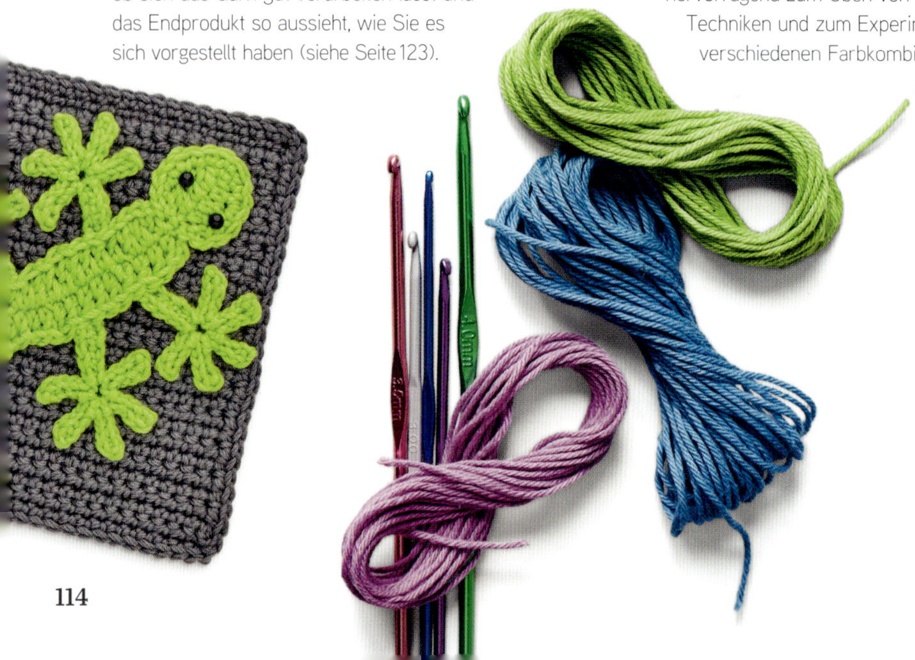

Acrylgarne gibt es in einer großen Auswahl an Farben, und sie sind eine preiswerte Wahl für Ihre ersten Projekte. Acrylgarn kann zwar Knötchen bilden und mit der Zeit seine Form verlieren, aber es hat den Vorteil, dass es in der Maschine gewaschen werden kann, was es zu einer guten Wahl für Projekte macht, die häufig gewaschen werden müssen.

### WOLLGARNE

Wollgarne eignen sich hervorragend für Decken oder größere Häkelprojekte. Wolle ist ein strapazierfähiges Material, das sich gut verarbeiten lässt und ein klares Maschenbild ergibt. Wichtig ist dabei, darauf zu achten, ob das verwendete Garn in der Maschine gewaschen werden kann.

### MISCHGARNE

Mischgarne aus Woll- und Kunstfasern sind immer eine verlässliche Wahl. Wenn Sie sich für ein Garn mit einem geringen Anteil an Kunstfasern (z. B. Nylon oder Acryl) entscheiden, lässt sich das Garn gut verarbeiten und waschen.

### EFFEKTGARNE

Effektgarne sind haptisch ansprechend und wunderschön, aber nicht immer einfach zu verarbeiten. Sie eignen sich daher eher für kleinere Details, auf größeren Flächen ist die Verarbeitung meist etwas kniffelig, und auch das Maschenbild ist nicht mehr gut erkennbar.

### STICKGARNE

Stickgarne sind in Handarbeitsgeschäften in einer großen Farbauswahl erhältlich und eignen sich perfekt zum Aufsticken von Details – so verleihen Sie Ihren Tieren im Handumdrehen Persönlichkeit und einen individuellen Gesichtsausdruck.

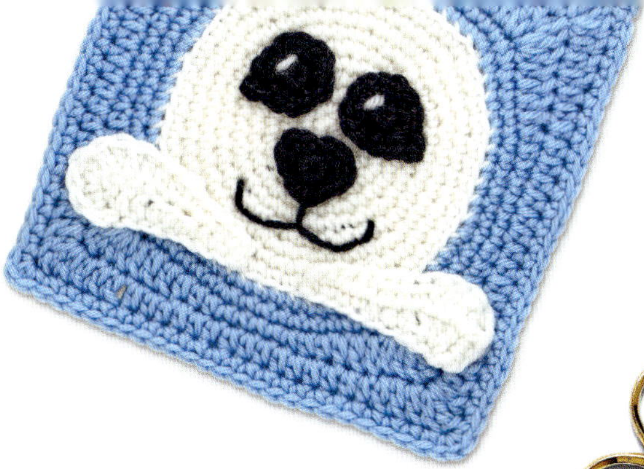

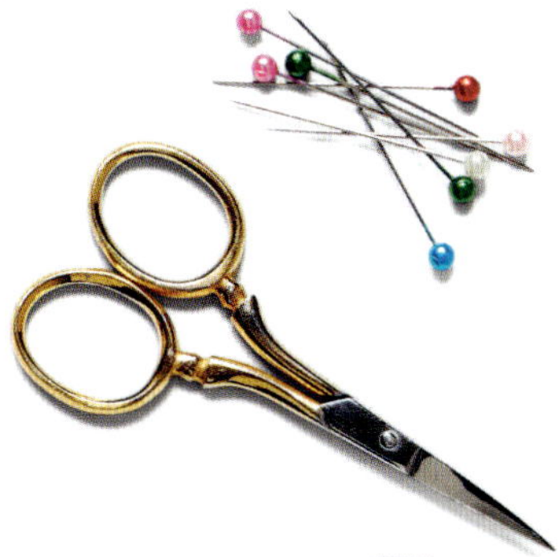

## Häkelnadeln

Häkelnadeln gibt es in verschiedenen Größen und aus unterschiedlichem Material, wobei dieses auch das Maschenbild beeinflussen kann. Für den Anfang sind Aluminiumnadeln am besten geeignet, da sie einen spitzen Haken und eine gut definierte Kehle haben und sich für die meisten Garne gut eignen. Bambusnadeln sind ebenfalls sehr angenehm, können aber bei manchen Garnen rutschig sein; Kunststoffnadeln können bei synthetischen Garnen quietschen. Zudem gibt es Häkelnadeln mit Soft- oder Holzgriff: Mit ihnen lässt es sich besonders gut arbeiten – vor allem wenn man viel häkelt.

### WELCHE NADELSTÄRKE?

Es kann sein, dass Sie mit der für ein bestimmtes Garn oder Projekt empfohlenen Nadelstärke nicht zufrieden sind, da die Maschen zu locker oder zu fest werden. Probieren Sie verschiedene Nadelstärken aus, bis Ihnen das fertige Probestück gefällt. Letztendlich sollten Sie eine Nadel und eine Garnstärke verwenden, mit der Sie zufrieden sind – die Empfehlungen sind nicht in Stein gemeißelt. Beachten Sie, dass nicht auf allen Garnbanderolen eine empfohlene Nadelstärke angegeben ist. Verwenden Sie die empfohlene Stricknadelgröße als Richtlinie und wählen Sie eine Häkelnadel ein oder zwei Stärken größer.

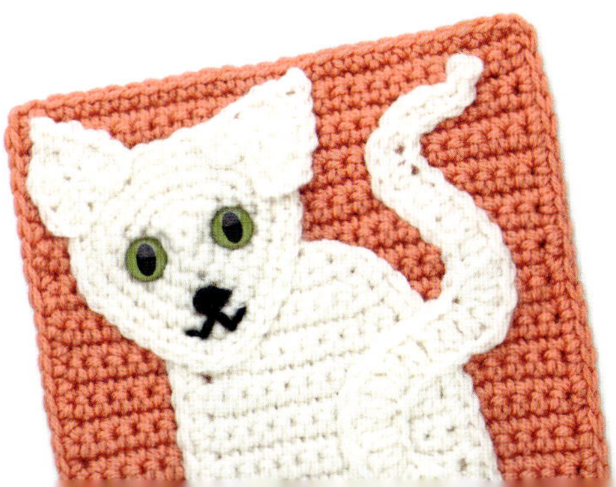

## Zubehör

Alles, was Sie für den Einstieg brauchen, sind eine Häkelnadel und Garn – aber es lohnt sich, auch das folgende Zubehör parat zu haben.

### SCHERE

Am besten geeignet ist eine kleine, scharfe Stickschere.

### LINEAL UND MASSBAND

Ein stabiles Lineal ist essenziell zum Abmessen der Maschenprobe – ansonsten eignet sich zum Abmessen auch ein Maßband.

### MASCHENMARKIERER

Maschenmarkierer in Form kleiner Ringe mit einer Öffnung sind praktisch, um die erste Masche einer Reihe oder Runde zu kennzeichnen – besonders für Einsteiger erweist sich das oft als hilfreich. Zudem sollte man sie verwenden, um die Arbeitsschlinge zu fixieren, wenn man die Arbeit beiseitelegt.

### STECKNADELN

Verwenden Sie rostfreie Stecknadeln mit Glaskopf zum Spannen und Besprühen oder Bedampfen.

### NADELN

Stick- oder Tapisserienadeln werden zum Zusammennähen von Häkelstücken und zum Vernähen von Fadenenden verwendet. Wählen Sie eine Nadel mit stumpfer Spitze, um die Maschen nicht zu beschädigen. Sticknadeln haben unterschiedlich große Ösen – verwenden Sie eine Nadel, die für die Stärke des verarbeiteten Garns geeignet ist.

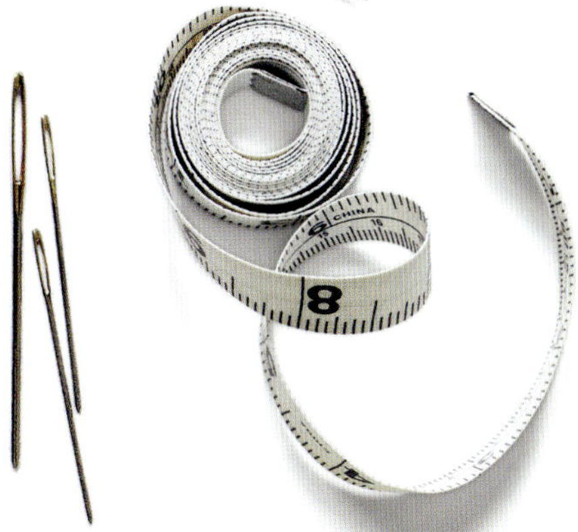

### AUGEN

Für die Tier-Granny-Squares in diesem Buch habe ich sowohl Sicherheitsaugen als auch aufnähbare Wackelaugen verwendet. Sicherheitsaugen sollten immer nach Herstellerangaben angebracht werden. Für Projekte für kleinere Kinder sollte man weder aufnähbare noch Sicherheitsaugen verwenden – hier empfiehlt es sich, Augen und sonstige Details entweder zu häkeln oder mit Stickgarn aufzusticken.

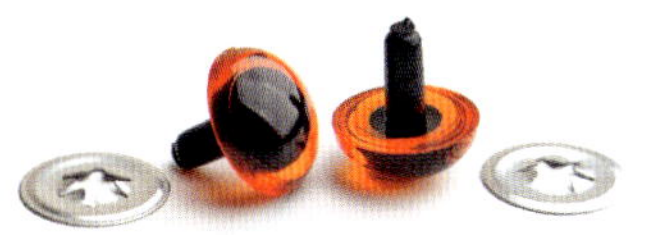

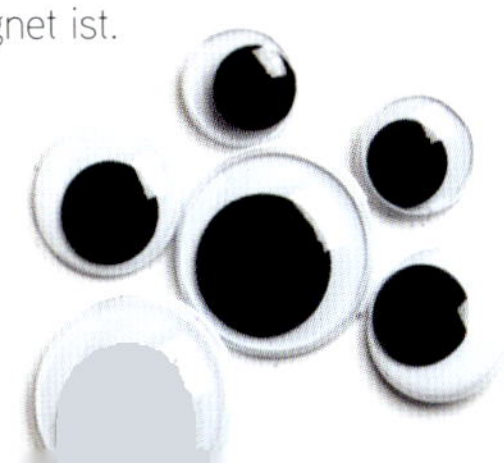

# Beginn und Ende

Gehäkelt wird entweder in Reihen, ausgehend von einer Luftmaschenkette, oder in Runden, ausgehend von einem Anfangsring aus Luftmaschen oder einem Magischen Ring. Ab Seite 118 finden Sie einen Überblick über die wichtigsten Grundmaschen.

## HÄKELNADEL UND FADEN HALTEN

Meist wird die Häkelnadel wie hier im Folgenden zu sehen gehalten. Wenn Sie sich damit nicht wohlfühlen, versuchen Sie, den flachen Teil der Nadel wie ein Messer zwischen Daumen und den anderen Fingern zu halten.

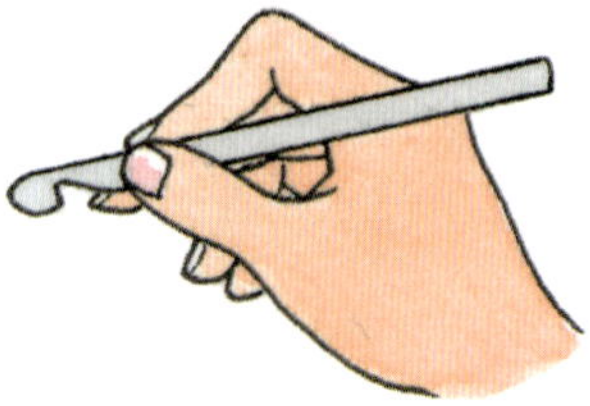

1 Die Stifthaltung ist die von vielen Häkelfans bevorzugte Haltung. Dabei wird die Häkelnadel wie ein Stift zwischen Daumen und Zeigefinger gehalten, und diese ruhen auf dem flachen Teil der Häkelnadel.

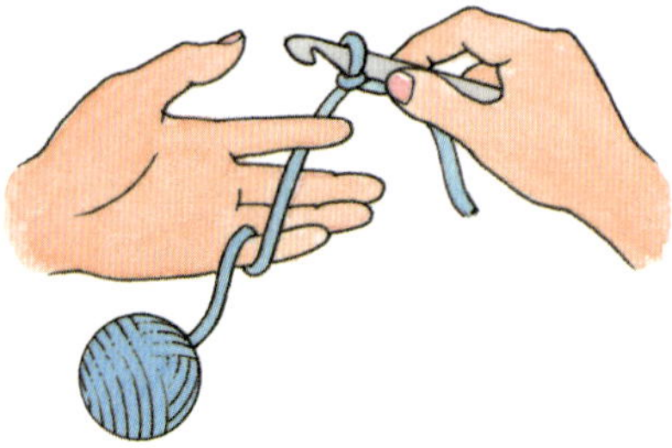

2 Um den Arbeitsfaden zu kontrollieren und ihn gleichmäßig zu spannen, empfiehlt es sich, ihn einmal locker um den kleinen Finger der linken Hand zu wickeln, über Ring- und Mittelfinger zu legen und dann zwischen Mittel- und Zeigefinger nach hinten zu führen. Mit Mittelfinger und Daumen der linken Hand wird das Häkelstück gehalten. Linkshänder halten die Nadel in der linken und den Faden in der rechten Hand.

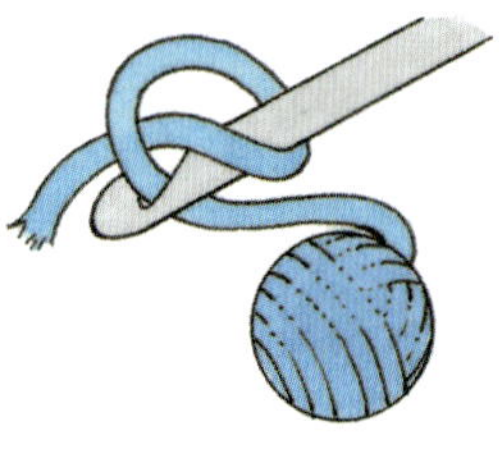

## ANFANGSSCHLINGE

1 Das Garn wie abgebildet zu einer Schlaufe legen. Dann die Häkelnadel von vorn nach hinten durch die Schlaufe stecken, den Arbeitsfaden holen und durch die Schlaufe ziehen.

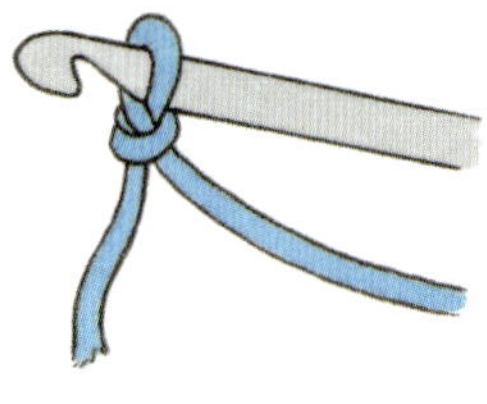

2 Den Knoten und die Anfangsschlinge sanft festziehen – und schon kann es losgehen!

## LUFTMASCHENKETTE

Am Anfang jeder Anleitung ist angegeben, wie viele Luftmaschen für die Luftmaschenkette angeschlagen werden müssen. Dabei handelt es sich meist um eine genaue Anzahl, es kann aber auch sein, dass ein „Vielfaches" einer bestimmten Maschenanzahl angegeben wird, etwa: „Ein Vielfaches von 3 Lm + 2 anschl". Das bedeutet, dass drei, sechs oder neun usw. Luftmaschen gehäkelt und dann zwei weitere Luftmaschen hinzugefügt werden sollen.

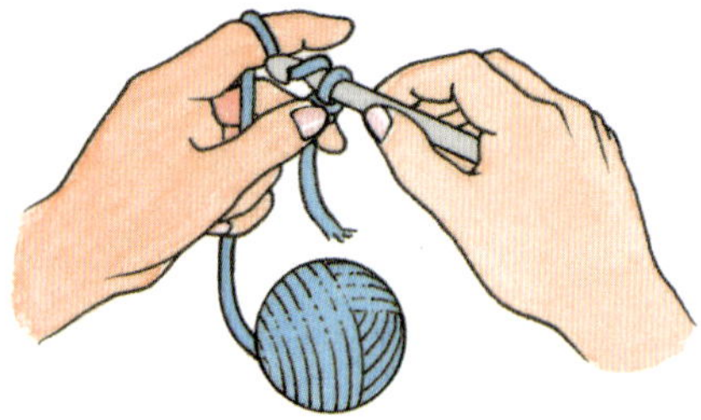

1 Die Nadel mit der Anfangsschlinge in der rechten, den Faden in der linken Hand halten. Den Arbeitsfaden von hinten nach vorn um die Nadel legen (auch Umschlag, U oder Faden holen genannt) und dann durch die Arbeitsschlinge auf der Nadel ziehen – fertig ist die erste Luftmasche.

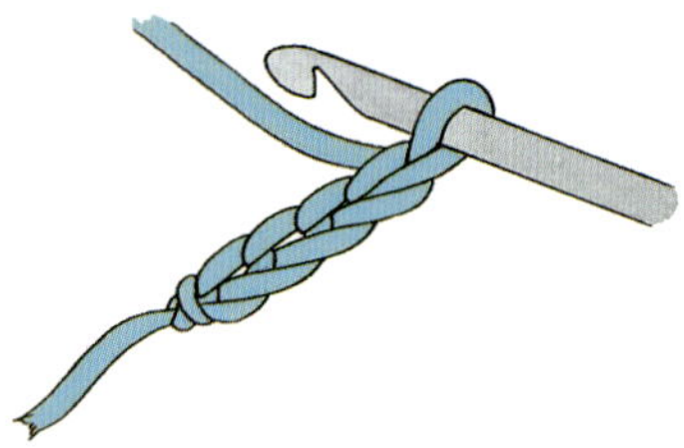

2 Schritt 1 wiederholen, bis die angegebene Anzahl an Luftmaschen erreicht ist. Jede V-förmige Schlinge auf der Vorderseite der Luftmaschenkette wird als eine Luftmasche gezählt, die auf der Nadel liegende Arbeitsschlinge zählt nicht als Luftmasche. Sind die Luftmaschen zu fest, kann man die Luftmaschenkette mit einer größeren Nadel häkeln. Nach einigen Maschen Daumen und Mittelfinger der linken Hand etwas versetzen, sodass die Luftmaschen schön gleichmäßig werden.

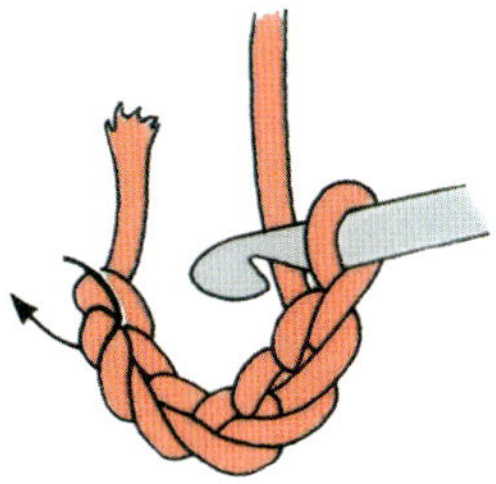

## ANFANGSRING

1 Die angegebene Anzahl an Luftmaschen anschlagen und mit einer Kettmasche in die erste Luftmasche zum Ring schließen.

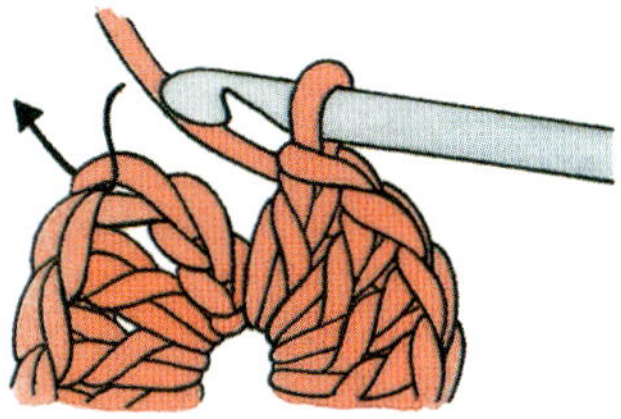

2 Alle Maschen der ersten Runde werden nun, wenn nicht anders angegeben, direkt in den Ring gehäkelt. Die letzte und die erste Masche der Runde werden mit einer Kettmasche zur Runde geschlossen.

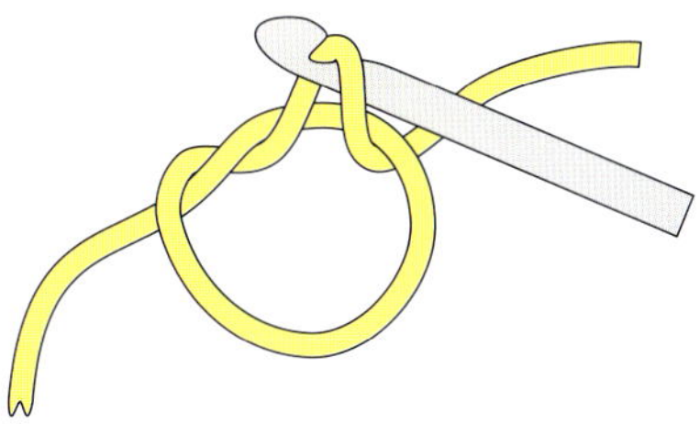

## MAGISCHER RING

Alternativ kann man beim Häkeln in Runden auch mit einem Magischen Ring beginnen, der verhindert, dass in der Mitte der Arbeit ein Loch entsteht. Dafür das Garn wie abgebildet zu einer Schlaufe legen, mit der Nadel in den Ring einstechen, den Arbeitsfaden holen und durchziehen. Die angegebene Anzahl von Maschen in den Magischen Ring häkeln und dann vorsichtig am Fadenende ziehen, um das Loch in der Mitte zu schließen.

## WENDE- UND ANFANGSLUFTMASCHEN

Am Anfang jeder neuen Reihe oder Runde werden einige zusätzliche Luftmaschen benötigt. Wird die Arbeit nach einer Reihe gewendet, nennt man diese Luftmaschen Wendeluftmaschen, arbeitet man in Runden und die Arbeit wird nicht gewendet, nennt man sie Anfangsluftmaschen.

Diese zusätzlichen Luftmaschen sorgen dafür, dass man die Höhe des Maschenkörpers der Maschen erreicht, die in der nächsten Reihe oder Runde gehäkelt werden sollen. Die Wende- oder Anfangsluftmaschen zählen meist als erste Masche der Reihe oder Runde – außer man häkelt in festen Maschen, dann wird eine Luftmasche gehäkelt, die meist nicht als erste Masche zählt. Es kann sein, dass die angegebene Anzahl an Luftmaschen höher ist als die benötigte Anzahl an Wende- oder Anfangsluftmaschen – dann zählen diese Maschen als erste Masche plus eine bestimmte Anzahl an Luftmaschen. Am Ende einer Reihe wird die letzte Masche meist in die obere Wendeluftmasche am Beginn der Vorreihe gearbeitet. Am Ende einer Runde wird die letzte Masche meist mithilfe einer Kettmasche mit der oberen der Anfangsluftmaschen verbunden.

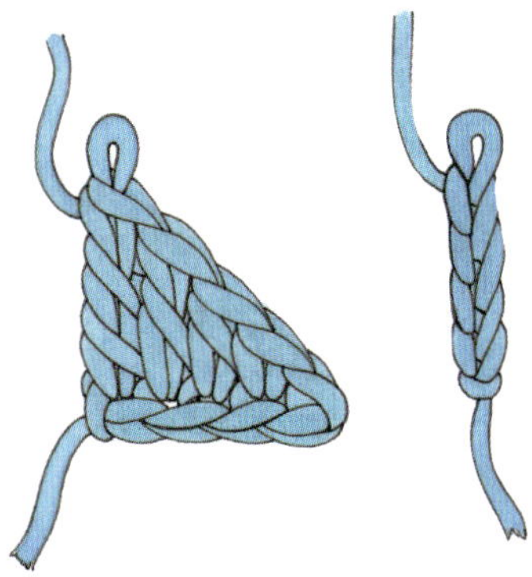

### WIE VIELE WENDELUFTMASCHEN?

**feste Maschen (fM):** 1 Wendeluftmasche (Wlm)
**halbe Stäbchen (hStb):** 2 Wlm
**Stäbchen (Stb):** 3 Wlm
**Doppelstäbchen (DStb):** 4 Wlm
**Dreifachstäbchen (3fach-Stb):** 5 Wlm
**Vierfachstäbchen (4fach-Stb):** 6 Wlm

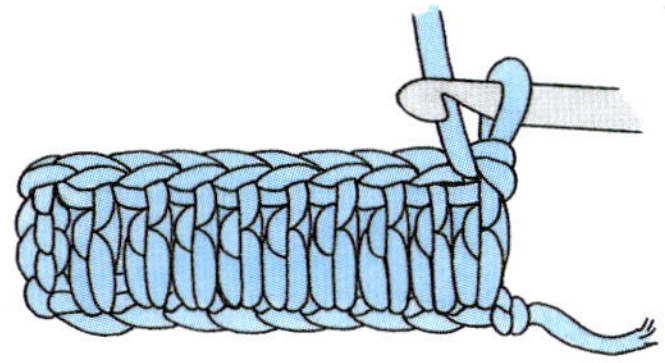

## HÄKELARBEIT BEENDEN

Am Ende der Häkelarbeit den Arbeitsfaden abschneiden und ein etwa 15 cm langes Fadenende lassen. Das Fadenende um die Nadel legen, durch die auf der Nadel liegende Schlinge ziehen und sanft festziehen. Anschließend alle Fadenenden vernähen.

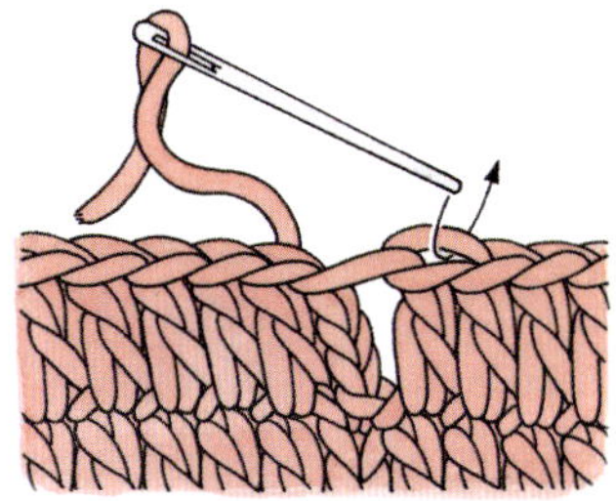

## ABSCHLUSS IN DER LETZTEN RUNDE

Für einen sauberen Abschluss in der letzten Runde am Ende keine Kettmasche in die erste Masche der Runde arbeiten, sondern den Arbeitsfaden nach der letzten Masche abschneiden, auf eine Sticknadel auffädeln, in die erste Masche der Runde einstechen, den Faden durchziehen und dann in die Mitte der V-förmigen Schlinge der letzten Masche einstechen und durchziehen.

### FADENENDEN VERNÄHEN

Wenn man ein Projekt fertiggestellt hat, müssen alle Fadenenden, die etwa durch Garnwechsel oder das Zusammennähen entstanden sind, vernäht werden. Beim Häkeln in Reihen werden die Fadenenden mithilfe einer Sticknadel diagonal auf der linken Seite vernäht. Beim Häkeln in Runden werden die Fadenenden entlang einiger Maschen in einer Runde vernäht. Ist das aufgrund eines (farbigen) Musters nicht möglich, kann man die Fadenenden auch auf zwei Runden verteilt vernähen.

# Grundmaschen

Alle Häkelmaschen werden nach demselben Prinzip gearbeitet: Der Arbeitsfaden wird um die Nadel gelegt und durch eine oder mehrere Schlingen gezogen. Zu Beginn ist es wichtig, die am häufigsten verwendeten Grundmaschen in den verschiedenen Höhen zu beherrschen, auf denen alle anderen Maschen basieren. Die folgenden Maschen kommen in diesem Buch zum Einsatz.

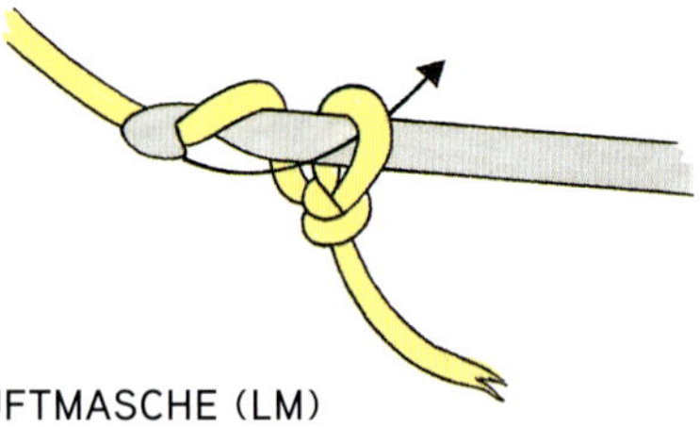

**LUFTMASCHE (LM)**
Den Arbeitsfaden von hinten nach vorn um die Nadel legen und durch die auf der Nadel liegende Schlinge ziehen.

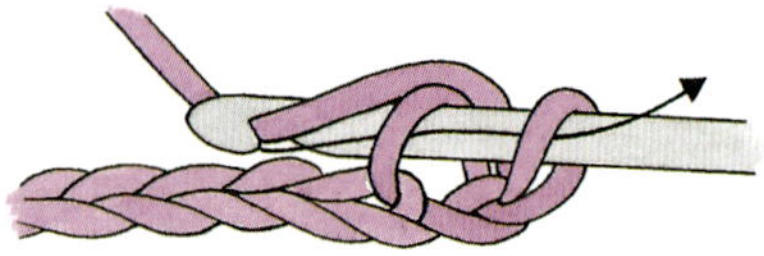

**KETTMASCHE (KM)**
Mit der Nadel in die angegebene Masche einstechen, den Arbeitsfaden von hinten nach vorn um die Nadel legen und durch die Masche sowie die auf der Nadel liegende Schlinge ziehen.

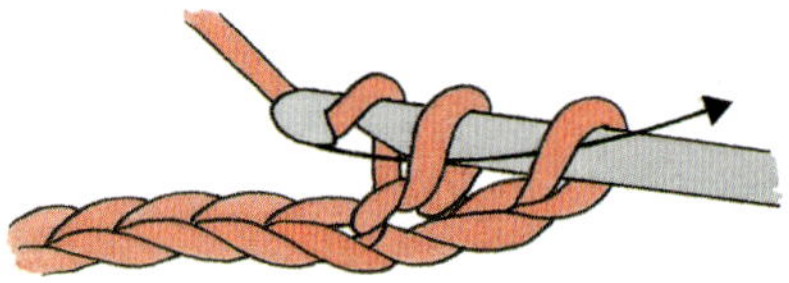

**FESTE MASCHE (FM)**
Mit der Nadel in die angegebene Masche einstechen, den Arbeitsfaden von hinten nach vorn um die Nadel legen und durchziehen (zwei Schlingen auf der Nadel). Den Faden holen und durch beide Schlingen auf der Nadel ziehen.

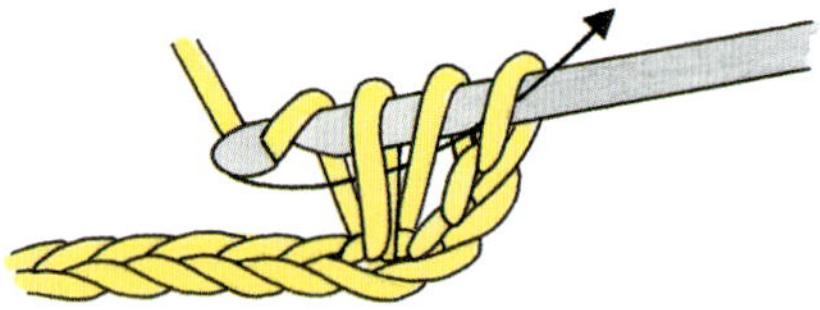

**HALBES STÄBCHEN (HSTB)**
Den Arbeitsfaden von hinten nach vorn um die Nadel legen, in die angegebene Masche einstechen, den Arbeitsfaden wieder von hinten nach vorn um die Nadel legen und durchziehen (drei Schlingen auf der Nadel). Den Faden holen und durch alle Schlingen auf der Nadel ziehen.

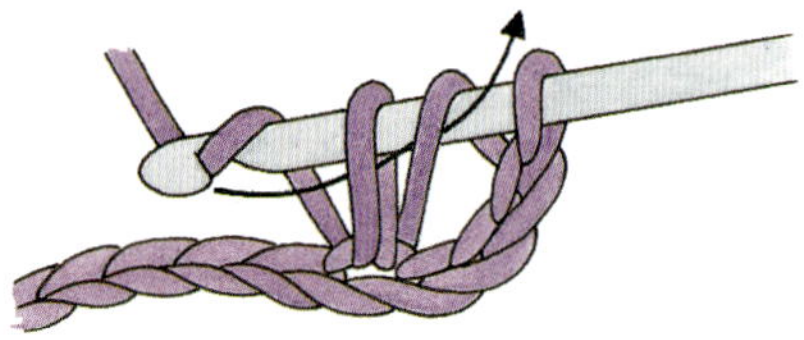

**STÄBCHEN (STB)**
Den Arbeitsfaden von hinten nach vorn um die Nadel legen, in die angegebene Masche einstechen, den Arbeitsfaden wieder von hinten nach vorn um die Nadel legen und durchziehen (drei Schlingen auf der Nadel). *Den Faden holen und durch zwei Schlingen auf der Nadel ziehen, ab * noch einmal wiederholen.

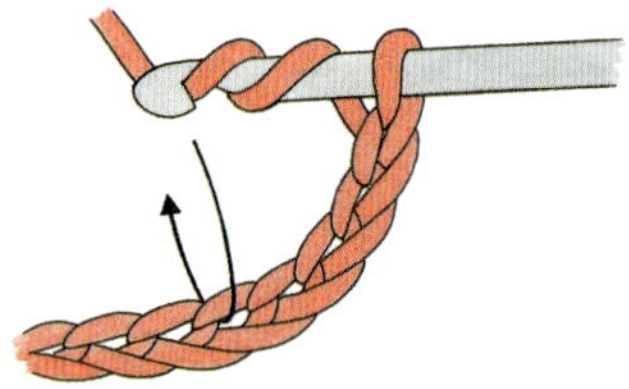

**DOPPELSTÄBCHEN (DSTB)**
Den Arbeitsfaden zweimal von hinten nach vorn um die Nadel legen, in die angegebene Masche einstechen, den Arbeitsfaden wieder von hinten nach vorn um die Nadel legen und durchziehen (vier Schlingen auf der Nadel). *Den Faden holen und durch zwei Schlingen auf der Nadel ziehen, ab * noch zweimal wiederholen.

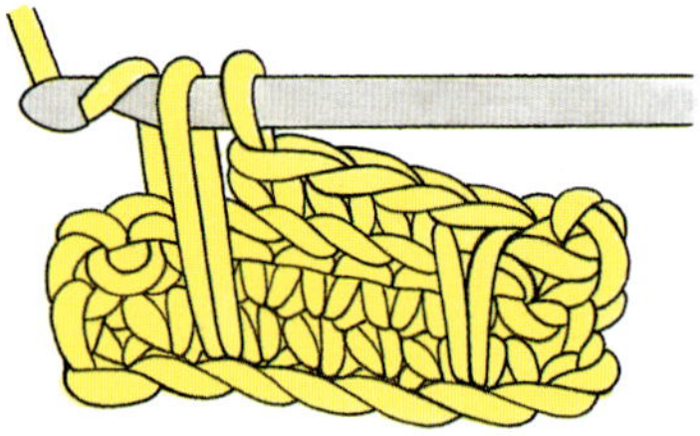

**TIEFGESTOCHENE MASCHE (TM)**
Bei tiefgestochenen Maschen wird mit der Nadel in eine der Reihen oder Runden unterhalb der Vorreihe oder -runde eingestochen. Für eine tiefgestochene feste Masche mit der Nadel in die angegebene Masche in der angegebenen Reihe oder Runde einstechen. Den Arbeitsfaden von hinten nach vorn um die Nadel legen und auf die Höhe der anderen Maschen in der Arbeitsreihe durchziehen. Anschließend die Masche wie gewohnt fertighäkeln.

### HÖHERE MASCHEN HÄKELN

Noch höhere Maschen lassen sich ganz einfach häkeln, indem man den Arbeitsfaden mehrere Male um die Nadel legt, bevor man in die angegebene Masche einsticht. Für ein Dreifachstäbchen (3fach-Stb) wird der Arbeitsfaden etwa dreimal um die Nadel gelegt, für ein Vierfachstäbchen (4fach-Stb) viermal, für ein Fünffachstäbchen (5fach-Stb) fünfmal und so weiter. Der Arbeitsfaden wird dann wie beim Doppelstäbchen immer durch jeweils zwei auf der Nadel liegende Schlingen gezogen, bis nur noch eine Schlinge auf der Nadel bleibt.

# Einfache Varianten

Die Grundmaschen lassen sich auf verschiedenste Arten variieren, wodurch man immer neue Effekte erzielen kann. Bei diesen einfachen Varianten wird mit der Nadel in andere Maschenglieder als normalerweise eingestochen.

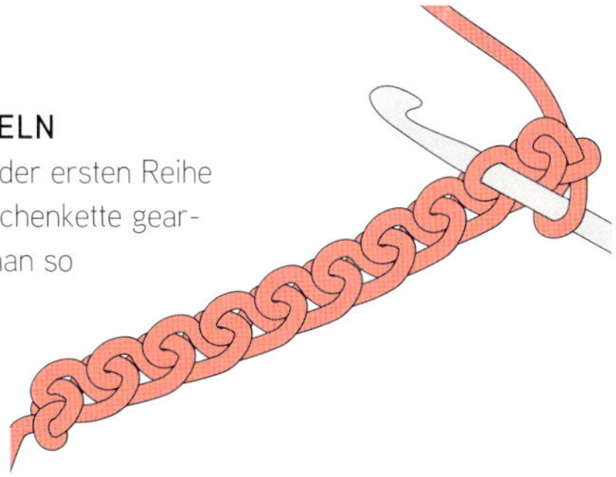

### ERSTE REIHE IN DIE LUFTMASCHENKETTE HÄKELN

Bei den Projekten in diesem Buch habe ich die Maschen der ersten Reihe nicht in die obere Schlinge der Luftmaschen der Luftmaschenkette gearbeitet, sondern in die Garnknoten auf der Rückseite, da man so einen saubereren Abschluss erhält. Dafür die Luftmaschenkette umdrehen, in das von der Nadel aus gesehen zweite rückwärtige Maschenglied – den zweiten Garnknoten – einstechen und dann die Masche wie angegeben häkeln.

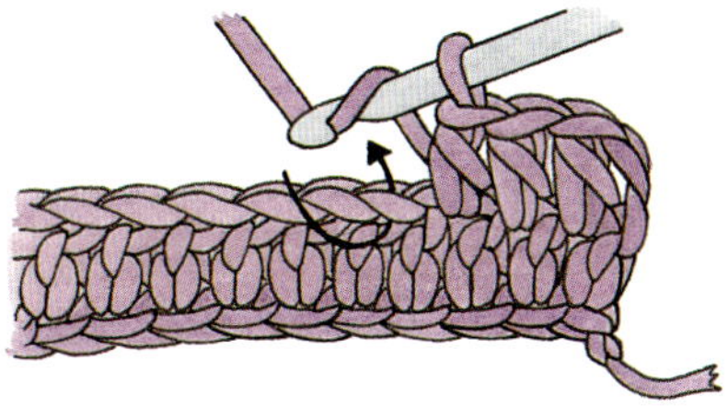

### IN DAS VORDERE MASCHENGLIED (VMGL)

Anstatt mit der Nadel unterhalb beider Schlaufen der V-förmigen Schlinge der nächsten Masche einzustechen, nur in die vordere Schlaufe – das vordere Maschenglied – einstechen.

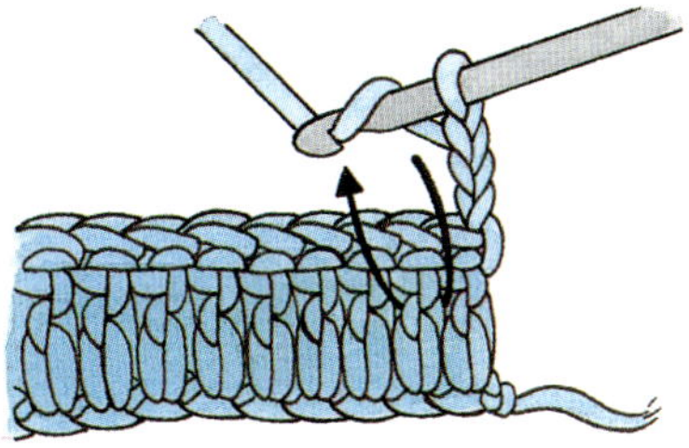

### RELIEFMASCHE VORN (RMV)

Mit der Nadel von vorn nach hinten rechts neben dem Maschenkörper der folgenden Masche der Vorreihe einstechen und von hinten links neben dem Maschenkörper wieder ausstechen.

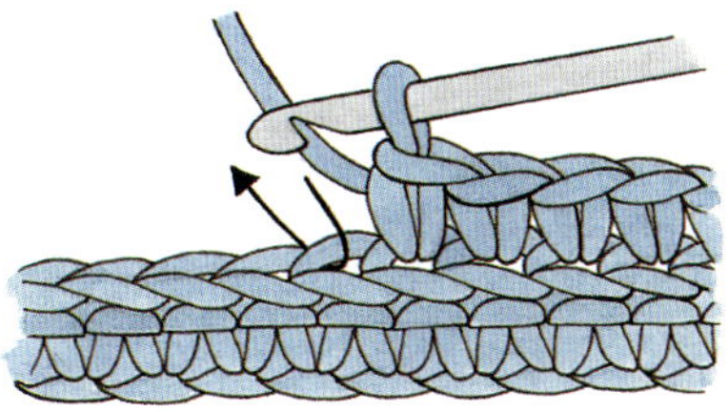

### IN DAS HINTERE MASCHENGLIED (HMGL)

Anstatt mit der Nadel unterhalb beider Schlaufen der V-förmigen Schlinge der nächsten Masche einzustechen, nur in die hintere Schlaufe – das hintere Maschenglied – einstechen.

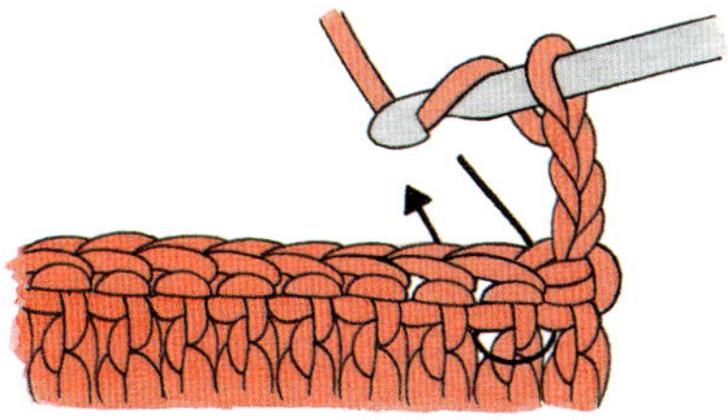

### RELIEFMASCHE HINTEN (RMH)

Mit der Nadel von hinten nach vorn rechts neben dem Maschenkörper der folgenden Masche der Vorreihe einstechen und von vorn links neben dem Maschenkörper wieder ausstechen.

### IN DAS HORIZONTALE MASCHENGLIED (HORMGL)

Ähnlich wie beim Häkeln in das vordere oder hintere Maschenglied wird hier nur in das horizontale Maschenglied der nächsten Masche eingestochen. Dadurch legen sich die Maschen der Vorreihe nach vorn, und es entsteht ein quergeripptes Muster.

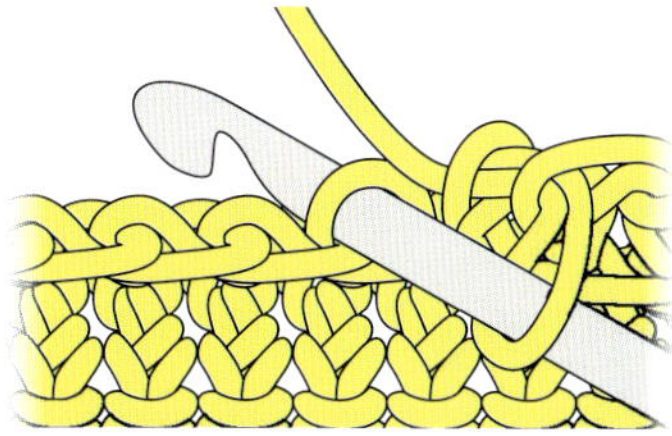

1 Die Häkelarbeit leicht nach vorn neigen und mit der Nadel von oben nach unten in das horizontale (rückwärtige) Maschenglied (den Garnknoten) der angegebenen Masche einstechen.

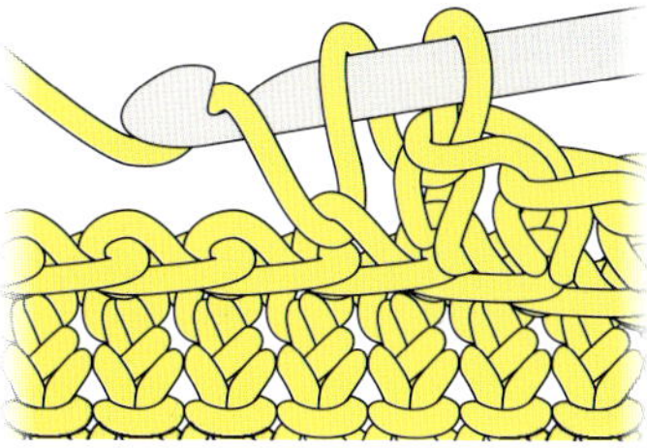

2 Anschließend die Masche wie gewohnt fertighäkeln.

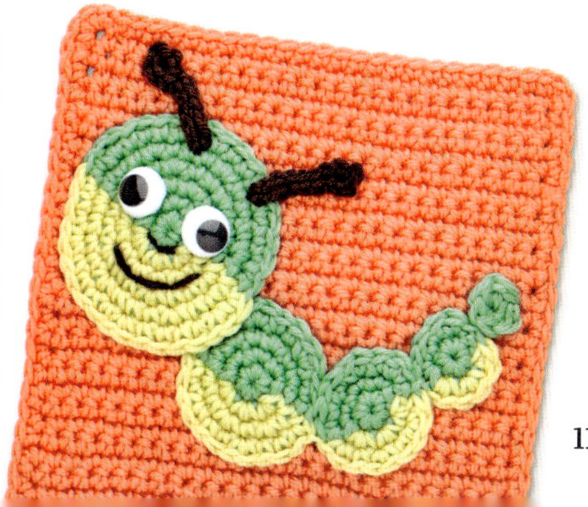

# Besondere Maschen

Indem mehrere Maschen in dieselbe Einstichmasche gehäkelt oder oben miteinander verbunden werden – oder beides –, entstehen interessante Formen, Muster und Strukturen. Die Wende- oder Anfangsluftmaschen können auch als erste Masche einer Maschengruppe, einer Noppe, einer Popcornmasche oder einer Puffmasche zählen.

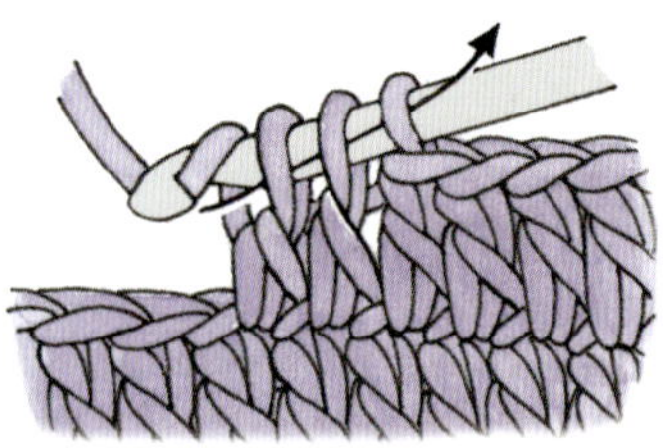

**ABNAHME (Z. B. 2 FM ZSM, 3 STB ZSM)**
Abnahmen erfolgen durch das gemeinsame Abmaschen oder Zusammenhäkeln von unvollständigen Maschen. Dazu die angegebene Anzahl an Maschen häkeln, diese aber unvollständig lassen, also nur bis zum letzten Umschlag arbeiten. Anschließend den Faden holen und durch alle Schlingen auf der Nadel ziehen. Diese Art von Abnahme eignet sich für alle Grundmaschen.

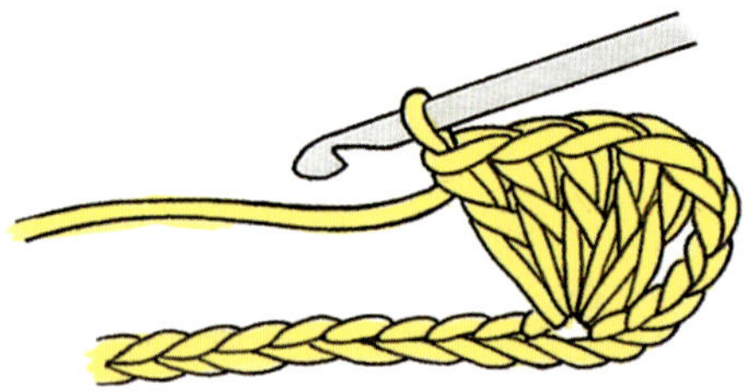

**ZUNAHME (Z. B. 5 STB IN DIE FOLG LM)**
Durch Zunahmen lässt sich die Maschenanzahl erhöhen, etwa zur Formgebung oder für dekorative Elemente wie Muschelmuster. Dafür einfach die angegebene Anzahl an Maschen in dieselbe Einstichmasche arbeiten. Zunahmen können am Beginn und am Ende sowie innerhalb von Reihen oder Runden erfolgen.

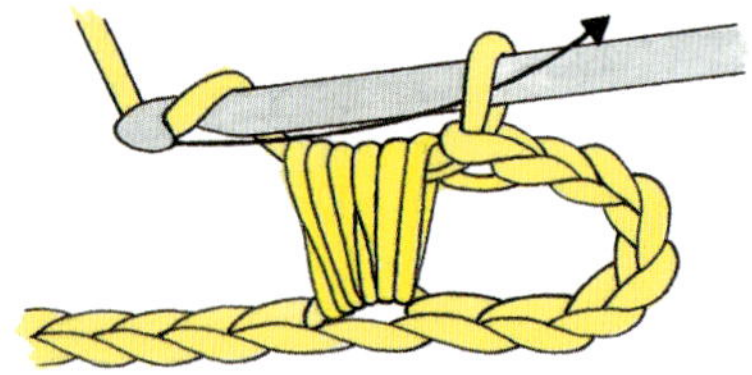

**PUFFMASCHE (PUFF-M)**
Eine Puffmasche besteht aus mehreren halben Stäbchen, die in dieselbe Masche gearbeitet und gemeinsam abgemascht bzw. zusammengehäkelt werden. Dazu die angegebene Anzahl an halben Stäbchen häkeln, diese aber nur bis zum letzten Umschlag arbeiten, sodass jeweils drei Schlingen auf der Nadel bleiben. Anschließend den Faden holen und durch alle Schlingen auf der Nadel ziehen.

# Mehrfarbig häkeln

Bei den meisten Granny Squares in diesem Buch wird für jede Reihe oder Runde eine Farbe verwendet, Garnwechsel erfolgen jeweils am Reihen- oder Rundenende. Bei Tapestry- und Intarsienmustern werden mehrere Farben in einer Reihe verwendet. Beim Tapestry-Häkeln werden die nicht verwendeten Fäden auf der Rückseite mitgeführt und umhäkelt. Bei Intarsienmustern werden Flächen in verschiedenen Farben gehäkelt, wobei für jede Fläche Garn auf eine eigene Spule gewickelt wird.

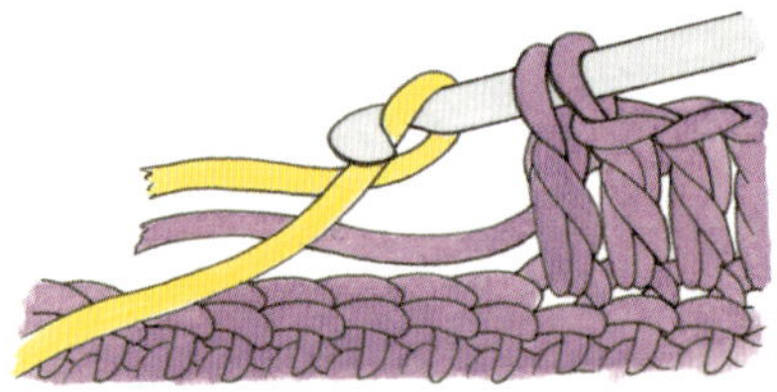

**GARNWECHSEL INNERHALB EINER REIHE**
Die letzte Masche in der alten Farbe unvollständig lassen, also nur bis zum letzten Umschlag arbeiten. Den neuen Arbeitsfaden einmal von hinten nach vorn um die Nadel legen und durch die auf der Nadel liegenden Schlingen ziehen, um die unvollständige Masche fertigzuhäkeln. Die nächste Masche kann dann bereits komplett in der neuen Farbe gehäkelt werden.

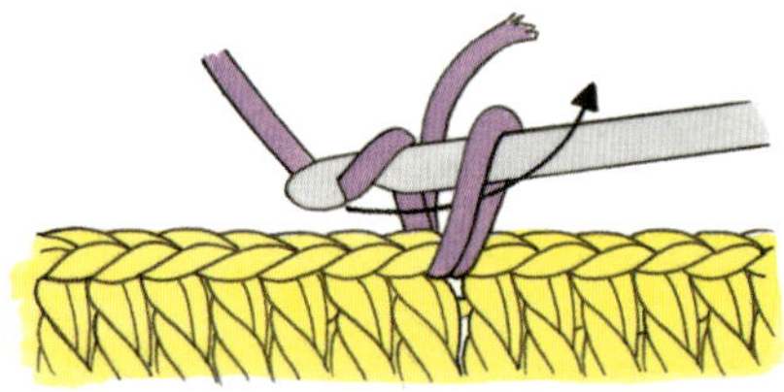

**GARNWECHSEL INNERHALB EINER RUNDE**
**Methode 1:** Am Ende der Runde die Kettmasche in die erste Masche der Runde mit dem neuen Garn arbeiten.
**Methode 2 (oben):** Mit der Nadel in die angegebene Masche einstechen und den neuen Arbeitsfaden von hinten nach vorn um die Nadel legen, dabei ein etwa 10 cm langes Fadenende lassen. Dann die angegebene Anzahl an Anfangsluftmaschen häkeln.

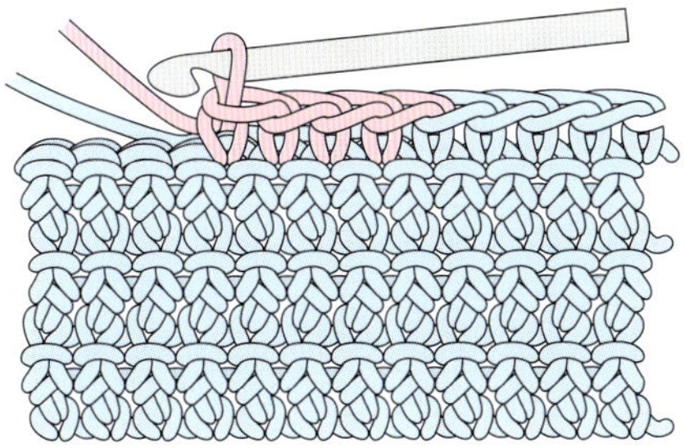

## TAPESTRY-HÄKELN

1 Auf die neue Farbe (hier Rosa) wechseln (siehe gegenüber) und wie angegeben weiterhäkeln, dabei das gerade nicht verwendete Garn (Hellblau) auf der Rückseite am oberen Ende der Vorreihe mitführen und umhäkeln. Nach diesem Prinzip alle angegebenen Garnwechsel durchführen.

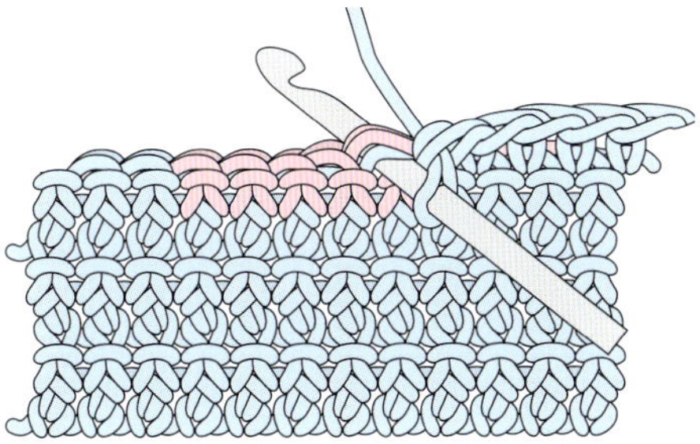

2 In weiteren Reihen unter dem mitgeführten Faden und der V-förmigen Schlinge einstechen, um den mitgeführten Faden zu fixieren.

## OBERFLÄCHENHÄKELN

Beim Oberflächenhäkeln wird auf der Häkelfläche eines fertigen Projekts gehäkelt. Meist verwendet man dabei Kettmaschen, mit denen sich Linien, Formen und sogar Buchstaben kreieren lassen. Anstatt mit Kettmaschen kann man aber auch mit anderen Maschen, etwa festen Maschen, auf der Oberfläche häkeln. Dabei häkelt man entweder um die Maschenkörper oder in die Zwischenräume zwischen Maschen.

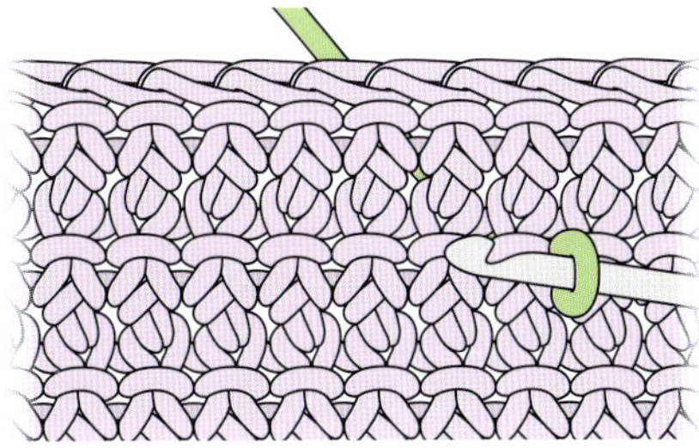

1 Den Arbeitsfaden auf der Rückseite der Arbeit festhalten, mit der Nadel von vorn nach hinten zwischen zwei Maschen einstechen, den Faden holen und durchziehen.

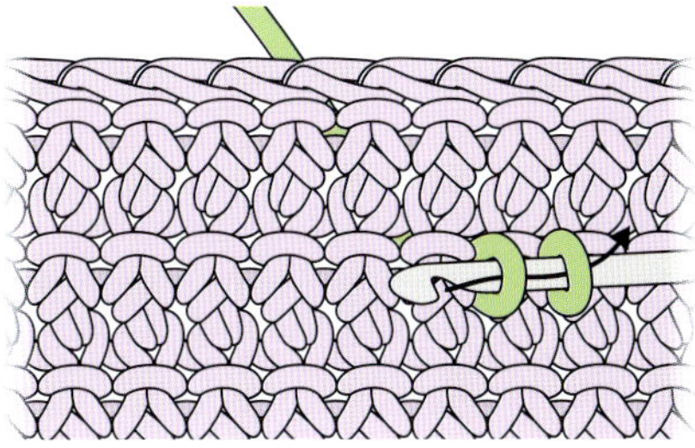

2 Mit der Nadel von vorn nach hinten in den Zwischenraum zwischen den nächsten beiden Maschen einstechen, den Faden holen und durchziehen.

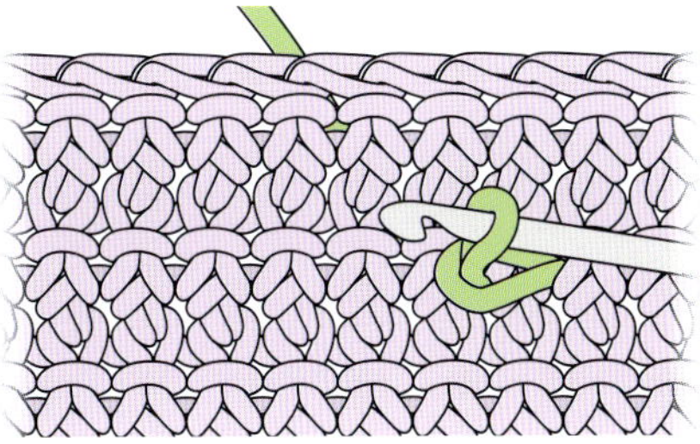

3 Die erste Schlinge auf der Nadel durch die zweite ziehen – damit wurde eine Kettmasche gehäkelt.

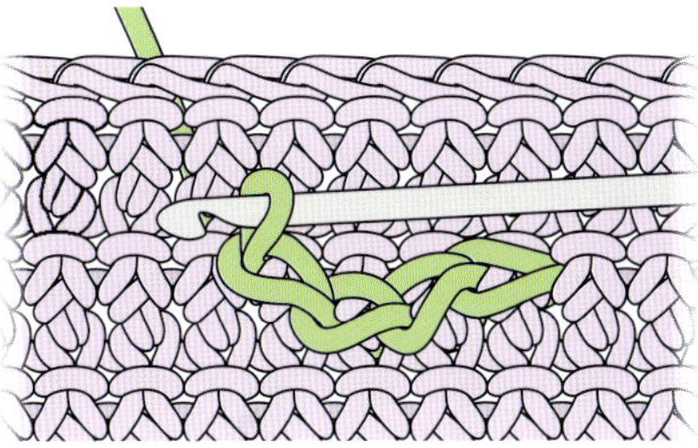

4 Nach diesem Prinzip mithilfe weiterer Kettmaschen das gewünschte Motiv häkeln und zum Schluss die Fadenenden vernähen.

## INTARSIENMUSTER

Für jede Farbfläche wird ein eigenes Garnknäuel aufgewickelt, die Fadenenden werden hängen gelassen anstatt mitgeführt. Kommt dieselbe Farbe zweimal in einer Reihe vor, braucht man zwei Garnknäuel in dieser Farbe.

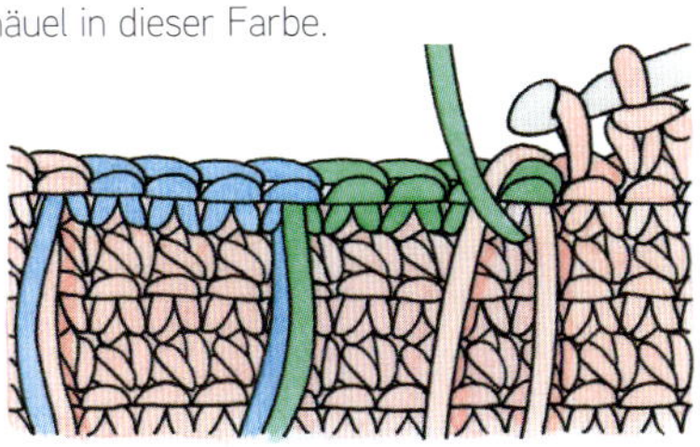

1 Wie angegeben Garnwechsel durchführen, dabei das gerade nicht verwendete Garn auf der Rückseite hängen lassen. Bei den Garnwechseln in folgenden Reihen den neuen Arbeitsfaden über den alten kreuzen, sodass keine unschönen Löcher entstehen.

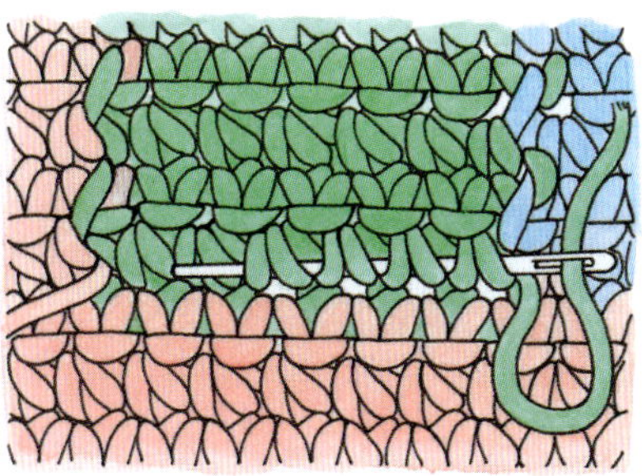

2 Achten Sie darauf, dass sich die vielen Fadenenden nicht verheddern, und vernähen Sie am Ende alle Fadenenden sorgfältig in den jeweils passenden Farbflächen, sodass sie auf der rechten Seiten nicht zu sehen sind.

# Häkelanleitungen und Häkelschriften

Aufgrund der Symbole, Abkürzungen und Tabellen kann das Häkeln anfangs überfordernd und kompliziert erscheinen – aber mit etwas Übung und dem richtigen Grundwissen ist das schnell kein Problem mehr.

Abkürzungen werden verwendet, damit man Häkelanleitungen schneller und einfacher nachvollziehen kann. Die Abkürzungen und Symbole können allerdings je nach Anleitung variieren – vergewissern Sie sich daher immer, dass Sie das verwendete System verstanden haben, bevor Sie mit dem Häkeln beginnen. In einigen Anleitungen werden spezielle Abkürzungen und Symbole sowie besondere Maschen verwendet – diese sollten in der jeweiligen Anleitung immer gesondert erklärt werden.

## Symbole verstehen

| SYMBOL | BEDEUTUNG |
|---|---|
| * | Beginn der Wiederholung |
| ** | Ende der letzten Wiederholung |
| [ ] | Die Maschenabfolge in den eckigen Klammern in die folgende bzw. die angegebene Masche arbeiten. |
| ( ) | Die Maschenabfolge in den runden Klammern so oft wie angegeben wiederholen. |
| ► | Pfeile zeigen die Arbeitsrichtung am Reihen- oder Rundenbeginn an. |
| ↱ | Wenden. |

| OBEN VERBUNDENE SYMBOLE | |
|---|---|
| 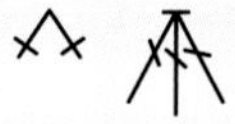 | Wenn Häkelsymbole oben miteinander verbunden dargestellt werden, bedeutet das, sie werden zusammen abgemascht bzw. zusammengehäkelt (z. B. 2 fM zsm, 3 Stb zsm). |

| UNTEN VERBUNDENE SYMBOLE | |
|---|---|
| 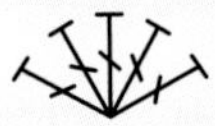 | Maschen, die unten verbunden dargestellt werden, werden in dieselbe Einstichmasche gearbeitet. |

| OBEN UND UNTEN VERBUNDENE SYMBOLE | |
|---|---|
| 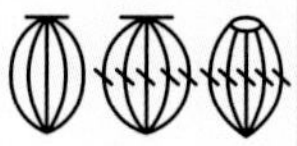 | Oben und unten verbundene Maschen ergeben etwa Puff- oder Popcornmaschen sowie Noppen. |

| UM EINE RUNDUNG ANGEORDNETE SYMBOLE | |
|---|---|
| 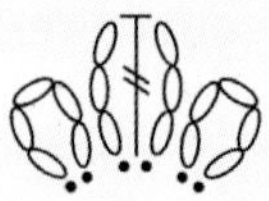 | Schräg dargestellte Maschen werden um eine Rundung oder Ecke gehäkelt. |

| VERLÄNGERTE ODER GEKRÜMMTE SYMBOLE | |
|---|---|
| 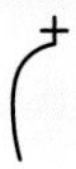 | Diese Symbole zeigen an, in welche darunterliegende Masche mit der Häkelnadel eingestochen werden muss. |

## Symbole und Abkürzungen

| SYMBOL | BEDEUTUNG | ABKÜRZUNG |
|---|---|---|
| ∩ | hinteres Maschenglied | hMgl |
| 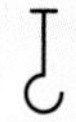 | Reliefmasche hinten | RMh |
| ○ | Luftmasche | Lm |
| n/a | Luftmaschenzwischenraum | Lm-ZR |
| n/a | Reihe bzw. Runde | R bzw. Rd |
| + | feste Masche | fM |
|  | zwei feste Maschen zusammenhäkeln | 2 fM zsm |
| 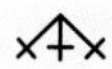 | drei feste Maschen zusammenhäkeln | 3 fM zsm |
| 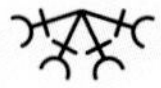 | vier feste Maschen zusammenhäkeln | 4 fM zsm |
| 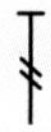 | Doppelstäbchen | DStb |
| ∪ | vorderes Maschenglied | vMgl |
| T | halbes Stäbchen | hStb |
|  | zwei halbe Stäbchen zusammenhäkeln | 2 hStb zsm |
|  | Puffmasche (hier aus 4 hStb) | Puff-M |
| n/a | folgende | folg |
| • | Kettmasche | Km |
| n/a | Masche(n) | M |
| – | horizontales Maschenglied | horMgl |
| 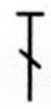 | Stäbchen | Stb |
| 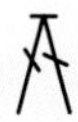 | zwei Stäbchen zusammenhäkeln | 2 Stb zsm |
| 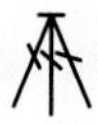 | drei Stäbchen zusammenhäkeln | 3 Stb zsm |
| 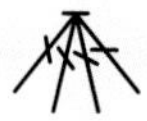 | vier Stäbchen zusammenhäkeln | 4 Stb zsm |

# Maschenprobe und Spannen

Es ist wichtig, immer ein Probestück zu häkeln, bevor man mit einem Projekt beginnt, um die Maschenprobe abmessen zu können. Nach der Fertigstellung sollte man Häkelstücke spannen, um ein sauberes Endergebnis zu erhalten. Das Probestück kann man testweise spannen und waschen, um zu sehen, wie sich das Garn verhält.

## Nach Häkelschrift häkeln

Zu jeder Anleitung in diesem Buch gibt es eine Häkelschrift, nach der in Kombination mit der Anleitung gehäkelt werden sollte. Hat man die Symbole einmal verinnerlicht, lässt es sich schnell und unkompliziert nach Häkelschrift häkeln. Beim Häkeln in Reihen wird die Häkelschrift von unten nach oben gelesen, beim Häkeln in Runden von der Mitte aus.

### HÄKELSCHRIFT IN REIHEN

- Hinreihen sind rechts nummeriert und werden von rechts nach links gelesen.
- Rückreihen sind links nummeriert und werden von links nach rechts gelesen.
- Der Reihenbeginn ist durch einen Pfeil gekennzeichnet, der zugleich die Arbeitsrichtung angibt.

### HÄKELSCHRIFT IN RUNDEN

Bei Häkelschriften in Runden beginnt man in der Mitte, und wenn nicht anders angegeben, wird jede Runde gegen den Uhrzeigersinn gelesen. Der Rundenbeginn ist durch einen Pfeil gekennzeichnet, der zugleich die Arbeitsrichtung angibt.

### GARNMENGE BERECHNEN

Wenn man ein größeres Projekt aus Granny Squares häkeln möchte, lässt sich die benötigte Garnmenge am besten errechnen, indem man ein paar Granny Squares in der gewünschten Garn- und Farbkombination häkelt und dann wieder auftrennt. Anschließend ermittelt man die durchschnittliche Garnmenge für jede Farbe und multipliziert diese mit der Anzahl an Granny Squares, die man anfertigen möchte. Zusätzliches Garn braucht man, um die Granny Squares zu verbinden und eine Einfassung zu arbeiten.

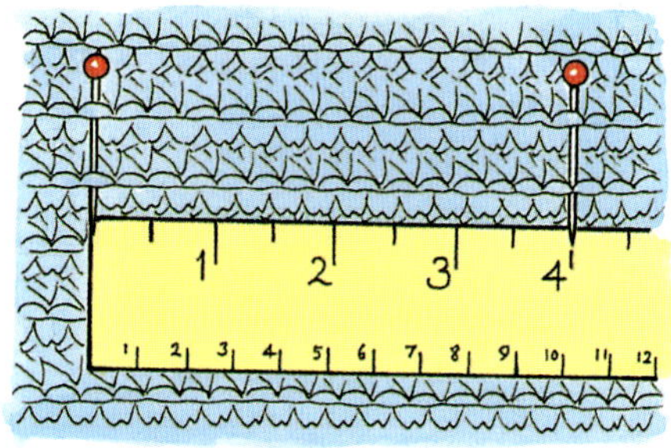


## Maschenprobe abmessen

Keine zwei Personen häkeln exakt gleich, selbst wenn sie mit dem gleichen Garn und der gleichen Häkelnadel arbeiten. Fertigen Sie daher immer ein Probestück an, bevor Sie ein Projekt beginnen, um die Maschenprobe abzumessen und eine Vorstellung davon zu bekommen, wie sich das fertige Häkelstück anfühlen und wie es fallen wird. Das ist auch eine gute Gelegenheit, um verschiedene Farbkombinationen auszuprobieren.

Um die Maschenprobe mit der in der Anleitung angegebenen abzustimmen, häkelt man ein Probestück aus dem Garn, das man verwenden möchte. Das Probestück dann spannen und die Maschenprobe abmessen. Weicht die Maschenprobe des Probestücks von der in der Anleitung angegebenen ab, kann es helfen, eine Nadel mit einer anderen Stärke zu verwenden: Verwenden Sie bei zu vielen Maschen eine größere und bei zu wenigen eine kleinere Nadel. Experimentieren Sie so lange, bis Sie eine Nadelstärke gefunden haben, bei der die Maschenprobe mit jener der Anleitung übereinstimmt oder bis Sie mit dem Fall und der Haptik Ihrer Arbeit zufrieden sind. Letztendlich ist es wichtiger, eine Nadel und ein Garn zu verwenden, mit dem man sich wohlfühlt, als sich strikt an die Anleitung zu halten.

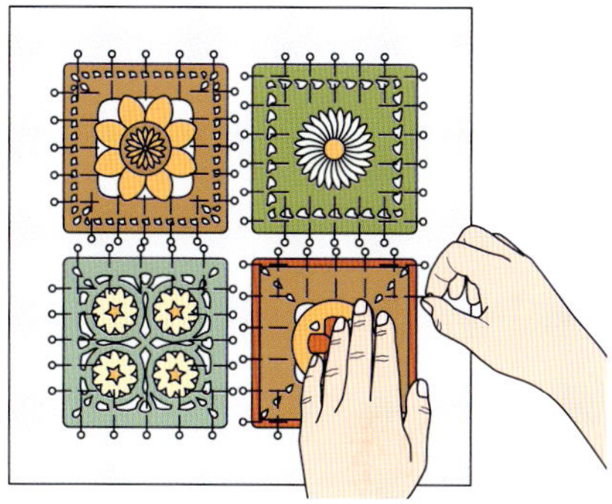

## Spannen

Das Spannen ist unerlässlich, um unebene Maschen zu glätten und die Form zu fixieren. Achten Sie dabei immer auf die Anweisungen auf der Garnbanderole – im Zweifel sollte man immer nur besprühen. Zum Spannen eignet sich ein Bügelbrett oder eine alte Decke, oder man gibt ein bis zwei Lagen Füllwatte auf einen Karton und überzieht diese mit einem Stück Baumwollstoff.

### SPANNEN UND BESPRÜHEN – ACRYL- UND BAUMWOLL-ACRYL-GARNE

Das Häkelstück in Form bringen, mit rostfreien Stecknadeln flach feststecken und dann mit kaltem Wasser aus einer Sprühflasche besprühen. Das Häkelstück dabei immer wieder leicht festklopfen, sodass die Feuchtigkeit in die Maschen eindringt, und dann gespannt trocknen lassen.

### SPANNEN UND BEDAMPFEN – WOLL- UND BAUMWOLLGARNE

Das Häkelstück wie oben feststecken, bei strukturierten Mustern mit der rechten, ansonsten mit der linken Seite nach oben. Das Häkelstück leicht bedampfen, dabei das Bügeleisen etwa 2,5 cm über dem Stoff halten. Alternativ kann man das Häkelstück auch mit einem Handtuch bedecken und dann das Bügeleisen vorsichtig daraufdrücken.

# Granny Squares verbinden

Granny Squares können entweder zusammengehäkelt oder zusammengenäht werden. Sie sollten dabei auf jeden Fall immer mit Stecknadeln zusammengesteckt werden, damit saubere Kanten und Nähte entstehen. Am besten verbindet man die Granny Squares mit dem Garn, mit dem man sie gehäkelt hat – oder mit einem dünneren mit denselben Faseranteilen.

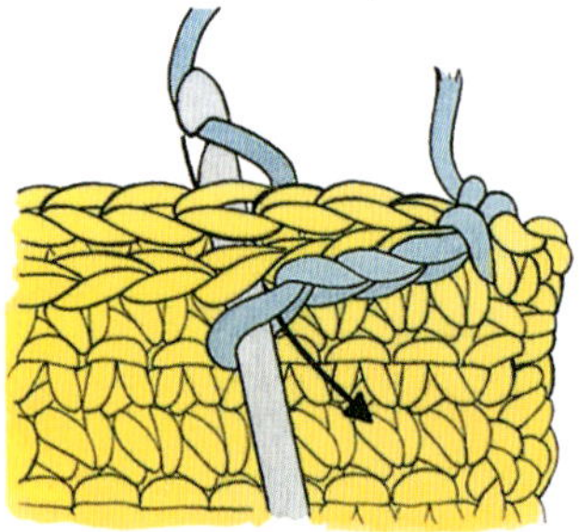

### ZUSAMMENHÄKELN

Die Granny Squares für eine dekorative, sichtbare Naht links auf links und für eine unsichtbare Naht rechts auf rechts legen. Eine Reihe Kettmaschen (siehe Seite 118) oder feste Maschen durch die V-förmigen Schlingen je zweier übereinanderliegender Maschen häkeln. Entlang von Reihenenden ist es wichtig, die Maschen gleichmäßig verteilt zu häkeln, damit die Naht nicht zu dick und wulstig wird.

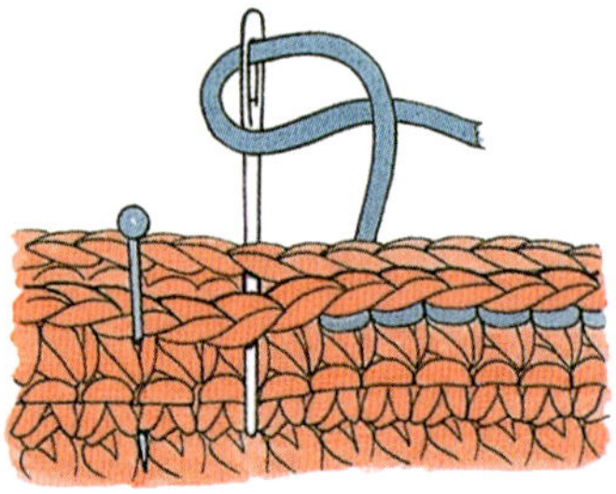

### RÜCKSTICH

Die Granny Squares rechts auf rechts oder links auf links legen, das Garn auf eine Sticknadel auffädeln und von vorn nach hinten durch die V-förmigen Schlingen je zweier übereinanderliegender Maschen einstechen. Ein Maschenpaar weiter links wieder nach vorn ausstechen und dort, wo zuvor eingestochen wurde, wieder nach hinten einstechen. Nach diesem Prinzip fortfahren, bis die Teile zusammengenäht sind.

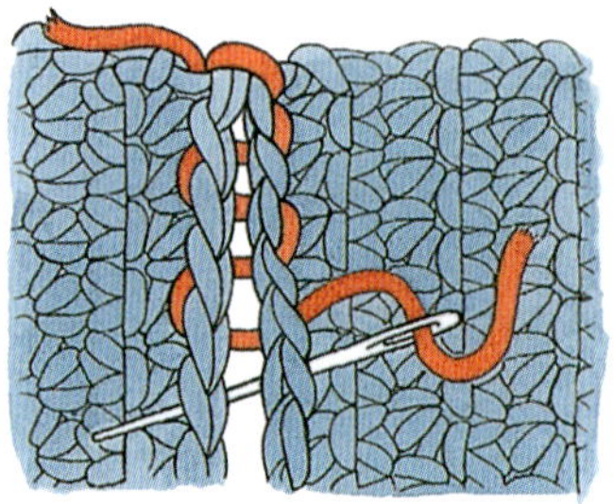

### MATRATZENSTICH

Die Granny Squares mit der linken Seite nach oben Kante an Kante nebeneinanderlegen. Das Garn auf eine Sticknadel auffädeln und die Granny Squares um die Maschenkörper der Maschen der beiden Randreihen zusammennähen.

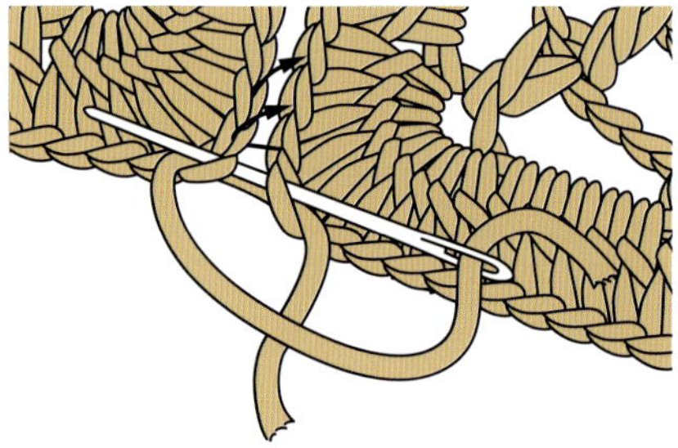

### ÜBERWENDLICHSTICH

Das Garn auf eine Sticknadel auffädeln und die Granny Squares durch die vorderen oder hinteren Maschenglieder je zweier Maschen zusammennähen. Für mehr Stabilität in das erste und letzte Maschenpaar zwei Stiche arbeiten.

### TEILE AUFEINANDERNÄHEN

Um Teile aufeinanderzunähen, eignen sich der Vorstich und der Rückstich – in jedem Fall ist es wichtig, die Teile zuvor mit der rechten Seite nach oben zusammenzustecken, damit sie nicht verrutschen.

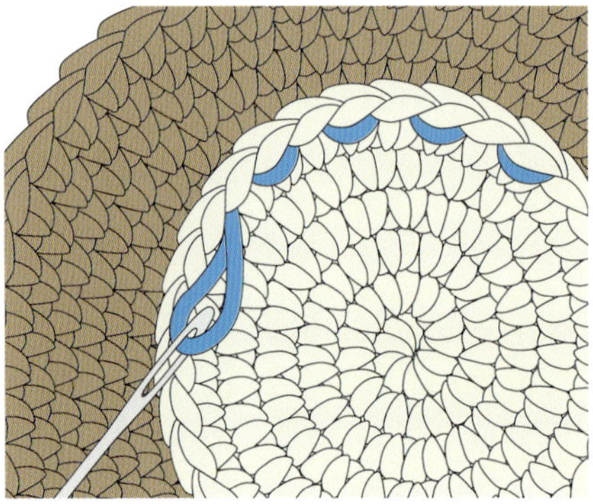

### VORSTICH

Mit der Nadel von hinten nach vorn durch die zusammengesteckten Teile stechen, eine Masche weiter links wieder einstechen und eine Masche weiter links wieder nach vorn ausstechen. Nach diesem Prinzip die beiden Teile rundherum zusammennähen.

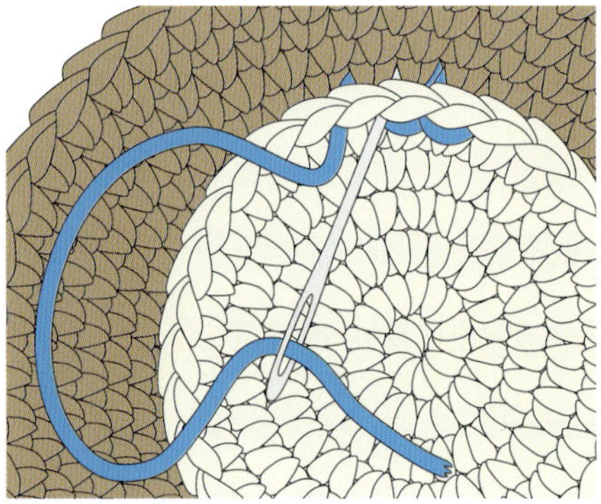

### RÜCKSTICH

Die zusammengesteckten Teile rundherum mit einer Rückstichnaht (siehe ganz links) zusammennähen.

# Sticken und Verzierungen

Die meisten Tiere in diesem Buch erhalten erst durch ihre Gesichter und die vielen Details eine richtige Persönlichkeit. Mithilfe von Rückstichen lassen sich etwa Schnurrbarthaare und mit Plattstichen Nasen und Augen aufsticken – und Fransen eignen sich toll für Mähnen und Schwänze.

## GESICHTSDETAILS AUFSTICKEN

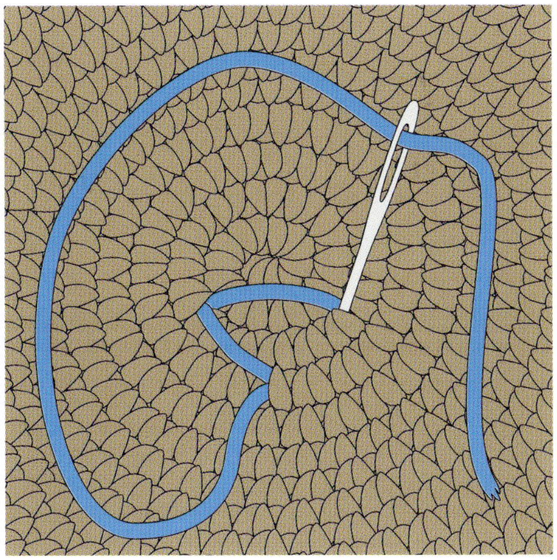

Zum Aufsticken von Nasen und ähnlichen flächigen Details eignet sich am besten der Plattstich. Dafür wie links zunächst den Umriss (hier ein einfaches Dreieck) aufsticken.

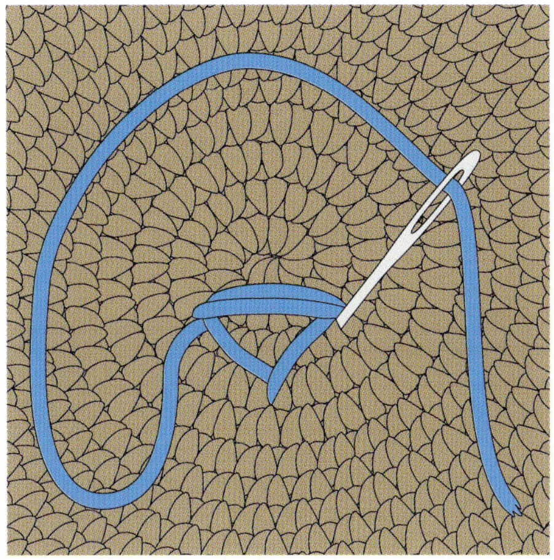

Den Umriss anschließend mit parallelen Stichen füllen, dabei links von hinten nach vorn ausstechen und rechts wieder von vorn nach hinten einstechen.

Augen lassen sich auch mithilfe einer Naht aus Rückstichen „aufzeichnen".

## FRANSEN

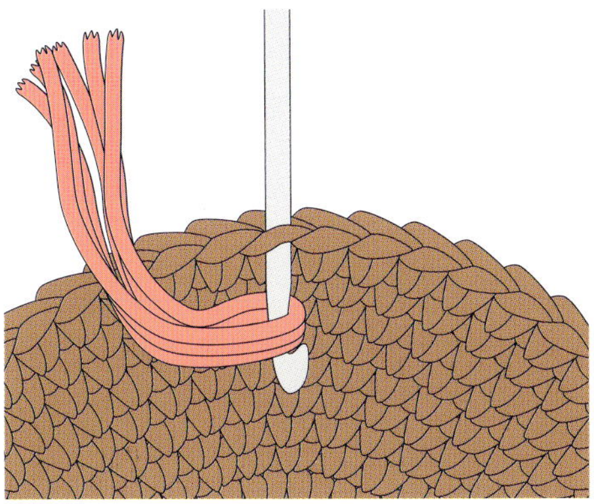

**1** Die in der Anleitung angegebene Anzahl an Fäden abschneiden und wie angegeben paar- oder gruppenweise der Hälfte nach zusammenfalten.

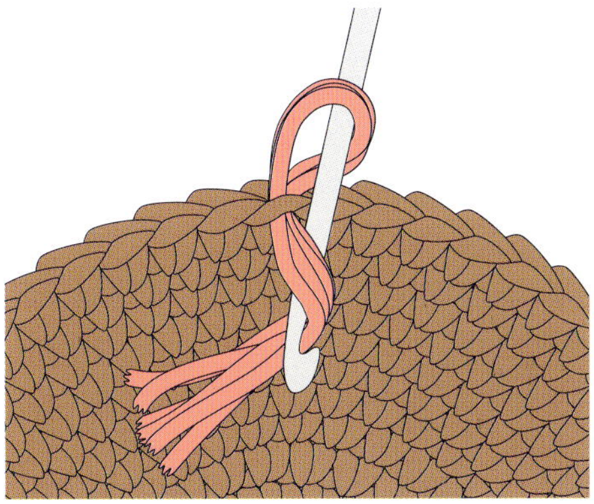

**2** Mit der Nadel in das vordere Maschenglied der angegebenen Masche einstechen und die Schlaufen durchziehen – sticht man von oben nach unten ein, zeigen die Fransen später nach außen, sticht man von unten nach oben ein, zeigen sie zur Mitte des Granny Squares.

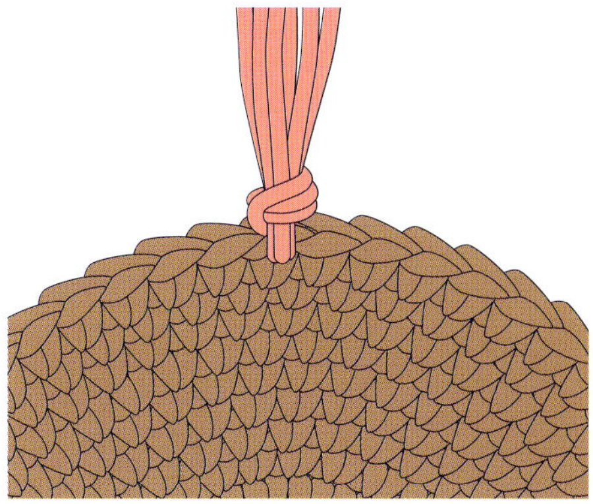

**3** Nun die Fadenenden mithilfe der Häkelnadel oder mit den Fingern durch die durchgezogenen Schlaufen fädeln und leicht festziehen. So nach und nach weitere Maschen mit Fransen versehen. Die Fransen nach Wunsch schließlich mit einer scharfen Schere in Form schneiden.

## QUASTEN

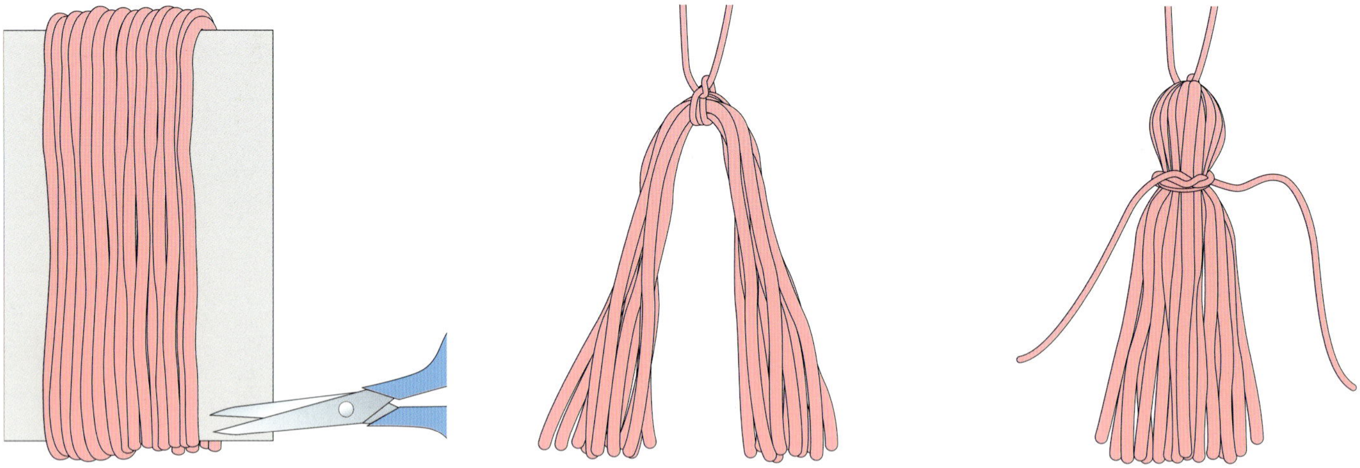

1 Ein Stück Karton zuschneiden – es sollte etwas länger sein als die gewünschte Quastenlänge. Das Garn so oft wie angegeben oder bis die gewünschte Dicke der Quaste erreicht ist, um den Karton wickeln und dann die Schlaufen unten mit einer scharfen Schere aufschneiden.

2 Einen langen Faden auf eine Sticknadel auffädeln, an der oberen Kante des Kartons unter den Fäden durchfädeln, diese einige Male mit dem Faden umwickeln und diesen dann fest verknoten, dabei lange Fadenenden hängen lassen.

3 Die Quaste etwa 1 cm unterhalb des Knotens mit einem weiteren Faden einige Male umwickeln und dann den Faden verknoten. Mit einer scharfen Schere die Quaste gleichmäßig zurückschneiden.

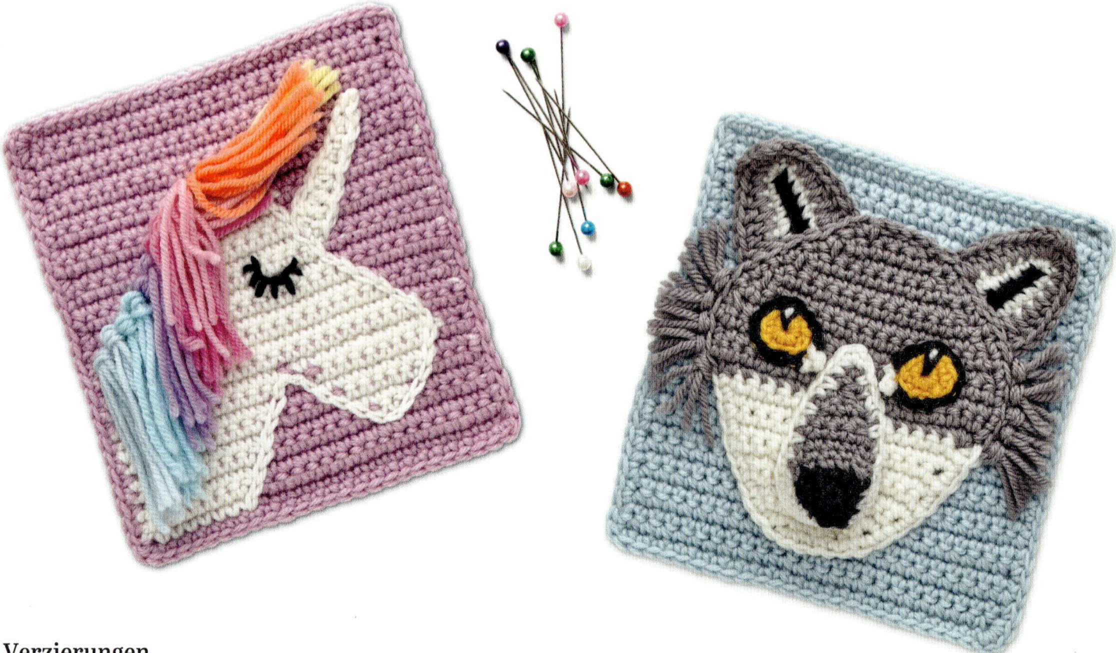

# Register



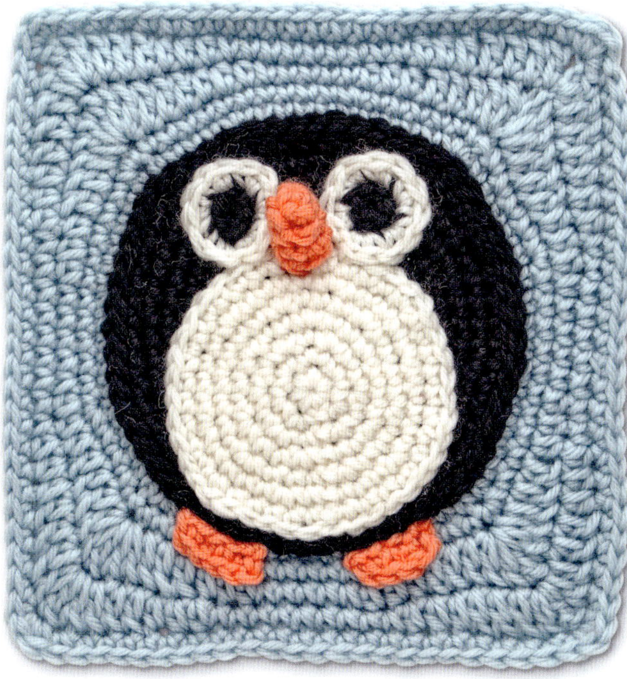

## Symbole und Abkürzungen

Öffnen Sie für eine Übersicht n die Klappe. Lassen Sie sie beim Arbeiten aufgeklappt.

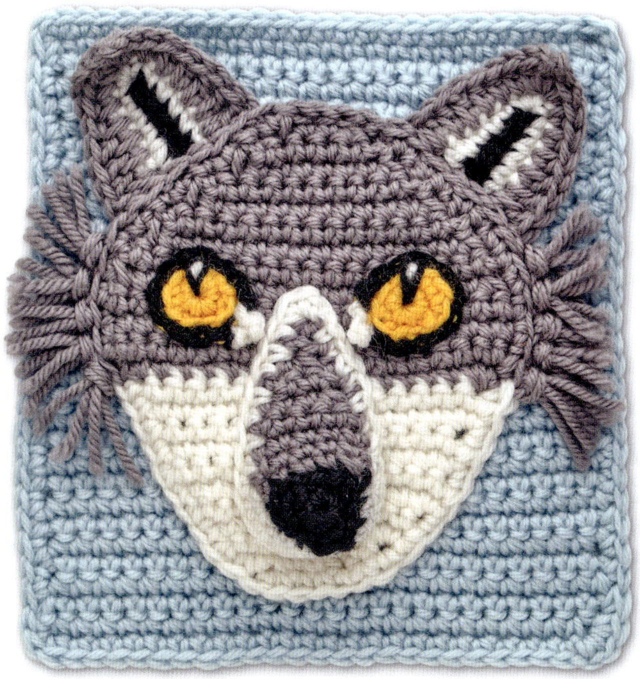

# Danksagung

Für Sean, für immer.
Sorry, keine Bärtierchen. Aber zumindest ist jetzt einmal Schluss mit einer von tierischen Körperteilen übersäten Couch ... vorerst. X

Danke, Dad, dass du inmitten einer Lebenserhaltungskostenkrise kurzfristig für einen Ersatzcomputer gesorgt hast – er ist schneller als ein Wanderfalke!

Und schließlich vielen Dank an Cascade Yarns für die wunderbaren Garne: Alle Garne in diesem Buch sind Cascade Yarns® 220 Superwash®, freundlicherweise zur Verfügung gestellt von Cascade Yarns®.

CASCADE YARNS
DISTRIBUTOR OF FINE YARN

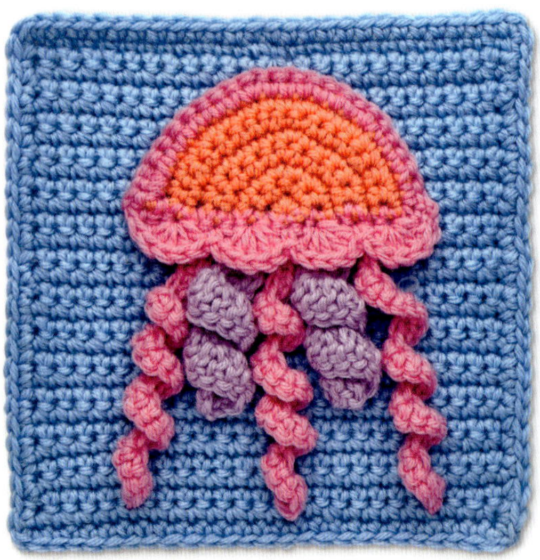

**Gebräuchlichste Abkürzungen**

| | |
|---|---|
| Lm | Luftmasche |
| fM | feste Masche |
| DStb | Doppelstäbchen |
| Km | Kettmasche |
| M | Masche |
| Stb | Stäbchen |
| R bzw. Rd | Reihe bzw. Runde |
| folg | folgende |